普通高等教育保险学专业重点规划教材

精算管理系统

Actuarial Management System

杨步青　编著

上海财经大学出版社

图书在版编目(CIP)数据

精算管理系统/杨步青编著. 一上海:上海财经大学出版社,2016.5
(普通高等教育保险学专业重点规划教材)
ISBN 978-7-5642-2333-5/F·2333

Ⅰ.①精… Ⅱ.①杨… Ⅲ.①精算学-高等学校-教材
Ⅳ.①F224.0

中国版本图书馆 CIP 数据核字(2016)第 016187 号

□ 责任编辑 施春杰
□ 封面设计 杨雪婷

JINGSUAN GUANLI XITONG
精 算 管 理 系 统

杨步青 编著

上海财经大学出版社出版发行
(上海市武东路 321 号乙 邮编 200434)
网 址:http://www.sufep.com
电子邮箱:webmaster @ sufep.com
全国新华书店经销
同济大学印刷厂印刷
上海景条印刷有限公司装订
2016 年 5 月第 1 版 2016 年 5 月第 1 次印刷

787mm×1092mm 1/16 10.75 印张 275 千字
印数:0 001—3 000 定价:32.00 元

前 言

长期以来，精算人员在保险行业中发挥着重要作用，很多精算师担任保险公司高管或在核心岗位上承担主要职责，也有不少精算人员为监管机构提供技术支持。精算工作是保险公司全面风险管理的重要组成部分，一名合格的精算人员不仅要熟练掌握建模和数据分析等硬技术，还要了解保险公司的外部环境、内部流程和经营目标等软知识。有时，精算人员要在理论模型的完美与现实环境的缺陷之间取得平衡。确切地说，精算是一门管理科学，而非自然科学。遗憾的是，传统的精算教育过分注重数理的理论和技术培训，忽略了“管理”的本质特征。精算管理系统这门课的产生，弥补了传统精算教育的这一缺陷。课程围绕风险管理这一目标，将日常的精算工作用“管理循环系统”这一框架形成一个整体，使学生能够跳出单项精算技术的局限，从更高的角度和更大的范围把握精算管理的本质。

1996 年澳大利亚麦考瑞(Macquarie)大学设计开发了“精算管理系统”这门课程，将其作为基础课程与实务课程之间的衔接课程，使学生在掌握基本精算技术，进入具体的精算实务之前，对精算工作有一个整体的认识。经过多年的完善，该门课程获得了普遍认可，国际精算师协会将其纳入全球精算教育指南，成为精算资格考试中的必考课程。

本书大部分内容借鉴了澳大利亚精算师协会编写的教材，并结合我国保险实务和法律环境。通过对本书的学习，学生能够理解精算工作的管理特征，并对精算在保险公司风险管理体系中的作用有较为深刻的认识，对精算技术在其他的风险管理领域的应用也有初步了解。学习本书需要学生具备寿险、非寿险的基础精算知识。

杨步青

2016 年 2 月于上海

目录

前言 …… 1

第一章　精算管理系统 …… 1
学习目标 …… 1
第一节　精算管理系统 …… 1
第二节　精算管理系统的组成 …… 4
第三节　精算师的日常工作 …… 6
复习思考题 …… 10

第二章　外部环境 …… 11
学习目标 …… 11
第一节　职业环境 …… 11
第二节　法律环境 …… 14
第三节　其他外部环境 …… 23
复习思考题 …… 27

第三章　风险管理 …… 28
学习目标 …… 28
第一节　风险的含义 …… 28
第二节　风险管理过程 …… 29
第三节　保险公司的风险管理 …… 31
复习思考题 …… 37

第四章　精算模型 …… 38
学习目标 …… 38
第一节　模型的概念 …… 38
第二节　模型的分类 …… 38
第三节　模型的建立 …… 40

第四节　精算工作中常用的模型 …… 40
第五节　关于建模的其他问题 …… 43
复习思考题 …… 45

第五章　产品开发 …… 46
学习目标 …… 46
第一节　金融产品的需求 …… 46
第二节　货币、短期储蓄和保险产品 …… 51
第三节　长期储蓄产品 …… 55
第四节　产品开发 …… 57
复习思考题 …… 65

第六章　产品定价 …… 66
学习目标 …… 66
第一节　利益相关者 …… 66
第二节　利润 …… 67
第三节　定价策略 …… 70
第四节　赔付成本估计 …… 71
第五节　费用 …… 75
第六节　定价 …… 81
第七节　精算师的法定职责 …… 83
复习思考题 …… 85

第七章　保险负债评估 …… 86
学习目标 …… 86
第一节　保险负债的定义 …… 86
第二节　保险负债包含的信息 …… 87
第三节　保险负债的组成 …… 87
第四节　保证和选择权 …… 90
第五节　数据要求 …… 91
第六节　假设 …… 92
第七节　无风险利率 …… 92
第八节　市场利率变动对保险负债的影响 …… 94
复习思考题 …… 103

第八章　偿付能力管理 ········ 104

学习目标 ········ 104

第一节　偿付能力的法律标准 ········ 104

第二节　偿付能力的含义 ········ 105

第三节　停止新业务假设 ········ 105

第四节　保险公司的风险 ········ 109

第五节　最低风险资本要求 ········ 113

第六节　实际资本 ········ 115

第七节　保险监管体系 ········ 119

第八节　偿付能力监管措施 ········ 125

第九节　保险保障基金 ········ 126

复习思考题 ········ 130

第九章　资产管理 ········ 131

学习目标 ········ 131

第一节　投资目标 ········ 131

第二节　均值方差模型 ········ 134

第三节　资产负债管理模型 ········ 137

第四节　监控投资组合 ········ 139

复习思考题 ········ 146

第十章　经验分析 ········ 147

学习目标 ········ 147

第一节　经验分析的目的 ········ 147

第二节　经验分析的内容 ········ 148

第三节　经验分析的步骤 ········ 149

第四节　经验分析结果的应用 ········ 152

复习思考题 ········ 159

参考文献 ········ 160

第一章
精算管理系统

学习目标

1. 理解精算管理系统的内涵和构成
2. 了解精算师的日常工作

第一节　精算管理系统

经营风险是保险行业的主要业务，也是商业保险公司的利润来源。保险人通过识别可保风险，设计保险产品，建立和管理保险基金，将保险损失在被保险人群体中分散，从而减少保险事故对每个被保险人造成的财务冲击，保险公司则从收取的保费和保险基金的投资收益中获得利润。保险公司在设立和管理保险基金时，会面临包括保险风险在内的各类风险，为了实现保险的风险分散功能，保险公司必须识别风险，估计风险的影响，并采用各种方法去控制风险。而精算管理系统，就是保险公司的精算人员在管理和控制风险时遵循的工作原理。其主要思想是将任何精算工作都分解为三个步骤：发现问题、解决问题、监控结果并反馈。这三个步骤都围绕风险进行，发现问题指识别风险、估计风险的影响，解决问题则是寻找管理或控制风险的措施，将这些措施的实际效果与预期比较，根据偏差调整风险管理方案，即为最后一个环节——监控结果并反馈。

精算工作包括产品定价、责任准备金评估、公司价值评估等方面。由于人寿保险业务、财险业务和健康险业务的风险和保单现金流特征不同，这些精算工作使用的技术和方法因保险业务的类型而有所不同，例如，寿险和财险的准备金评估模型就有很大的差异。于是在传统的精算教育体系中，寿险精算、财险精算和健康险精算作为不同的学科方向，各自有独立的课程体系。在实际工作中，寿险精算、财险精算和年金精算也都被认为是完全不同的领域。这种分割的教育体系和工作空间，将精算人员的工作范围局限在保险行业中，很难拓展到其他领域。

然而，不论是寿险还是财险定价或是准备金评估，这些精算工作都有共同点：①精算人员面临着风险和不确定性，结果是不可预知的；②精算师必须使用模型为风险管理和控制提供解决方案，使结果与预期的偏差在可控制的范围内。“精算管理系统”这一概念，抛开了这些精算工作在形式上的差异，而将其本质上的共同点以风险为中心提炼出来。其核心思想是，所有精算工作的目的都是管理风险，只是不同风险需要不同的精算方法去识别和控制。精算管理系统将以前割裂的精算工作统一在“发现问题，解决问题，监控结果并反馈”的框架下，打通了各领域精算工作以及精算与其他领域的隔阂，使精算模型能够用于解决更广泛的风险管理问题。

精算管理控制的思想来源于 Jeremy Goford 在 1985 年递交给英国精算师协会的一篇论文"The Control Cycle：Financial Control of a Life Insurance Company"。论文讨论的是公司如何利用利润测试模型和利润分析技术来控制产品实际利润与预期的偏差，从而达到利润目标。Jeremy Goford 用图 1－1 来说明模型与精算技术之间的联系。

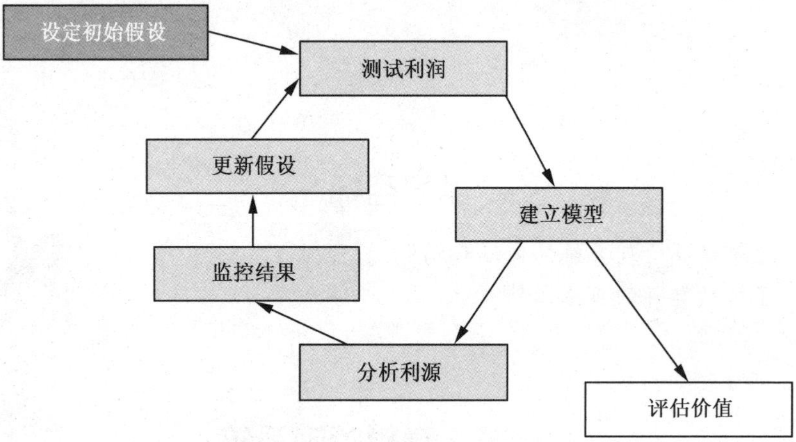

资料来源：Jeremy Goford. "The Control Cycle：Financial Control of a Life Insurance Company", *Journal of the Student Society*, 1985,28(28).

图 1－1　精算控制循环系统

这一思想在当时是具有开创性的，它揭示了精算工作的基本特征：设定初始假设，监控结果，用偏差来修正模型、改变假设、调整参数，随后又监控结果、修正模型、改变假设，进入新一轮的循环。

澳大利亚的精算师将这一起源于寿险产品管理的精算控制循环系统用三个模块来概括：发现问题，解决问题，监控结果发现新的问题。并尝试用这三个模块的系统来解释所有的精算工作。这种尝试取得了成功，精算师们发现，不仅是产品管理，准备金评估、资产负债管理、资本金管理也都可以放在循环管理控制的框架下来分析，保险业务从保单签发到保险期满、实现利润的整个过程，都可以用控制循环的思想来管理。精算控制循环系统成为精算师的工作模式，或者是对任何精算工作都适用的原理。不仅是精算工作，这种不断利用偏差来修正模型的工作模式，几乎是任何领域内认识风险和管理风险都应遵循的工作原理。从这个角度上看，循环管理的思想就是风险管理方法，精算技术也就是风险管理技术，于是精算技术在保险以外的风险管理领域同样适用。

在认识到精算控制循环系统思想对精算领域的重要性后，1996 年澳大利亚 Macquarie 大学开始尝试开发一门适用于所有精算工作和风险管理的原理性课程——精算控制循环系统(Actuarial Control Cycle，简称 ACC)。在澳大利亚的精算教育体系中，ACC 课程作为基础课程之后、应用课程之前的预备课程[①]，帮助学生从本质上认识精算与风险控制的天然联系，并

① 传统的教育体系中，精算课程分为两个级别：基础课程和应用课程。按照国际精算师协会制定的教学大纲，精算基础课程包括概率统计、生存模型、精算数学、经济学等 9 门课程，应用课程分为寿险精算、财险精算、健康险精算、养老金精算和投资学 5 个方向。

运用这些基本原理来解决保险以外的风险管理问题。经过多年的完善，ACC 课程获得了国际的普遍认可，国际精算师协会将 ACC 课程纳入全球教育指南之中，要求其正式会员将其作为精算资格考试体系的最低标准。随后，英国的 FIOA、美国的 SOA 等也都将这门课程纳入课程体系中，作为基础课程的后续课程。我国的精算师资格考试体系中，该门课程称为“精算管理”，处于承前启后的位置，连接基础课程与实务课程。

拓展精算师的工作领域，使精算职业能够在其他行业都发挥作用，是精算行业的理想。精算技术的价值体现在对不确定性，即风险的评估技术和管理技术上，所以将精算的外延扩大到风险管理也成了自然的选择。ACC 的出现，使精算师走出保险行业成为可能。所有的精算问题都涉及风险，精算技术也就是管理保险产品风险和保险公司风险的技术，既然 ACC 是精算技术的基本原理，那么它也能用在其他领域的风险管理中。事实上，澳大利亚精算师已经尝试将他们的咨询对象扩展到能源行业、生化行业和林业，并获得了认可。

阅读材料　　能源市场中的精算师

2000 年前后，澳大利亚东岸开始建立“电力市场”，将电力系统分拆为发电厂、电力传输企业和电力分配企业，这些企业独立地在市场中进行交易，私人资本可以进入这一市场购买某些企业。市场化的目的是为了使用市场的力量来决定电力系统的投资回报率，使资本得到有效利用。

在电力系统中，发电厂是电力的生产商，电力分配企业从发电厂购买电力，并转售给消费者，因此是电力的经销商。为平衡发电厂的电力供应和电力分配企业的实际用电需求，政府建立了一个确定电力价格的“现货市场”，电力价格根据电力供应和需求来决定，因此变化非常剧烈。例如，当平均的电力现货价格为每兆瓦小时 20 澳元时，最高现货价格可以达到5 000澳元，最低则为 0 澳元。导致电力现货价格动荡的原因有可能是发电机组故障或极端气候。例如，当发电厂的一部分发电机组无法工作时，发电厂就必须到现货市场上去购买电力，来满足电力分配企业的需求。如果发生故障的是大型发电机组，电力的现货价格会升高很多，最坏的情形下甚至会升到最高限价5 000澳元。此外，酷暑或严寒等极端气候会增加电力需求，提高电力价格。一些自然灾害或灾难事故也会影响电力的供应和需求，例如，1988 年一座满足 Victoria 地区 95%用气需求的煤气厂发生爆炸，导致该地区企业和居民用户断气长达数周，电力需求陡然攀升。

通常电力分配企业会与发电厂签订长期的电力价格合同，以规避电力价格波动的影响。但电力现货价格的上升或下降至少会对合同一方带来损失，电力现货价格上升对已经承诺以固定价格供电的发电厂不利，电力价格下降对以固定价格接受电力的电力分配企业则是坏消息。发电厂和电力分配企业希望借助于金融工程技术管理和控制电力价格波动风险。一些精算师已经被邀请作为咨询师，为这些企业提供金融服务。精算师所做的项目包括：(1)培训相关企业的交易人员和管理层，训练他们使用期权定价理论为电力衍生合同定价的能力；(2)确定和评估电力价格合同的风险，设定风险基准，帮助企业设计电力价格监控体系；(3)为市场参与者提供“保险服务”，将有共同风险的市场参与者组织起来，成立互助的团体，共同分摊价格上涨风险；(4)在电力发电机组进入市场交易前，评估它影响电力现货价格的能力；(5)为发电厂提供公司和风险管理咨询服务，协助发电厂开发和使用合适的风险管理工具；(6)为能源交易活动开发设计有效的风险管理框架。

（资料来源：Clare Bellis，John W. Shepherd，Richard Lyon. *Understanding Actuarial Management：The Actuarial Control Cycle*. Sydney：Institute of Actuaries of Australia，2005.）

第二节　精算管理系统的组成

精算管理系统由发现问题、解决问题、监控结果并反馈三个环节构成。这三个环节首尾相连，前一个环节的输出作为后一个环节的输入，最后的反馈环节则将结果与预期的偏差作为新一轮循环的问题输入，开始新一轮的循环。除此之外，精算管理系统还有一个重要的部分，即外部环境。精算师不会只在一个封闭的空间工作，无论是哪个环节，都是在一定的社会和经济环境下进行的。每个国家的法律体系、文化和市场条件都不同，客户的要求和风险偏好也各不相同。精算管理系统的每个过程都会受到外部环境的影响。在着手进行所有工作以前，了解外部环境、评估外部环境对问题的解决过程和结果的影响非常重要。

发现问题是精算管理系统的第一个环节，也是新一轮管理控制系统的起点。发现问题由两个层次构成：①明确目标及约束条件；②评估影响目标实现的不确定因素，即风险。以新产品定价为例，定价问题的目标可以是寻找合适的费率，使总利润最大。总利润等于费率与产品销量的乘积。制定费率目标时既要考虑公司股东的要求，又要考虑监管规定，确定销量目标则受制于公司在市场中的地位、销售力量和市场需求，这些因素构成了模型的约束条件。此外，公司的产品决定还涉及许多群体的利益，如公司股东、投保人、销售人员，这些群体的利益并不总是一致的，如果他们的要求冲突，定价标准必须作出适当的妥协，以平衡各方的要求，这些也是必须要考虑的约束条件。新产品上市后，可能会面临激烈的市场竞争，新产品针对的客户群与公司现有客户不一致，使得新客户的风险特征不同于现有客户，造成赔付经验恶化，这些风险都会影响目标的实现。为找到管理风险的方法，发现问题这一环节还包括评估风险的定性及定量特征。

解决问题即在给定约束条件下寻找达到目标的最优方案。为了在多种方案中做出选择，定量模型常常用来估计不同方案下结果与预期的偏差。模型的外部变量来自约束条件，内部变量和控制变量则来自公司的经营过程，目标在模型结果中体现。外部变量是由外部环境决定、保险公司无法改变的变量，如市场利率、通货膨胀率、竞争对手的费率水平等。控制变量的调整可以影响内部变量，使结果达到预期，如降低费率标准可以提高产品销量。模型变量有确定性变量和随机变量两类。从长期来看，所有变量的取值都是不确定的，为了简化模型，得到明确的结果，对那些短期内变化不明显的变量可以用确定的值来描述，例如死亡率。不确定变量则要选择合适的随机模型描述随机变量的分布特征。当这些变量的定量特征都已完成后，就可以建立数学或现金流模型来描述外部变量、内部变量、控制变量及结果的关系。解决方案往往可以用控制变量的不同取值来体现，解决问题这一环节需要比较不同方案下结果与预期的差异，考虑不同方案受风险因素的影响程度，从中选择结果最稳定的最优方案。

最优方案并不是绝对的，即使模型结果再准确，外界环境的改变仍会使结果偏离预期，这也是保险业务充满风险这一特征所决定的。所以，方案实施后，精算师仍要定期评估实际结果与预期的差异，将这些差异作为新问题的来源，重新调整解决方案，进入新一轮的循环。仍以产品定价为例，新产品销售一段时间后，保险公司要根据经验分析的结果评价实际结果与目标的差异，寻找产生差异的原因，用敏感度分析等技术来找到影响较大的风险，针对每种风险因素的特征给出风险管理方法，修正模型假设，调整产品销售策略，保证利润目标得以实现。

在监控和反馈的环节，外部环境的变化通常是导致模型结果与预期偏离的主要原因，正因为如此，在进行每项工作之前，熟悉外部环境非常重要。例如，精算师在为养老金计划做精算审核时，需要事先了解相关的法律条款和监管规定、税收政策以及目前和未来的经济状况。外部环境还包括养老金计划特定的环境，如养老金信托合同的条款、给付条件、资金规模、养老金成员的人口结构、受托人和雇主的态度等等。外部环境瞬息万变，所以我们不能期望得到一个最终的、一劳永逸的最优方案。而这也是在解决问题之后，我们还要不断监控结果，将方案实际运行效果与预期比较，并将新的信息反馈到精算管理系统中的原因。从这个意义上说，对外部环境的重视和反馈环节，使精算管理系统具有极大的灵活性，它可以随着风险的变化而不断调整，因此具有较高的环境适应能力。

阅读材料　　精算管理系统在保险产品开发中的应用

某公司开发了一款通过银保渠道销售的万能产品，并定期对其利润进行分析。精算管理过程如下：

1. 明确问题

鉴于市场需求旺盛，公司希望开发一款通过银保渠道销售的万能产品，在分析了同业产品和目标客户的需求后，公司对产品费率设定了如下目标：(1)费率不能违反监管规定；(2)费率能够被销售人员和市场接受；(3)能够给股东带来足够的利润。

由于市场竞争激烈，精算师认识到来自外部环境的若干约束条件：(1)产品通过银保渠道销售，必须与银行销售的储蓄产品有可比性，结算利率不能低于同期银行存款利率水平；(2)银保渠道产品竞争激烈，产品同质性高，手续费率和结算利率不能低于市场平均水平。

2. 解决问题

参考了市场上其他保险公司的产品后，精算部门设计了初步的产品形态、费率结构，并根据公司管理层提出的目标利润总额，参考公司的市场占有率和产品的预期销量，确定了该产品的目标利润率。参考实际投资收益率、银行存款利率和其他公司同类产品费率，精算师采用利润测试模型，经过一系列敏感度测试，选择了利润率较为稳定的产品费率。

3. 监测结果，发现新的问题

一年后，精算部门在产品回顾中发现，当初的利润目标没有达到。在将实际经验结果与产品定价假设比较时，发现原因如下：(1)产品的利润主要来源于实际投资收益率与结算利率的差异。为了与储蓄产品和投资产品有可比性，每月给出的结算利率不能低于存款利率，而最近一年的银行利率也高达5%左右。但股市指数却处于低位，匹配资产无法达到更高的收益率。(2)产品采用月结，现金流的压力大，资产无法进行长期投资获得更高的回报。

4. 寻找解决方案

按照以上的分析，关键问题是结算利率因市场竞争无法降低，而资产投资收益率又受到产品结算方式和外部经营环境的影响而无法提高。针对这一问题，精算部门给出了四种解决方案。

(1)给出初步方案

A. 停售产品；

B. 采用高风险投资；

C. 继续亏损，只要资本金充足；

D. 控制产品销售规模和结算利率。

(2)考察方案的可行性

在考察方案可行性时，需要考察利益相关者的不同要求。股东希望控制亏损规模，最好能够赢利。因产品较为畅销，销售人员希望继续销售产品；保单持有人的要求是该产品与银行产品有可比性，保持较高的结算利率；监管机构不允许公司收取过高的费用。另外，公司无法控制的外部变量，如投资收益率，也影响了方案的可行性。

方案 A：对股东来说，产品停售，也就是控制了损失规模，但会遭到销售人员的强烈反对。公司没有畅销的产品，就会失去银行这一销售渠道，寿险市场竞争激烈，失去渠道意味着失去未来的利润，这一损失无法弥补。

方案 B：理论上，高风险投资可以带来高收益，提高投资收益率，股东、销售人员和保单持有人的要求都能满足。但是，在现在的金融环境下，公司无法找到收益率更高的投资品种。

方案 C：继续按照原来的结算利率销售产品，销售人员和客户都会欢迎，但持续下去将损害股东利益，也会使公司面临资本压力，不符合股东价值最大化的财务管理目标。

方案 D：控制产品销售规模和结算利率会遭到销售人员的反对，公司可以采用推出新产品的办法来提高销售人员的热情。客户的不满可以通过更加完善的售后服务来弥补。

经过权衡利弊，公司最后采取方案 D——控制产品销售规模和结算利率。

5. 监控结果，进入新一轮循环

（资料来源：中国精算师资格考试教材《精算管理》，中国财政经济出版社 2010 年版。）

第三节　精算师的日常工作[①]

精算管理系统是精算师工作时遵循的基本原则，为了更好地了解精算管理系统的原理和在精算工作和风险管理上的应用，我们有必要了解精算师的日常工作。

精算师是什么职业呢？美国的《韦氏词典》词典中将“精算师”一词解释为“估计风险的危险程度，为保险公司计算保费的人”。的确，早期的精算师工作范围很狭隘，只限于厘定保险费率。随着精算技术的不断发展，精算师的工作领域也不断扩大，由厘定费率，到估计各种准备金、决定再保自留额以至投资和资产负债管理，有些精算师甚至跨出保险行业，走入更广泛的风险管理领域。随着精算师涉足的领域越来越多，精算师这一职业也被赋予了更多的含义。按照英国精算师协会（Institute and Faculty of Actuaries）的定义[②]：“精算师是风险管理专家。他们运用数学技术度量未来事件发生的概率和风险。对于那些一个财务决策就会造成巨大财务影响的行业，如健康保障、企业年金、保险、银行和投资，这些关于未来和风险的信息非常有用。”可以说，凡是与个人或企业财务风险有关的问题，都可通过精算师运用其数理知识与技术来加以分析和解决。

虽然精算师在很多行业都可以发挥作用，但保险业仍然是其传统的工作领域。保险行业中，精算师有以下一些日常工作。

1. 开发和设计新产品

保险保单是保险公司生产的产品，如人寿保险、年金保险、万能保险、机动车辆保险、火灾

① 吴明洋：《财险精算师能为财险公司做什么》，《精算通讯》，2002 年第 3 卷第 3 期（本节略有改编）。

② 原文为：Actuaries are experts in risk management. They use their mathematical skills to help measure the probability and risk of future events. This information is useful to many industries, including healthcare, pensions, insurance, banking and investments, where a single decision can have a major financial impact.

保险、货物运输保险、工程保险及各种责任险等。新产品的开发与设计，是保险公司生存的基础。当市场竞争越来越激烈时，一家保险公司只有开发独特的新产品，才能在市场中抢占商机，避免陷入恶性竞争的泥沼内。开发设计新产品则非依赖精算师不可，这是因为新产品开发中最关键的技术是厘定保险费率。保险费率是对风险的定量估计，保险行业不是赌博冒险，必须对保单出售后的所有风险都有可靠估计之后，保险产品才有可能赢利。估计风险就要识别风险。根据历史数据或相似业务的经验数据及概率统计等数学知识估计风险，给出风险管理措施，这项技术正是精算师的专长。保险费率制定不单纯是数学或风险管理问题，它还涉及经商之道。保险费率定得是否适当与公平合理，关系到该公司经营的盈亏与市场竞争力。若费率定得太低，其保费收入不足以支付未来的赔款与费用支出，将造成公司亏损；反之，若定得太高，则购买的人会较少，保险风险无法得到分散，保险公司自身承担的风险就会增加，在市场竞争中也会处于不利的地位。所以，费率的厘定，必须很恰当，不偏高也不偏低。围绕保险产品的风险有很多种，那些数据量较多、发生频率和金额都比较稳定的风险，如车险，其风险可以用数理模型可靠估计，但那些与宏观经济环境相关的风险，如投资收益率、通货膨胀率等，其未来的趋势就很难估计，因此投资连结型产品的设计以及费率厘定就需要极为谨慎和全面的考虑。新产品开发除了事前的产品设计与市场调查外，还包括保单条款的拟定、费率厘定、送监管机构审批或备案，以及产品推出后的销售佣金率制定、成本及损益预估等，都需要精算师的参与。

2. 调整现有产品的费率

对于保险期限一定的保单，如定期人寿保险和财险产品，费率需要保险满期后作出调整，尤其是财险产品，大多数保险期限不超过一年，这些产品的费率表在使用一两年后就必须作适度的检验与调整。在竞争程度较高的市场更需如此，激烈的市场竞争会使风险的实际结果与定价预期差别很大，因此就必须更加重视调整费率。当实际赔付率低于预定赔付率时，需适度调降费率，以利于市场竞争；若实际赔付率高于预定赔付率时则需调高费率，以免保费收取不足，造成公司的亏损。这些老产品的费率调整也须依靠精算师来完成。

3. 建立和分析经验统计资料

保险产品推向市场后，实际赔付率、费用率和销售量等都称为经验数据。一家保险公司是否建立了完善的经验统计资料，也会影响到公司当前或未来的经营状况。由于财险并不像寿险那样有一个经验生命表可作为各家公司定价(厘定费率)的参考，故财险公司经验统计资料的建立以及赔付频率与赔付幅度的分析，格外显得重要。对于财险和健康保险，建立和分析与赔付率计算有关的经验资料更是重要。完善的统计资料可用于各险种甚至各个产品的赔付率分析，为公司或核保部门筛选保单品质作参考。此外，不论是公司将来要设计新产品、厘定费率，或者要对旧产品作费率调整，公司本身的经验统计资料都是很重要的参考数据。经验统计资料的建立通常也由精算师来主导，因为经验分析是产品开发后的风险监控过程，只有设计产品的精算师才最了解哪些资料需要用于厘定费率或经营效率分析。一家财险公司经验统计资料建立得越完整，对该公司核保品质的确保以及将来费率的竞争就越有利。人寿保险业务中，死亡率、费用率也是重要的经验数据，其经验分析结果对保险公司的经营状况有很大的影响。

4. 评估责任准备金

责任准备金是对未来保险赔付的估计。按照风险或保险事故是否发生，保险业务的责任准备金分为未满期风险准备金、赔款准备金两大类，赔款准备金又可分为未决赔款准备金及已发生未报告赔款准备金。有些财险公司还提取应对巨灾或特别风险的巨灾准备金。人寿保险业务的责任准备金大部分为针对有效保单提取的未满期风险责任准备金，赔款责任准备金占比较少。财险业务的赔款准备金占比与未满期风险准备金相当,甚至更高。在会计报表中,责任准备金是保险公司负债的主要部分,是资产负债表中的重要科目,年末责任准备金与年初责任准备金的差额,即责任准备金提转差又是利润表中的主要成本科目。责任准备金评估标准越谨慎,评估金额越高,保险公司就必须保留更多的资产以应对未来赔付,偿付能力不足的可能性就越小,因此责任准备金的充足性关系到公司的偿付能力。但责任准备金的金额又会影响当年的利润。如果责任准备金的评估标准过度谨慎,例如将破产概率由 0.1%提高至 1%,或者将很多发生概率很小的损失都纳入准备金中,当年的利润就会降低,降低的那些利润隐藏在责任准备金中,只有在保险满期或风险期已经度过后才被释放到利润中,因此被称为隐含利润。隐含利润,对保单持有人来说多多益善,对保单负债是更高的安全准备,但压低当年利润会影响保险公司在资本市场中的表现,使公司股价被低估,容易引起恶意收购。另一方面,责任准备金的评估标准太宽松则会高估当年度的利润,如果公司将高估的利润作为红利分配给股东,就直接降低了公司的偿付能力,对保单持有人不利。对于人寿保险业务,影响责任准备金充足程度的主要风险是投资收益率和未来寿命。财险业务的保险期限大多不超过一年,投资收益的影响没有寿险业务大,但财险的风险种类多,受到自然灾害等环境因素的影响大,而且每种风险的保单数量远远不如人寿保险保单数量庞大,所以赔付率不稳定,赔款准备金的评估模型非常复杂,很多地方需要精算师的经验和职业判断。那些保险事故发生若干年后损失才表现的险种,例如产品责任险等长尾业务,赔款责任准备金需要在保险公司的账面上保留二三十年,时间越长,不确定因素越多,赔付金额就越难以估计。在很多财险公司经营困难的案例中,都与这些长尾业务的赔款准备金有关。由于保险公司责任准备金评估对保险公司的经营如此重要,因此准备金评估长期以来都是精算师最主要的工作之一,而且也是各国保险监管机构最先要求需要经过精算师审核并承担职业责任的项目。

5. 利源分析

利源分析是指在会计部门年底核算当年度的利润后,精算师可以进一步分析利润或亏损产生的原因,是缘于实际赔付低于预期,还是费率低于预期,或是由较高的投资收益产生,这三种利源分别称为赔付差、费差和利差。利源分析的结果用于下一个年度制定经营决策作参考。除了公司整体的利源分析外,也可进一步针对个别险种做利源分析,如某个险种的实际赔付经验高于定价预期,就必须加强该险的核保或重新审核费率是否充分。若是因为费用超支造成的,就应加强费用开销的控制;投资方面有亏损,则应进一步审核公司的投资策略或投资组合。

6. 确定分红业务的分红水平和万能保险的结算利率

分红业务的保单持有人有权利分享保险业务的利润,每一年度的分红水平基于年度末核算的利润来确定。但分红保单分享的利润与会计利润又有差别,会计利润是赔付差、费差、利差和其他各种原因产生利润的总和;而分红保单按照保单约定,可能分享赔付差、利差及费差或三差之和。而且,公司通常希望维持稳定的分红水平,分红水平的剧烈波动不利于保单持有人管理财务,对公司的市场声誉也会有影响。因此,分红水平往往需要精算师根据利源分析的结果,结合历年的分红水平,以及未来的利润趋势来确定。同样,万能保险的结算利率与实际投资收益率也不同,为了保持一个比较稳定的结算利率,精算师需要综合考虑历史及未来的收益率情况和市场的平均水平后才能决定。

7. 协助会计部门编制财务报表

保险会计与一般企业的会计核算原理和报表形式都不大一样。最为显著的差别是:一般企业会计的会计报表各科目记载的绝大部分是过去的经营成果，是比较确定的数字；但是保险会计报表中负债科目中的责任准备金是对未来赔付的估计，是未来可能发生的金额，因此必须是由精算师依照精算方法估算的，普通的会计方法无法适用。所以，无论是公司公开的财务报表还是内部的财务报表，都需精算人员的协助。而监管机构要求的用于评估保险公司偿付能力的监管报表、发放给分红保单持有人的分红业务财务报表和分红说明更是需要精算师的工作。

8. 资产负债管理

保险公司是负债经营的企业，其资产负债表中的责任准备金可以达到负债的80%。如何妥善配置资产，以满足保单赔付及费用的流动性需求和提高保险公司的获利能力，也是精算师可以参与的工作。精算师的传统工作主要偏重在费率厘定及责任准备金评估上。但随着保险公司参与资本市场的程度增加，资产的收益和现金流越来越不稳定，负债和资产的匹配管理对保险公司经营成果的影响越来越大。负债现金流也就是与保单有关的现金流，如保费收入、赔付支出和退保支出等。这些现金流的准确估计非精算技术不可，因此现代的精算师已逐渐踏足到资产负债管理，以及协助公司制定投资策略等方面，即所谓的财务精算领域。

9. 确定再保险计划的自留额

与寿险业务相比，财险业务的经营对再保险的依赖程度要高出许多，而再保险计划自留额的确定，也是精算师传统的工作领域。从风险管理的角度看，再保险自留额即为保险公司保留的风险。如自留额订立标准太高，保险公司保留了太多的风险，可能会超过保险公司的承受能力，降低偿付能力，增加经营风险。若自留额标准定得太低，保险公司将过多的风险转移给其他公司，又有可能将公司一些有利可图的业务一并转出。所以，对于再保险计划的自留额确定，也有一套专门的精算理论和技术，这也是财险精算师经常做的工作。

10. 佣金支付体系

业务员或代理人的佣金，既有与保费成比率的业务佣金，也有补贴业务费用的展业津贴和激励业绩的绩效奖金。制定佣金或津贴奖金等佣金支付体系除了要考虑各险种的可用成本外，也须考虑公司的整体成本，同时还要考虑到与其他同业类似产品的佣金支付水平能够相匹配。在保险市场中，销售能力是衡量保险公司价值的主要因素，佣金支付体系的好坏，常常会左右一家保险公司业绩的发展。精算师在为产品定价的同时，也常常需要确定公司的佣金支付体系。

11. 年度经营计划与长期经营计划的拟定

每家保险公司在年度末都要制定下一个年度的经营目标，如保费收入业绩目标、赔付率目标、费用率目标、续保率目标以及资金投资运用效率目标等。如何达到那些目标的工作计划和估算工作计划的损益估算，也是年度计划的一部分。由于精算师通常比其他部门的工作人员对整个公司的经营情况及运作流程有深入广泛的了解，而且也是最知晓公司经营成本所在的人，因此公司年度计划或长期计划在很多公司内是由精算部门拟定出来的。

以上介绍的只是精算师较常见或较具体的工作内容。事实上，由于经验丰富的精算师比其他专业人士更具有数理逻辑思考能力，而且有更多的机会了解到整个保险公司的运作，因此有些公司甚至将精算师任命为核保部门或财务部门甚至于销售部门的主管。尤其是在一些保险发达的国家，很多保险公司的总经理或董事会成员由精算师出任，成为公司高级管理层中的一员。

复习思考题

1. 请从风险管理的角度阐述精算管理系统的基本思想。
2. 思考数据和信息流在精算管理系统中的作用。

第二章
外部环境

学习目标

1. 了解外部环境的构成
2. 理解外部因素对精算工作的影响

在精算管理系统中，外部环境给模型带来了很多的约束条件，外部环境的变化产生了风险，同时也是造成模型结果偏离预期的原因。在着手解决问题之前，精算师熟悉外部环境，识别与问题相关的所有外部因素是非常重要的。

外部环境由很多因素构成，我们不可能将它们一一列出，不过对于在保险行业的精算师来说，有些因素的影响非常显著。表2—1列举了与保险行业精算师有关的外部环境构成要素。

表2—1　　外部环境的构成

分　类	组成部分
职业环境	职业行为守则、精算实务标准
监管环境	法律法规、政策、税收、社会保险
自然环境	气候、自然灾害（地震、风暴等）
经济和社会环境	经济环境、人口结构和人口老龄化趋势、社会价值观、文化因素、劳动力市场、会计标准和实践、技术发展
行业环境	产品和服务、金融机构的混业经营、销售渠道、市场竞争、行业协会

资料来源：Clare Bellis，John W. Shepherd and Richard Lyon. *Understanding Actuarial Management：The Actuarial Control Cycle*. Sydney：Institute of Actuaries of Australia，2005.

第一节　职业环境

经过多年的努力，精算职业在很多国家被认可为专门职业，这些国家在法律上赋予了精算师在保险行业中的垄断性特权，如只有精算师才能进行责任准备金评估，编写责任准备金评估报告，并为其负责。另一方面为了维护精算师的声誉，保证精算师提供高质量的服务，精算职业必须接受政府监管，或成立自己的职业团体，进行自我监督。由于精算职业的技术性较强，大多数国家对精算师的培训、资格认定和职业标准的维护都是通过职业团体来进行的，所以职业团体的职业标准是职业环境的主要构成。政府的法律法规规定了精算师承担的监管职责，以及违背职责的惩罚措施。

职业标准由职业行为守则和具体的精算实务标准两部分组成。职业行为守则规定了精算师的职业道德标准。例如，英国精算师职业道德守则对精算师提出的基本要求包括：精算职业必须为公众利益服务；精算师有责任保护客户的隐私；精算师必须确信有足够的知识和经验后，才可以提供精算建议；精算师必须保证审核数据的准确性和可靠性，在精算建议中详细解释各种因素的影响程度和可能的后果；发现其他精算师有违反行为守则的行为时，应及时采取补救措施；不可为与本人有利益冲突的客户提供精算服务；应明确说明酬劳；不能阻拦客户选择其他精算师；不能损害其他精算师的声誉；应容忍他人提出不同意见；在宣传自己的服务时不能直接或间接贬低其他精算师的专业水准。

精算实务标准是对精算师的具体工作给出的书面工作指南。精算实务标准的作用有：

(1)给精算工作制定标准，这些标准通常是经同行认可的标准；

(2)保证精算师用合适的方法完成工作，从而保护客户利益和其他间接依赖于精算师工作的利益相关者；

(3)保险公司中精算师的职位通常是精算负责人或总经理，有时会由于董事会或其他上级的压力而省略部分必要的工作以节约成本和时间，或为迎合客户需求而采用不恰当的方法，精算实务标准可以帮助精算师避免这种情况；

(4)设置了最低工作标准，在客户投诉时给精算师以保护；

(5)满足监管要求，使精算工作在给定的标准下进行。

当然，实务中的问题多种多样，固定的书面标准不可能穷尽所有的情况，因此精算实务标准通常只是些笼统的原则，具体情况下精算师还需要具体分析。

阅读材料　　中国精算师职业道德守则(部分)

第一章　总则(略)

第二章　职业诚信

第五条　精算师应热爱精算事业，遵守中国的法律、法规；若本守则与国家的法律、法规有冲突，则以国家的法律、法规为准。

第六条　精算师必须遵守诚实、公正的工作原则，维护精算师的行业声誉，履行精算师行业对公众所负的责任。

精算师在提供精算建议、准备和提供精算报告及其他精算服务时，必须恪守本条守则。

第七条　精算师不得利用其专业技术，企图为其服务对象从第三方获取非法的或不正当的收益。

第八条　精算师在了解其专业服务可能违背法律、可能被用于误导第三方时，应拒绝提供该项精算服务。

在所提供的资料和精算服务可能被服务对象用于影响第三方行为时，精算师应采取必要措施保证其提供的资料和精算结果清晰、公正，不被用于误导第三方。

第九条　精算师不应参与其知道或应该知道的与精算工作有关的误导或错误的广告、推销活动。

第三章　工作规则

第十条　精算师在其工作中必须遵守职业专业标准，并与职业专业标准的最新变动保持一致。

职业专业标准是指中国保险监督管理委员会和中国保险行业协会精算工作委员会颁布的有关精算实务工作的各项规定、规范性文件。

精算师在对职业专业标准的适用性有疑问或不存在相适应的职业专业标准时，应采用精算师广泛使用的专业实践规则为标准。

第十一条　精算师应保证其所提供的精算结果合法、清晰、适当，为其提供的资料和精算结果负责。同时，应明确说明可以在何种范围内从本人或其他来源得到附加的信息或解释。

第十二条　精算师在从事精算工作时可以使用其他的资料来源，并不需为该资料的准确性和完备性负责。但在使用该资料时，必须说明该资料的来源及其精算工作的结果对该来源资料的依赖程度和敏感程度。

精算师在工作时不得使用职业专业标准限制或禁止的信息来源。

第十三条　精算师在所提供精算结果上，应表明其服务的对象和其职责范围。

第四章　对服务对象的责任

第十四条　精算师应本着职业诚信原则为服务对象提供专业服务。

第十五条　精算师对在其提供专业服务过程中所得到的资料和信息，应当严格保守秘密。除了经其服务对象同意，或在法律和法规要求的情况下，精算师不得将相关没有被公开的资料和信息提供或泄露给第三方。

第十六条　精算师应及时、明确、完整地向其服务对象说明自己或所属单位为其提供精算服务所收取的各种费用的标准。

第十七条　除下述情况外，精算师不得在与其存在潜在或实际利益关联和冲突的情况下提供职业服务：

1. 这种利益关联和冲突不会影响精算师在提供职业服务时的公正性和客观性；

2. 受这种利益关联和冲突影响的所有团体及个人都清楚存在该种利益关联和冲突，并且都同意该精算师为其提供职业服务。

第十八条　如果精算师意识到其服务对象的利益和与精算师工作有关的其他团体的利益有事实上的关联和冲突时，应向其服务对象说明真实情况。

第五章　对同业的责任

第十九条　精算师在工作中应本着客观和相互尊重的态度与其他人合作，共同维护和增进本行业的职业道德和职业信誉。

第二十条　服务对象有权利选择精算师，在符合本规则第八条的前提下，精算师可以向任何服务对象提供服务。

精算师在接受服务对象的邀请为其提供精算服务之前，如果确知或有理由相信该服务对象曾经或正在接受其他精算师的服务，应以适当方式向前任精算师咨询相关工作内容，以做好充分的工作准备。

精算师应根据前任精算师提供的信息，确认是否会产生使其违背本守则的情况，以决定是否接受工作。

精算师在向前任精算师咨询时，应征得服务对象的同意。

在服务对象同意后，前任精算师在向新聘精算师提供有关数据、工作报告或文件时有权索取合理的报酬，前任精算师不必提供如计算机程序等个人所有的资料。

第六章　对国家监管机关的责任

第二十一条　除非法律禁止，或出于和职业无关的私人原因与其他精算师相对立的目的外，精算师在明确知道或发现其他的精算师有明显的与本守则的实质相违背的行为时，有将该行为报告有关国家监管机关的权利和义务。

与本守则的实质相违背的行为是指重要的、对结果存在实际影响而非意愿上的违背行为。

第二十二条　精算师有义务对监管机关提出的问题作出迅速、完全、真实的书面回答，并提供进一步的信息或帮助。

第七章　惩罚措施

第二十三条　若精算师在执业过程中，存在欺骗、故意歪曲事实等违反本守则的行为，服务对象有权向中国保险行业协会精算工作委员会投诉。经核查属实，中国保险行业协会精算工作委员会将视事件的严重程度给予警告、通报批评、暂时或永久吊销资格证书的处罚，并向中国保险监督管理委员会报备处罚决定。

第二十四条　受惩罚的精算师在接到处罚决定15日内有权利为自己的行为进行辩护，并向中国保险行业协会精算工作委员会提供相应确凿的证据。中国保险行业协会精算工作委员会在接受辩护后应对事件进行复核，并在60日内做出最后的处罚决定。

第二节　法律环境

法律环境是指影响保险行业的法律法规和规范性文件，有时行业组织颁布的自律性规范文件也具有法律效力。

法律是维持社会正常秩序的必要手段。国家所有法律规范组成的整体称为法律体系，通常由法律、法规和规范性文件构成。法律由立法机构根据宪法授权制定。法规提供了法律不涉及的细节问题，具有与法律同等的法律效力。规范性文件由法律授权的相关机构颁布，如保监会颁布的规范性文件，这些文件也可以具备法律效力。法律的改变对保险行业有间接影响。例如，法律规定机动车内必须系安全带，或允许交通警察随时检测机动车驾驶员酒精含量，都有可能改变机动车事故的发生概率和赔付金额，进而减少机动车保险或其他险种的理赔成本。

世界上大多数国家的法律体系都可归属为民法法系和普通法法系两大类。民法法系继承了罗马法，是欧洲大陆国家普遍使用的法系。普通法法系以英国中世纪开始出现的普通法为代表，被澳大利亚、加拿大等许多英联邦国家和美国所采用。民法法系固守罗马法传统和编纂法典，采用的是成文法典形式，而普通法法系则注重遵循先例。在普通法系的国家，法庭判决和判例常用来解释特殊情形下法律条款的含义或模糊之处，为将来性质相同或类似的案例提供判据。例如，如果重大疾病保险在保单条款中没有精确地定义心脏病及其治疗过程，法庭也许会判决保险责任中必须包括所有类型的心脏病或所有治疗方式的费用，这些疾病或治疗方式可能不在产品定价范围内，增加保险公司的索赔成本。又如，责任险的赔付金额也会受到法庭判决的影响。

行业组织是指精算职业团体、行业协会等组织，这些组织通过组织内的行为规范和惩罚条例对组织成员进行监督。在金融行业，职业团体或行业协会常常也承担着监管的职责，尤其在处理客户投诉方面。行业组织对其成员可以直接采取处罚，也可以诉诸法律。

与保险相关的法律和法规包括金融法、保险法、社会保险法、税法、消费者权益保护法、合同法、公司法以及反歧视法和家庭法等。

一、金融监管与金融法

对于金融市场监管，古典政治经济学主张自由竞争的市场机制，认为市场如同一只“看不见的手”支配着社会经济活动。古典经济学反对国家干预经济生活，主张取消金融市场管理。但西方国家屡屡出现的金融危机证实，金融市场并不能自我调节。金融市场中信息的不完整和不对称、过度竞争带来的不稳定和大型金融机构的垄断地位，都会扭曲金融产品和金融服务的价格信息，发生金融市场失灵。所以必须建立金融法规，及早发现市场失灵，并允许政府适度干预，消除金融产品和服务的价格扭曲，实现资金的有效配置。

防止市场失灵主要从反垄断、防止犯罪、减少信息不对称和增强金融系统的稳定性四个方面着手。但金融市场上的竞争压力比其他市场小，更容易形成垄断。其原因有：其一，有些金融产品是强制性购买的，如强制保险的第三者责任险、医疗保险，对于这些产品消费者无法通过供需关系来调节价格或选择其他替代商品。在人寿保险行业，保险合同的期限可以长达数十年。投保人在一家保险公司购买了长期保险后，由于缺乏可以转让保单的二级市场和退保条款的约束，很难再转移到另一家。企业年金也有同样的问题，企业年金的成员在退出企业年金计划时会面临损失。长期保险合同的这些特征减少了保险市场的竞争。为了保护投保人或年金成员的利益，法律会对人寿保险合同的最低退保金或养老金的退出金额作出最低限制，以保证退保或退出的人能够收回前期已获得的保险利益。其二，金融市场的准入门槛高，金融机构必须满足最低资本要求，投入高额的运行系统和建立基础设施，接受严格的执照审核。其三，没有或法律不允许供应替代产品，人寿保险产品只能由人寿保险公司提供。因此，适用于所有行业的反垄断法或反托拉斯法不能监管金融市场的需求，必须有专门的法律或金融监管机构约束金融市场，促进市场竞争和防止垄断。例如，对于强制购买的法定责任保险，如第三者责任险，仅仅依靠自然竞争的市场无法满足社会的需求，而且，保险公司破产时，受影响的人群不只是那些购买保险的人，还有那些受害的第三者。由于第三者责任险的受益人是第三者，所以投保人没有动机去比较各家保险公司的偿付能力和保险价格。而给付是标准条款，各家公司的产品相同，所以市场份额很大程度上取决于价格。为了避免保险公司低价倾销而影响保险合同的安全，政府对强制性保险的费率下限和上限都作出规定，以保证费率足以弥补成本，而又不至于昂贵。

除防范市场失灵之外，金融法规也用于防止犯罪行为。金融法规一般侧重于保护个人消费者的利益，因此其监管对象着重在零售商。在零售市场，金融法规监督零售商的市场行为，如信息披露的完整性和规范性，以提高金融产品的可比性，如法规要求保险公司在预测分红产品的未来收益时，必须采用规定的假设。合同的措辞必须易于理解，对风险有足够的提示，对重要的条款有足够的强调说明，以保证消费者完全理解产品的收益和风险，不会被某些条款误导。零售商市场行为的考察还包括其商业道德、财务状况和对金融产品的理解与推荐能力。该方面的监管应该根据金融产品的具体类型而有所不同，或采用一般的合同法以防止不公平合同条款的出现。对二级交易市场上的价格操纵和欺诈行为，金融法规会作出认定和处罚措施。一级市场上则强调充分的市场披露，减少金融市场上的信息不对称，保证投资者在了解所有信息的情况下作出决策。

有时即使金融机构已经按照法规要求披露了所有的信息，普通的消费者可能仍然无法评估金融产品的风险，特别是复杂的长期人寿保险合同或储蓄产品，未受过专业训练的普通消费者很难评估其未来的投资风险。当买方比卖方拥有更多信息时，也会发生道德风险，这在保险中特别常见。所以,除一般合同法以外,保险合同需要专门的法律来约束。为减少信息不对称给金融体系造成的风险和损失,有必要成立专门的金融监管机构,从法律和市场行为上监督金融机构。

金融合同是建立在双方自愿诚信基础上的契约。当某家金融机构失去消费者信任,发生现金流挤兑风险时,可能会发生连锁反应,危害整个金融系统的健康,给所有的金融机构都带来风险。银行或人寿保险公司,都存在一家机构破产而导致整个行业崩溃的可能性。制定审慎监管法规和体系可以在一定程度上降低金融系统的不稳定风险,但采取其他措施来降低风险蔓延和保护客户的利益,也是很多国家的做法。例如,中央银行作为最后的借款人为商业银行提供紧急援助,建立存款保险制度和保险保障基金以保护存款人和投保人的利益。

虽然政府会以保护消费者利益为主要监管目标,但有些监管措施也可能妨碍了自由市场的调节机制。例如,一个有效的保险市场应该保证新公司容易进入,而经营效益不佳或破产的公司及早被市场淘汰。但多数保险监管体系的目标是针对破产公司的,而不是降低新公司的进入门槛。另一方面,过度自由的市场也不一定会真正按照消费者的利益来运作,市场需要一定程度的监管限制。

除减少市场失灵以外,金融监管还有其他社会或政治目标。例如,必须使消费者能够获得对其生活是必需的金融产品,如健康保险中的重大疾病保险和简单的储蓄产品。为此,政府需要设定产品价格的上限,以保证消费者能够以支付得起的价格获得服务。

金融监管的政治目标包括保护本土企业,限制外国公司进入市场;鼓励本国金融业和资本市场的发展;设置投资国债的最低比例,以保证政府有足够的资金来源;调节市场的流动性;维护社会保障体系;等等。

阅读材料　　宏观审慎性监管(节选)

一、宏观审慎监管的理论分析

监管当局对银行的监管通常可以分为限制性监管和审慎性监管两类。审慎性监管是指为了维护金融系统的安全稳定,以比率监管、内部控制等作为运营条件,以风险高低作为筛选标准的一种监管理念与做法。宏观审慎监管与微观审慎监管作为审慎监管的两大支柱,共同为金融体系的稳定保驾护航。

表 2—2　　宏观审慎监管与微观审慎监管的比较

	宏观审慎监管	微观审慎监管
直接目的	防范金融系统危机的爆发	防范单个金融机构危机的爆发
最终目标	避免 GDP 的损失	保护消费者(投资者或存款人)
风险模型(一定程度上)	内生的	外生的
金融机构之间的相关性和共同风险暴露的关系	这种关系是必要的	金融机构间的共同风险暴露被认为是没有联系的
审慎控制的衡量标准	以整个系统范围为单位实行自上而下的衡量方法	以单个金融机构为单位实行自下而上的衡量方法

宏观审慎监管涉及如下两个维度:第一,时间维度,考察的是系统的总体风险随时间如何发展;第二,横截面维度,指在特定时间内,风险如何在金融体系中的各金融机构之间分布和相互作用。从时间维度上考察,宏观审慎监管不仅要注意整体风险随着时间的推移形成的累积,

更重要的是处理顺周期性问题，即考虑系统性风险是如何通过金融体系内部及金融体系与实体经济间相互作用而扩大的。因此，时间维度方面的政策问题更重要的是解决如何抑制金融体系固有的顺周期性。由于时间维度的延续性，宏观审慎监管在这个维度上有所作为则更能发挥其监管的本质，即寓干预手段于周期之内。在横截面维度上，实施宏观审慎监管的关键在于处理特定时间内金融机构共同的且相互关联的风险暴露。这些风险暴露既可能是这些机构在相同或相似资产类别下的直接风险暴露，也可能是它们之间的业务交叉而导致的间接风险暴露。从这个角度看，主要的政策问题是如何制定审慎监管框架，将整个金融体系风险损失控制在局部，从而控制"尾部风险"。

二、宏观审慎监管的必要性分析

(一)微观审慎监管体系下系统性风险的监管缺失

银行业始终面临着系统性风险，且随着金融业的不断发展，金融市场中蕴藏的系统性风险不断增大，但微观审慎监管体系缺乏对系统性风险的有效衡量。金融一体化增加了金融机构之间的联系，很多风险被机构间的"相互联系"和"相互依存"所掩盖，系统性风险随之增强。此外，创新业务的发展也增加了风险的相关性和复杂度。最重要的是，有些联系并没有受到重视甚至完全脱离监管。在当前各国的监管体系中，监管当局往往更注重对单个金融机构的风险控制。这种微观审慎监管只是为个体金融机构提供了稳健经营的保障，但长远来看，它缺乏对整体金融体系的全面判断，无法确认系统性风险积聚的程度，无法隔离风险在实体经济与虚拟经济之间的传导。

(二)微观审慎监管对顺周期性无能为力

银行在资本约束下的信贷行为、宏观经济因素对借款人违约概率的影响、公允价值等会计准则、VaR 模型的区间选择等因素都会引起银行的顺周期性行为，然而这些情况却无法被微观审慎监管者监测到。他们从银行等金融机构的资产负债表中看不出任何不良表现，各家银行的资本充足率也都在8%以上。从银行的角度看宏观层面，看到的只能是经济面的稳步发展，无法发现需要控制和解决的问题，于是系统性风险在这段经济周期中不断积聚，最终释放、蔓延到其他部门。实现对顺周期性的有效预警和监控，通过对体现宏观经济中存在不稳定因素的指标(如贷款价值比率)的监控来发现问题，缓解顺周期性导致的风险积聚，这些都是宏观审慎监管的责任。

(三)宏观审慎监管对市场流动性的有效监管

传统的监管方式中，通常以银行拥有的资产基础来确定银行流动性。然而，流动性风险的一个重要特点是流动性不是恒久不变的。流动性常常与市场预期及市场参与者的信心挂钩，单从机构的资产比率、贷款比率难以发现流动性风险，这就凸显了宏观审慎监管在流动性监管中的不可替代的作用。因此，监管中需要宏观审慎监管和微观审慎监管的有效配合，以一种更好的方式关注流动性。

三、宏观审慎监管的实施

宏观审慎监管的最大难点在于实践。如何识别、度量、缓释、管理银行业所面临的共同风险？由哪家金融机构统筹安排、调度配置资源来完成监管重任？在协调和沟通的过程中，如何实现信息共享、分工协作？这些都是宏观审慎监管实践中需要考虑和解决的问题。

(一)宏观审慎监管的基础

实施全面宏观审慎监管的初始条件是拥有充分的信息，主要包括4个部分：(1)一个可以提供持续市场信息的有效系统，可以直接接触当前市场发展和预期的一手资料；(2)定期收集宏观审慎监管的资料和统计数据，如有关宏观经济环境、金融市场及与主要经济和金融部门的关系；(3)定期收集机构的资料和数据，特别是对大型和复杂的金融机构，涉及具体的表内和表外项目相关信息，适当的有关资产与负债方的敞口问题，此外还包括识别对手、识别主要中介机构之间的相互联系和评估蔓延的风险；(4)对于大型复杂的集团来说，还需要有关流动性和风险管理模式的微观审慎监管信息。实施宏观审慎监管的第二个条件是要有一组分析工具和模型及拥有熟练技能的工作人员。虽然标准的形式化模型有其局限性，但它们确实有助于组织用于经常性风险评估的定性和定量信息。现有的研究提供了8个方面的方法和模型：金融稳定指标、传染和蔓延模型、早期预警模型、压力测试模型、以宏观金融风险为基础的资金流动账户模型、宏观计量经济预测模型、校准金融一般均衡稳定模型和其他模型。由于一般的金融稳定性分析和特定的宏观审慎分析比其他政策领域更难理解，且这些模型各有利弊，比较合理的做法是采用多种综合方法。

(二)宏观审慎监管的方法

宏观审慎监管不只是一种监管的理念，更是一种监管的手段。针对前述的两维测度，宏观审慎监管也相应有两个层面的方法选择：自动稳定器和自由裁量制度。第一，对应于时间层面，宏观审慎监管可以通过自动稳定器机制的建立以制约金融机构的行为。宏观审慎监管仍然需要对金融机构的资产负债表进行持续的检测。稳定器机制可以通过逆周期的资本要求等方法，实现对单个金融机构的直接监管，约束它们的过度风险承担行为和在其基础上的不当激励机制。第二，对应于横向层面，宏观监管当局运用自由裁量制度实施“自上而下”的干预，实现监管力度与单个金融机构对系统性风险影响程度相匹配，即先对系统性尾部风险进行量化，计算出单个金融机构对系统性风险的贡献度，相应调整审慎监管工具(如资本金要求等)。与微观审慎监管方法对所有被监管机构采用相同的监管标准不同，这一方式意味着对那些造成较大影响的机构应采取更严格的监管标准。宏观审慎监管当局通过硬性的规定，能够约束单个金融机构的行为，但由于机构之间的“相互联系”，使得有些风险被掩盖，风险敞口扩大，可能导致金融体系中出现失衡或泡沫膨胀的情况，自动稳定机制不能发现和制约这样的问题，所以监管当局在发现失衡时，应立即介入并实施限制管制。事实上，宏观审慎监管的一个重要目的是“管理”(经济意义上的管理)金融体系内总体的风险偏好水平，这不可避免地就要涉及某种程度的自由裁量的判断和干预。

(三)宏观审慎监管的工具

为防止系统性风险的生成有必要为监管当局提供一系列宏观审慎监管工具，但应采用什么样的形式，国际上尚未达成一致。蓝道(Jean-Pierre Landau)指出，宏观审慎监管(系统和宏观经济)与两种方法(自动稳定机制和自由裁量权)的结合产生了对监管工具的分类(见表2—3)。

表2—3　宏观审慎监管工具的分类

目的 / 机制	系统风险	对宏观经济环境的调整
自动稳定	缓冲器(资本和/或流动性)贷款价值比率全球一致的 杠杆率核算框架	随周期波动而调整的资本比率动态配置
自由裁量	压力测试新资本协议中的第二支柱	对资本充足率、资本配置或保证金要求的自由调整

1. 逆周期的调节需要。从宏观审慎监管的角度看,如何实施逆周期性的调节将是讨论的主要问题。这里主要考虑两种逆周期波动的方式——可调节的资本充足率和动态配置。计提损失准备金采用权责发生制的会计制度无异于放大了经济周期的波动性。针对这种情况,宏观审慎监管当局采用动态配置方式,在经济上扬的时期建立资源缓冲区,控制信贷的规模,提高金融机构的储备规模;在经济衰退的时候,适度降低储备规模,加大对国民经济的支持力度,缓解经济持续下滑的恶性循环,以便吸收损失而不会引发或放大经济衰退。这种做法是通过监管调节实现的,不会影响会计标准,从而保证了财务报表的公正与透明。通常情况下,各国的金融监管当局对资本充足率的监管实施统一的标准,缺乏一定的灵活性,因而宏观审慎监管当局可以采取灵活的标准,对资本规模、风险程度不同的金融机构要求不同的资本充足率,而且在不同的经济时期采用不同的充足率要求,以此降低周期性的影响。

2. 流动性调节。对于流动性风险的监管,涉及审慎监管的宏观和微观两个维度。微观审慎监管通过对银行资产负债表中资产与负债期限错配的分析,来控制单个金融机构的流动性风险;而宏观审慎监管要求监管当局持续监控国际和国内的金融市场状况,关注资本的流向和流量,避免整个资本市场的普遍流动性危机。

3. 贷款价值比率(loan-to-value ratios,LTVs)。次贷危机之后,各国监管当局出台了不少针对金融产品特点的监管政策,其中限制贷款价值比率就是用来防止房地产价格不合理上涨带来系统性风险的指标,我国也一直使用贷款价值比率工具作为财政刺激方案的一部分。贷款价值比率是指按揭贷款规模与房产价值的比率,该比率越低,说明个人的支付能力越强,还款能力越强。该比率的迅速扩大说明银行业风险普遍提高,宏观审慎监管者当局采取控制该比率的措施来缓解过度放贷,进而避免顺周期性的扩散,在一定程度上降低系统性风险。限制贷款价值比率很可能成为宏观审慎监管应对不断变化的环境的一个有效的可变工具。

(资料来源:巴曙松、王璟怡、杜婧:《从微观审慎到宏观审慎:危机下的银行监管启示》,《国际金融研究》,2010 年第 5 期。)

二、精算师的监管职责

许多国家和地区,精算师是保险行业审慎监管体系的一部分,精算师最早在人寿保险行业和确定给付的企业年金计划中开始承担法定职责,后来扩展到非寿险和健康险行业。法律和法规对精算师职责的规定包括几个方面:精算师具有何种资格才能承担法定职责;法定职责的内容;承担法定职责的精算师从哪些方面监督保险公司的行为;如何向公司和监管机构报告;精算师在履行职责时,是否有权利获得工作所需的信息,是否有权利接近接受报告的人,是否会受到保护。

精算职业团体为精算师的监管职责在多方面提供协助,例如,精算师协会可以提供同行复核和技术上的支持。技术上的支持包括构造人寿保险生命表、编写实务指南、处理成员投诉和调查失职精算师。监管机构依靠职业团体来审核精算师是否有资格履行其监管职责,例如英国精算师在接受监管职责前必须获得英国精算师协会颁发的从业资格证书。

阅读材料　英国和美国的指定精算师制度

一、英国指定精算师制度的变革

历史上第一位精算师产生于 1775 年的英国公平人寿保险公司。几百年来,在精算职业组织的努力下,精算师在人寿保险行业中获得了很高的地位。许多寿险公司的高级职位都由精算师担任。英国保险公司中负责精算事务的职位为首席精算师(chief actuary),首席精算师是精算部门的总负责人,通常兼任公司副总裁或董事。

英国精算师的法定职责起源于1974年的《保险公司法》。该项法律要求人寿保险公司聘用指定精算师。指定精算师由保险公司聘用,接受公司的薪酬,同时又代表监管机构监控保险公司的风险,维护保单持有人的利益。为履行监管职责,指定精算师需出具三类精算声明:第一类是关于准备金合理及充足性的声明。指定精算师每年需按照监管要求评估长期业务的责任准备金,并签署精算声明,对准备金的合理和充足、新业务费率的充足性作出保证。第二类是偿付能力状况报告摘要和声明。指定精算师必须每12个月对长期业务的偿付能力状况进行评估,并在若干不利情形下对公司做动态偿付能力测试。英国精算学会建议指定精算师就评估结果、公司面临的风险、风险管理办法和合理的分红水平等主要事项编写财务状况报告,并将报告提交给董事会和管理层。财务状况报告的格式和内容由精算师自己确定,但报告摘要必须按照法规的指定格式编写,并提交监管机构。每5年指定精算师还要就偿付能力状况的结果出具声明。第三类是初始资本和费率充足性的声明。申请经营长期保险业务的保险公司在给监管机构提交经营计划和未来财务状况预测报告时,需要出具由指定精算师就初始资本和费率充足性作出审核后给出的精算声明。

指定精算师制度将长期保险业务的偿付能力监管职责完全转移给精算师个人,监管机构依赖指定精算师出具的精算声明评价公司的偿付能力。偿付能力报告中的准备金项目也完全依赖指定精算师的审核,不属于审计师的审计范围。

如何平衡公司与保单持有人的利益,是指定精算师面临的主要问题。当指定精算师同时又是公司管理层时,来自董事会的压力与其监管职责的冲突会更加激烈,如何解决这一矛盾并不是一件容易的事情。为了避免这一情况的发生,很多英国公司在1974年实施指定精算师制度后,规定指定精算师不能由总经理兼任。英国精算学会也于1975年发布了实务指南GN1,帮助指定精算师履行其监管职责。当指定精算师失职而受到客户投诉时,精算学会可以依据行业自律准则对精算师给予惩罚。在严格的法律和行业自律准则的约束下,指定精算师制度被认为很好地保护了保单持有人的利益。然而,2000年英国公平人寿因未对保证年金选择权提取充足的准备金而破产,该公司的指定精算师对此负有不可推卸的责任。指定精算师的作用受到了公众的质疑。

2001年,英国金融服务管理局重新检查了指定精算师制度,发现仅仅依靠法律和精算学会的自律并不能保证指定精算师能很好地解决利益冲突问题。金融服务管理局于2002年放弃了指定精算师制度,将指定精算师的法定职责拆分为管理职责和审核职责两类。承担管理职责的岗位称为精算职能人,精算职能人负责公司的精算实务,对董事会和管理层负责。对精算职能人也有提交精算报告的要求,但其提交报告的对象是董事会。必要时,监管机构可以要求提交该报告。精算职能人的精算报告将作为监管报表的附录,由公司上交给监管机构。监管报表中的所有表格和附录都由董事或总经理签字认可,精算职能人无需签字。

审核职责由审核精算师和分红精算师担任。审核精算师负责审核偿付能力报表中的准备金项目。审核精算师由审计师聘用,对审计师负责,不需要签署精算声明。分红精算师的角色类似于指定精算师,由公司聘用,但只负责对公司的分红政策提出建议,检查分红方案是否符合公平公正的原则,并出具分红业务精算声明。根据GAAPs在2004年做的一项市场调查,新制度实施后,越来越多的中小型保险公司聘用来自会计师事务所的外部精算师作为分红精算师，以保证审核的独立性。而一些大公司则使用内部员工作为分红精算师。

在指定精算师制度下，董事会可以完全依赖指定精算师对准备金出具的精算声明，而不需要为公司的负债承担责任。但在新的体系下，董事会不仅需要保证公司的负债充足，还需要保护保单持有人的利益不受伤害。

表2—4罗列了三类精算岗位的精算报告内容、报告对象及报告的提交方式。

表2—4　　英国三类精算岗位的精算报告内容、报告对象及报告的提交方式

精算岗位	报告内容	报告对象	提交方式
精算职能人	评估准备金和实际资本	董事会	作为监管报表附录提交
分红精算师	分红水平说明	董事会、分红保单持有人	作为监管报表附录和分红业务年报附录提交
审核精算师	对监管报表中的精算问题出具意见	审计师	不对外披露

从英国指定精算师制度的变迁中可以看到，由一名接受保险公司聘用的精算师履行监管职能时，他所面临的利益冲突往往会极大地妨碍监管职能的履行，而这一矛盾最终导致了英国指定精算师制度的解体。事实上，英国的法律并没有要求指定精算师必须来自公司内部，也不一定是董事会成员或高管成员。当指定精算师同时又是公司高管成员时，来自股东和董事会的压力将更为直接，利益冲突解决起来就更加困难。而这正是我国总精算师面临的问题。

另外，通过二十年的实践，英国认识到对准备金项目的监管完全依靠指定精算师的精算声明，其结果是降低了精算声明的可靠性。因此，新制度下，英国要求审计师对公司的精算工作给予独立性审核，对于审计范围以外的精算事务，英国监管机构也正在考虑建立同行评审制度。

二、美国精算师的法定职责

美国精算师承担的法定职责有两项：一是为偿付能力报告中的准备金签署精算声明，承担这一职责的称为指定精算师；二是审核保险产品的演示利益，并出具精算声明的精算师，称为利益演示精算师。

(一)指定精算师的职责

2001年，NAIC颁布示范性法规《精算意见与备忘录条例》(Actuarial Opinion and Memorandum Regulation)，规定保险公司在向监管机构递交监管报表的同时，还要上交一份针对负债合规、合理及充足程度的精算意见。经营寿险和健康险业务的公司还要在精算意见中说明资产支持负债的充足程度。

精算意见由公司任命的指定精算师签署。指定精算师可以是保险公司的雇员，也可以是来自咨询公司的精算师。其职责是审核监管报表中的准备金金额是否基于法规要求的假设评估，相关假设是否合理，是否足以支持保单责任。对于寿险业务和健康险业务，精算师还要考察相关资产是否足以支持保单负债。如果指定精算师认为责任准备金和资产都符合充足度要求，可以出具肯定的精算意见。如果指定精算师没有得到足够多的信息和数据，无法得出明确的结论，也可以出具带强调段和说明段的精算意见或无法表示意见、否定意见等。

精算意见放在监管报表的首页，与监管报表同时上交。这里，指定精算师的职责只是对监管报表中的责任准备金金额是否充足发表意见，而对监管报表承担责任的一方仍旧是公司董事会。为了让公司董事会能够了解负债风险，指定精算师在出具精算意见的同时，也要求向公司提交一份精算备忘录，以详细解释相关意见依据的评估假设和评估方法。精算备忘录的报告对象是公司董事会，精算备忘录由公司保存。但必要时监管机构可以要求对备忘录进行审核。

（二）利益演示精算师的职责

保险公司在产品宣传资料或给投保人的其他资料中，通常会预测未来的保单给付或回报率，这些称为演示利益。对于所有包含有演示利益的老产品，NAIC的《人寿保险演示示范法》要求一位精算师签署的精算声明来保证演示利益的计算方法符合法规要求。签署声明的精算师称为“利益演示精算师”（illustration actuary）。如果待上市的新产品中有利益演示，也需要有这样一份由利益演示精算师签署的精算声明。

美国的指定精算师与利益演示精算师的地位与英国旧体系下的指定精算师类似，是接受公司薪酬，但代表监管机构审核公司精算事务的精算师，所以也会面临利益冲突问题。但美国并没有寻求法律上的解决途径，而是由精算学会发布精算指南，对精算师给予指导。另一方面，美国的各项法律和法规也强调董事会的职责，而将精算师的角色定位为接受委托而提供精算服务的专业人员，所以理论上董事会应对公司的偿付能力和保单持有人利益承担责任。但在实际工作中，指定精算师如何才能满足各方的要求，如何取得公司董事会和管理层的信任，则很大程度上依赖于精算师个人的协调与沟通能力。

在审计师扮演的角色中，美国的处理方式有所不同，美国并不强调所有公司的精算报告都需要审计。监管机构通常只要求精算师提交精算声明和精算报告摘要。对于那些可能有问题的公司，监管机构才会要求公司提交完整的精算报告，并指定另一位精算师来审核相关精算工作。

（资料来源：杨步青：《总精算师法定职责若干问题的思考》，《上海保险》，2010年第7期。）

三、税法

税法是国家取得财政收入的法律保障，政府通过税收筹集资金，维持运作。税法还可以用于引导企业或个人的行为，如政府为了鼓励个人进行长期储蓄，可能对储蓄或养老金账户的交费或对储蓄账户的利息减免所得税。

有关保费交纳、投资收益和保险给付的税收规定，与保险产品的结构和保险公司的投资决策直接相关。那些能够最大限度利用税收优惠的产品，总是比其他产品更受欢迎。而针对保险企业或保险产品的税收减免政策，也会促进或阻碍保险行业的发展。这方面的案例很多，例如在计算保险行业的应税利润时，当税收政策允许公司采用谨慎的责任准备金评估标准时，就可以降低新保险公司的应税所得，促进保险业的发展。又如，税法允许个人购买年金险的保费支出从税前扣除时，也会极大地推动年金保险市场。

除了现行的税收法律和法规以外，精算师还应当关注税收制度未来的变化。这些变化通常可以从时事评论或其他公开信息中有所预兆，当政府决定重新审视税收制度或现行税收制度对社会某些群体不利时，通常税收制度就会发生改变。

四、国家政策

国家政策左右着法律和监管方式的变化，理解国家政策形成的过程和推动其形成的政治力量，将有助于预测法律和监管未来的发展方向。精算师常常参与政府政策的制定，精算师还经常为政府顾问、政策咨询委员会和监管机构提供精算服务。

第三节　其他外部环境

一、气候和自然灾害

自然灾害是财产保险的主要风险来源，对人寿保险也会有影响。地震、飓风、洪水、干旱和海啸等常常引发巨灾事件，导致巨额赔款。自然灾害保险的发生概率在各地区不平衡，水流附近区域频繁遭受水灾，而山区居民则不会有此风险，所以水灾险只能在那些饱受水患的地区销售，这样就无法分散风险。因此，对于这些巨灾风险产生的损失，必须有政府的力量介入，借助灾害补偿基金或其他政府救助的方式来弥补，而不能仅仅依靠商业保险。

二、经济环境

作为金融产品，保险产品的保费收入、投资收益、费用支出等现金流与投资收益率、利率、通货膨胀率等经济变量息息相关。

虽然保险风险大多来源于自然灾害、意外事故或事件，但经济环境对索赔成本也有间接影响。经济衰退时期，因病离职的雇员即使康复，也很难重新找到工作，导致失能保障保险的赔付成本上升。经济萧条时期，借贷利率提高，偷盗、诈骗和纵火事件更多，财产保险赔付率增加。汇率波动时，进口车的修理成本会因本币贬值而升高，机动车辆保险的索赔金额增加。甚至人寿保险的死亡率也与经济状况相关。有关研究发现，经济危机期间，不发达国家的死亡率会上升，但交通意外造成的死亡率则会下降。[①]

三、人口结构

人口结构影响金融机构提供的产品和服务。中产阶级是金融服务行业的主要需求方，高比例的中产阶级会催生退休规划、多样化投资等各种金融服务需求。一个国家的中产阶级比例高，金融服务才有坚实的客户基础。

人口结构也是精算模型的主要假设，尤其是在社会养老金精算问题中，生育率、外来移民速度、死亡率、伤残率和失业率都是重要的参数。人口老龄化是许多国家面临的严峻局势，生育率和死亡率下降，平均寿命延长，会造成将来的工作人口比例越来越少、退休人群越来越多，养老金、健康护理和老年护理的支出增加，而来自工作人口的税收收入减少，这将给社会保障体系带来沉重的负担。一些国家采用了推迟退休年龄或设置弹性退休制度来解决老龄化问题。例如，2003 年 5 月英国宣布将从 2024 年起逐步调高退休年龄，到 2044 年，民众须一直工作到 68 岁才能退休。德国也将在 2012 至 2029 年，逐步将退休年龄提高到 67 岁。我国也在考虑适时推出延迟退休年龄政策。

四、雇佣模式

传统工业时代，企业支配着生产和消费市场，雇员终身为一家企业工作，即终身雇佣制是

---

① Falagas, M.E., E.K. Vouloumanou, M.N. Mavros and D.E. Karageorgopoulos. "Economic Crises and Mortality: A Review of the Literature", *The International Journal of Clinical Practice*, 2009, 63(8): 1128－1135.

很普遍的雇佣模式。互联网的快速发展改变了这种模式。正如 Daniel H. Pink 所说:“工业时代的生产资料以及创造财富的工具非常之多,需要一个大型组织来筹集资金寻找场地协调大家工作,由此创造财富,而今天的生产资料就是一台手提电脑或平板电脑……互联网时代一件很有意思的事是,人的寿命越来越长,组织机构的寿命却越来越短。我们大部分人都会比我们工作的组织存活时间长,以前那种一辈子一份工作的情况越来越罕见了。”[①]根据统计,从 2008 年到 2014 年第二季度,英国新增的 110 万就业人群中有 73.2 万人是自由职业者。位于伦敦的智库 RSA Action and Research Centre 发现,有 60 万个微企业(员工数量至多 9 人)是在此期间创建的,过去 10 年创建的微企业 95%是仅有一人的企业。[②]

过去一度盛行的确定给付养老金计划适合于终身雇佣制度,互联网时代和自由职业更需要以强制储蓄和行业为基础的养老保险。社会保障体系也会因此而修改,从事自由职业的人退休年龄更加灵活,既有可能 40 岁就退休回归家庭,也有可能因为热爱事业而工作终身,所以社保体系中的一些规则也要作出修改,以满足人们对退休年龄的不同需求。

五、社会因素

社会因素是指人们对于金钱、婚姻、宗教等的看法和态度。社会因素影响保险行业和精算工作的例子有:

例一:人们在退休后是希望一次性拿到退休金,随后自己作出退休安排,还是希望由国家管理养老基金,分期支付给个人。这种对待养老储蓄和一大笔金钱的态度,可以影响到一个国家的社保体系设计。

例二:社会是否反对在性别、婚姻状况、宗教信仰、种族等方面的区别对待。比如,一些西方国家有反对歧视女性的法律。例如,社会可能无法容忍以性别作为人寿保险的定价因素或对交纳同样保费的男性和女性给出不同的养老金支付水平。而在美国,保险公司也不能把种族作为保费的定价因素。

例三:事实婚姻和同性婚姻是否得到承认,从而婚姻双方有权利与法律婚姻一样得到配偶的养老金。

例四:人们传统上是依赖家庭或子女来养老,还是更多地通过个人储蓄、养老保险和人寿保险来维持退休后的生活。

例五:社会是否认识到保险的风险分摊功能,还是仅仅将保险看成是一种积累保费的储蓄或投资手段。在一个对保险没有正确认识的社会中,有些人会将保险等同于储蓄,将保险与基金或储蓄进行比较来决定是否购买保险;也有些人在保险事故发生后,要求保险公司无条件支付所有损失,或者以降低保额的方式来节省保费。

六、劳工问题和工会组织

很多国家工会代表雇员的利益,他们在薪酬水平、养老金、工作时间和环境、医疗保障等方面与雇主或政府争论,维护雇员的利益。在那些工会力量强大的国家,来自工会的压力会导致企业的运营成本增加、工资水平上升,这影响了企业年金的缴费能力和养老支出成本。从事养

---

① Daniel H. Pink. *Free Agent Nation: The Future of Working for Yourself*. New York: Grand Central Publishing, 2002.

② 约翰·加普:“分享经济必须共担风险”,FT 中文网,http://m.ftchinese.com,2015 年 1 月 14 日。

老金计划的精算师，其工作可能受到工会的严格审查。工会不仅仅关注养老金计划的条款，他们还会关注企业年金的财务状况，因为大型计划所积累的盈余是非常可观的。

七、会计标准和实务

协助会计部门编制会计报表，是精算工作的重要部分。会计准则对定价和公司价值评估等精算工作都有影响。保险会计准则中的主要内容就是保险负债的评估标准。有些国家的会计准则会给出严格的评估标准，而有些国家只给出了评估的原则，精算师可以选择不同的假设和方法，但必须向雇主和养老金的托管人解释不同假设对会计报表的影响有多大。这种情况下，精算师就必须充分了解会计的基本原则，以公正客观的标准选择假设，避免违反会计标准或相关法律。

八、技术进步

计算机和互联网的发展给保险和精算带来了翻天覆地的变化。早期的精算技术，如转换函数、精算函数以及复杂的符号体系都是用来加快计算和节省数据存储空间的技术。但计算机存储能力、运算速度的飞速提高，计算机成本的降低以及各类计算软件的出现，使得传统的精算技术不再重要。技术的发展也推动了保险产品的创新，例如运算速度的加快使得投资连结型人寿保险成为可能，因为这些复杂产品需要定期修正投资单位的价格、计算追加保费对应的基金单位数量、实时更新保单现金价值。

销售渠道和销售技术也受到互联网的巨大影响。在互联网时代，人们更多地在网络上比较保险产品而不仅仅是听取销售人员的介绍，这就对产品形态、产品功能和定价技术都提出了新的要求。

技术进步还包括医疗技术和医药技术。诊断技术、治疗器械和手术以及新型药物都可能显著降低某些疾病的致残和致死风险，从而降低理赔成本。但新型治疗手段也会使以前无法治愈的疾病重新获得治愈机会，或者提高某些疾病的发现率，这些进步就会增加医疗和住院费用保险的索赔成本。

新技术也产生了新的风险，如火箭发射失败、空间站故障或飞行器损失风险，给保险行业带来了新的挑战。

九、金融机构的全能化

自20世纪80年代以来，对于金融机构分业经营的管制逐渐放松，金融机构从单一的业务向其他业务领域渗透，不同机构逐渐趋同。例如，商业银行通过金融创新或收购兼并渗入投资银行领域；保险公司在保险产品中嵌入基金或收购银行，进入银行业务。相互渗透的结果产生了全能化的金融机构，一家机构即能满足消费者的全部需求，为他们提供一站式服务。与单一金融机构相比，全能金融机构的内部风险可能相互传染，风险之间的关联程度更为复杂，这对于管理者、投资者、监管者和精算师来说都是挑战。

十、产品销售和中介

销售渠道是连接金融产品与消费者的桥梁。作为服务性行业，销售渠道对于金融机构的持续生存与发展至关重要。直接销售还是通过中介销售，不同销售渠道的重要程度随着时代发展而改变，同时也受到文化和社会环境的影响。金融机构的销售渠道大致可以分为四类。

1. 独家代理

独家代理只代表和销售一家公司的产品。为了保证销售者的利益，代理合约中委托方必须承诺将独家代理作为唯一的销售者，佣金是独家代理人的主要收入。独家代理人可能接受委托公司的专业训练，也可以使用委托公司的商标和品牌进行宣传。如果委托公司不能提供所有的产品，例如没有年金产品或保证回报率的投资产品，那么独家代理也被允许销售其他公司的某些产品。

2. 多家代理

多家代理是指公司不授予代理人在某一地区或某项产品上的独家代理权，代理人可以出售许多家公司产品。与独家代理相比，公司无须依赖某一代理人，如一家代理人无法达到要求，委托公司可以选择另一家。各代理人之间竞争充分，委托人处于主动地位，有利于开拓市场，但也容易造成价格竞争，影响公司声誉。

3. 经纪人和理财规划师

经纪人为消费者提供金融服务或金融产品方面的建议。例如，股票经纪人提供买卖股票或其他的投资建议，保险经纪人帮助消费者选择合适的保险产品。理财规划师则为家庭或个人制订全面的金融计划，包括储蓄计划、投资计划、保险计划、退休安排、税收甚至不动产投资。理财规划师通常从客户那里收取服务费用，如果客户接受理财计划或计划的某一部分，并购买了建议的金融产品，理财规划师也可能会得到产品供应商的佣金。无论收入来自哪里，理财规划师都必须向客户披露所有的服务费和佣金。国家通常要求代理人、经纪人和理财规划师必须具有执业资格，接受政府或行业协会的管理和监督。

4. 直销

直销是指公司直接销售产品，不借助任何中介。直销的好处是不需要支付佣金给中介，降低了销售成本。直销可能采用电子邮件或电话直接与客户联系，通过发布广告来吸引客户，或设立零售商店以鼓励客户主动购买产品。互联网是重要的直销渠道，给企业提供了一个直接面向消费者的平台。互联网传播受众面广、信息量大，销售成本比传统营销模式要低很多。

十一、市场竞争与谨慎性原则的冲突

保险公司和金融机构面临市场的激烈竞争，有时开发新产品获取高利润非常困难，只能求助于具有竞争力的费率，公司管理层或销售部门可能要求精算人员在产品中增加有吸引力的条款，或直接降低费率。但出于谨慎性的原则，保险产品又不能以牺牲费率的充足度为代价，因此精算人员往往感受到很大的压力。精算职业标准使精算人员有理由拒绝一些过分激进的要求，有助于减轻这些压力。不过，对于一些新的风险，如果缺少足够的、相关的可靠数据，精算师无法利用理论模型确定索赔成本或费用的合理范围，这时就很难找到充足的论据来保持充足费率，希望压低费率的销售人员将处于有利位置。这时，精算师应当十分谨慎，根据现有数据给出合理的费率分析。

十二、行业协会

许多国家的金融服务领域内都有行业协会，它们由行业内的公司组成，以促进成员在政府、媒体和社会中的角色和作用为目标，代表行业向政府提交专业建议，出版研究报告，协助监管机构对其成员进行管理和监督。

复习思考题

1. 参照英国和我国的精算师职业道德守则，分析诚实原则的具体体现。
2. 查阅资料，比较我国总精算师的职责与英国指定精算师职责的差异。
3. 分析互联网技术给保险行业带来的风险。
4. 分析全能化金融机构的组织形式给保险行业带来的机遇和挑战。

第三章 风险管理

学习目标

1. 理解风险的含义
2. 了解风险管理过程
3. 理解各类金融机构的风险和风险管理策略

精算管理系统是保险公司用来管理风险的系统性方法，为更好地理解精算管理系统与风险管理之间的联系，本章我们将介绍风险的管理过程与管理策略。

所有可能造成损失的不确定因素都是风险，自然界和人类社会存在着各种各样的风险，但对于不同的主体来说，风险的表现形式和管理方法是不一样的。很多风险都与人类的行为相联系，风险是相关行为的不利结果，如发射火箭会面临发射亏损的风险，乘船旅行会面临船翻人亡的风险，投资股票会面临投资亏损的风险。从保守的观点来看，没有这些行为，风险就不会发生，但冒险是人类的天性，没有这些冒险行为，人类不可能享受这些行为带来的好处，人类社会也不会进步。不断地冒险，不断地寻求风险管理和控制方法，这就是人类社会前进的动力。

保险的意义在于将风险给团体中少部分人或物带来的损失，转移给所有的成员来承担，从而降低风险对个体的影响。保险并没有消除风险，只是一种风险管理工具。不是所有的风险都可保，那些频繁发生或损失金额巨大的风险，即使能设计为保险产品，也会因为价格昂贵而不被市场接受。这些风险需要其他的风险管理方法。

第一节　风险的含义

英文中的"风险"一词来源于阿拉伯语中的 risque，本意是为获得收入或利润而工作，后改写为 risk。牛津辞典将风险定义为：损失、伤害或其他不利情形发生的可能性。在这个定义中，损失和不确定性是风险的两个主要特征。

对大多数行业来说，"损失"是指实物资产或无形资产（如未来利润）价值的减少。保险是经营风险的行业，没有风险也就没有保险。风险发生后保险公司必须支付保险金，资产价值一定会减少，但这不一定是保险公司的损失。对于"损失"的解释，保险公司与其他行业有所不同。从本质来看，保险是一种风险分担机制：保险公司根据损失发生的概率计算平均损失，依据平均损失收取保费，这些保费汇聚成保险基金，在保险事故发生后给受害者以经济补偿。保险公司收取的保费根据平均损失计算，金额确定，而保险事故造成的损失是不确定的。当不确定的损失超过保险公司收取的保费时，保险公司必须拿出自有资金来弥补缺口，这时保险公司才会有损失。因此，对于保险公司而言，当实际的损失超过预期时，就发生了损失。我们也可以从投资者的角度来看待损失，将保险经营当成一种投资行为，投资者将资本投入保险公司，作为保险公司的自有资本，给保险基金提供保障，投资者的利润来源于死差、费差和利差。投资者要求利润能足以弥补投资者承担的投资风险，如果利润没有达到这一目标，投资者就损失了资金的机会成本，这也是损失。因此，从投资者的角度来看，将风险定义为“无法达到目标的可能性”①更为合适。

有效的风险管理需要清楚地描述目标、达到目标的条件或假设、目标达到的时间和手段。有很多因素都会影响目标的实现，这些因素是不确定性的来源，也构成了约束条件，如经营者的经验、公司的经营范围（寿险还是财险）、允许的投资机会、市场规模等。

第二节　风险管理过程

一个连续的风险管理过程包括识别风险、评估风险、制定风险管理策略、监控风险几个部分，这几个部分首尾相连，构成了一个类似于精算循环系统的循环过程。

一、识别风险

在管理风险之前要识别风险，识别风险与上一节中的目标设定密切相关。目标往往是在对外部和内部环境给出的假设基础上形成的，如保险公司在设定业务的利润目标时，对投保人特征、平均保额、业务组合等都要有事先的估计。所有的假设都有可能与实际不一致，这些就是风险的来源。例如，美国次贷危机前，银行基于对借款人的还款能力和违约率的估计发放次级贷款，但没有对这些假设进行监控，也没有及时更新贷款条件和限制贷款规模，以至于突然爆发大规模违约，引发后续的全球性金融危机。

识别风险要找到产生风险的真正原因，很多事件看起来都会产生风险，要找到真正的原因需要对数据做细致的分析。以人寿保险经营为例，死亡率上升，并不一定是人口死亡率恶化导致的，吸烟人群的比例上升、客户群的改变都可能造成高风险的保单比例增加，整体死亡率提高。

识别风险的方法②有：①证据分析法。编制检查表或审核历史数据属于此类方法。②专家咨询法。这是指对专家进行问卷调查或 Delphi 法。③合理推断法。如危害与可操作性分析（HAZOP）方法，对经营流程进行系统化和结构化的检视，找到影响正常经营的风险。

无论哪种方法，识别风险时都不能忽略人为或组织因素，既要关注硬件，也要关注软件。

二、评估风险

风险可以采用定性评估或定量评估。

定性评估的一种方法是根据损失频率和损失程度将风险分为高、中、低等类别，例如，发生

---

① Claridge, J. B. and K. Griffin. *An Introduction to Holistic Risk Management*, Institute of Actuaries of Australia, 1997.

② The International Organization for Standardization and the International Electrotechnical Commission (IEC). ISO. IEC 31010:2009－Risk management－Risk assessment techniques.

频率至少 20 年一次、损失金额小于 1 亿元的风险定义为低风险。随后就可以用频率分布图来描述重大风险的特征，为决策提供参考。

定量评估比定性评估为决策提供了更多的信息，是首选方法，但不也是唯一准确的方法。如果没有足够多的经验数据来支持定量分析，仅仅依靠几年的数据或少数人的意见来评估风险，定量评估反而不如定性评估，分析公司的声誉风险时常常会遇到这种情况，毕竟产品缺陷或大批客户投诉不会经常发生。如果数据足够多，应尽量对风险进行定量分析。用来度量风险的指标包括：①发生概率，例如重大疾病发生率、死亡率、火灾发生率。②平均损失，等于发生概率与损失程度的乘积。③损失的分布特征，如二阶矩、三阶矩。④极端事件的发生概率和损失金额。⑤在险价值，即损失分布的 95% 或 99% 等分位数。⑥尾部均值，即超过分位数的平均损失。统计学中将其描述为条件期望，即在损失超过 95% 分位数的条件下的期望损失。⑦资本成本，即经过风险调整后的资本成本。

对风险做定性分析时，要根据风险的特征选择合适的度量指标。如果损失分布的尾部特征与正态分布有明显不同，尾部均值比在险价值能更好地描述尾部的形状。

三、制定风险管理策略

制定风险管理策略需要丰富的专业知识、经验和创造力。应明确每个人在公司风险管理中的责任、允许采取的策略和行动权限。将风险管理责任划分到每位成员有一定难度，成员承担的责任和权利必须与其拥有的知识和经验匹配，风险管理的责任必须与他们承担的工作职责匹配。

制定风险管理策略前要明确每类风险的产生原因和后果，以及风险之间的相互联系。从重要的风险着手，寻找所有可以实施的风险管理策略，按照成本和收益将各种策略排序，从中选出最优决策。在估计成本和收益时，要考虑与重要风险相关的所有附属风险。风险管理策略有以下几种：①规避风险。指消除风险、停止或阻止行动，或出售风险。②保留风险。用自有资金来弥补损失，但要与其他风险对冲或采用分散化的方法来减少风险。③减少风险。降低业务规模，以减少损失金额。④转移风险。利用保险、衍生工具或证券化来转移风险。⑤利用风险。增加业务规模，或使风险种类多样化，以分散风险。

四、监控风险

引发风险的不确定因素是不断变化的，必须持续监控风险的影响、特征和外部环境的变化。监控风险的频率与风险的发生概率和损失金额，以及风险的变化速度有关。例如，套期保值组合中的金融工具，其价格随时都在变化，因此每天都要监控资产组合的价值变动，并调整头寸。企业的资产价值变化速度慢得多，所以审核火灾保险的保险责任是否充足只需每年进行一次。

监控风险还包括持续检查和审核风险管理策略实施后的结果，与最初设定的目标比较来评估策略是否有效。在实施了风险管理策略之后，公司的风险状况会发生改变，这时就要评估风险管理的目标是否与整个公司的目标一致，如有差异，就要重新调整风险管理目标。

监控风险这一环节产生的信息将反馈到风险管理过程的第一步，即风险识别，并推动新一轮的循环。

第三节 保险公司的风险管理

本节我们将讨论如何将风险管理框架和风险管理策略运用于保险经营的实务中。

一、保险公司的主要风险

2007年中国保监会发布《保险公司风险管理指引》，要求保险公司建立由董事会负最终责任、管理层直接领导、以风险管理机构为依托、相关职能部门密切配合、覆盖所有业务单位的风险管理组织体系。保险公司应当识别和评估经营过程中面临的各类主要风险，包括保险风险、市场风险、信用风险和操作风险等。

1. 保险风险

保险风险是指因签订合同而引发的风险。可能产生保险风险的情况有：产品设计缺陷，对保险责任措辞不严谨，导致超额赔付发生；核保标准不合理或不科学，以至于发生逆选择或风险分类错误，损失金额超过预期；定价中对死亡率、疾病率、赔付率、退保率等判断不正确导致产品定价不足，于是收取的保费不足以支持保险合同中的赔偿责任；准备金评估假设错误，准备金提取不足，资产无法支持现有保单的未来赔付；净自留额过高，承担的风险规模超过保险公司的风险承受能力；有时，新业务规模过大也会导致资本金严重不足；未预期的灾难事件或投保人行为，导致赔付超过预期；未预期的外部环境变化，如法庭作出了对保险公司不利的判决。

2. 市场风险

市场风险是指由于利率、汇率、股票价格和商品价格等的不利变动而造成损失，以及由于重大危机造成业务收入无法弥补费用的可能性。产生市场风险的不确定因素有利率波动、金融工具的市场价值变化、汇率波动。如果保险公司的资产中含有不同信用等级、流动性和到期日的债券，保险公司可以利用资产负债匹配技术使资产与负债不受利率波动的影响，但不同期限的债券市场价值可能无法保持同步变动，这时资产与负债价值也无法保持同步变动，可能产生净资产不足的风险。如果保险公司的资产过于集中于某一地区或某一行业，也会面临大批投资同时亏损的风险。保险公司可能为了追求短期的高收益而偏离资产负债匹配的原则，如将长期保险业务的资金大批投资于股市，这时就会面临资产负债在期限上的不匹配风险。

有时流动性风险也可归类为市场风险。流动性风险是指公司缺乏足够的流动资金，以致无法满足现金支付需求的风险。当发生未预期的大批退保时，保险公司不得不提前低于市场价值变现资产，遭受损失。或投入到其他公司的股权投资无法出售、联营公司要求母公司的融资支持时，也会发生流动性风险。公司自身在需要资金时，无法从资本市场或其他外部市场及时获得资金支持，也属于流动性风险。

3. 信用风险

信用风险是指由于债务人或者交易对方不能履行合同义务，或者信用状况的不利变动而造成损失的可能性。信用风险包括：商业信用风险，如再保险合同违约的风险；投资资产的信用等级下降的风险、政策或法庭判决使保险公司持有资产信用等级下降的风险以及政府债券违约的风险。

4. 操作风险

操作风险是指由于操作流程不完善、人为过错或信息系统故障等原因导致损失的可能性。操作风险包括人力资本风险、管理控制风险、系统风险、决策风险等。

人力资本风险是指高素质人力资源流失，使公司不得不重新高薪聘请人才的风险。管理控制风险是指因缺乏合理的规章制度或内部控制系统，导致保险公司内部人员或代理人欺诈、骗保等不利行为的风险。此外，计算机系统失灵产生的系统风险，经营计划不能及时执行的决策风险也是操作风险。

长期以来操作风险被认为是无法定量描述的，因此经验数据很少，比较难以准确度量。加强内部控制和工作指导可以降低和避免操作风险。

除了以上四类风险外，保险公司还可能面临很多其他风险，如：

(1)信誉风险。指媒体的负面报道使客户对保险公司的信任度下降，保费收入减少或诉讼增加的风险。

(2)法律风险。指法律法规、税收或法庭判决限制了保险公司的经营，削弱了保险公司的竞争力，使保费收入下降或资本成本提高的风险。

(3)费用风险。指业务销售量降低，无法弥补固定费用，或通货膨胀率、人力资源成本提高，使费用超过预期的风险。

二、保险公司的风险结构

所有的保险公司和经营保险业务的金融机构都会面临上节所描述的几类风险，但这些风险的影响程度取决于保险业务的性质。大多数国家要求保险行业分业经营，因此人寿保险公司、财产保险公司和养老基金的风险结构是不一样的。

1. 财产保险公司

财产保险公司经营财产保险业务、短期健康险和人身意外险。其保单多为一年期，甚至更短。对财产保险公司影响最大的风险主要来自保险风险，具体表现在以下几个方面：

(1)损失分布不容易准确估计。其一，分布的类型可能不正确。有些风险比较稳定，可以选择合适的分布类型来估计；但也有些风险变化大，如法律体系变化的风险和操作风险，就没有很好的统计模型去描述。其二，即使分布类型合适，分布的参数也容易错估。比如数据不准确或数据质量不好，都会影响参数的估计误差。其三，理赔的分布随外部环境变化而不断变动。例如，干旱季节，火灾的发生频率会上升。参数的波动也可以用模型去描述，但模型的准确同样难以保证。

(2)赔付分布的方差高，实际赔付金额与期望值偏离大。很多财险业务的规模不大，保单数量不够多，难以分散风险，因此实际赔款额与根据分布计算的期望值差距较大。按照大数定理，保单规模越大，保单组合的波动率越低，但保单之间的相关性会影响分散的程度。

(3)容易受极端事件的影响。财险业务的保险风险很容易受到自然灾害的影响。自然灾害极易导致极端事件发生。极端事件是指发生频率低而损失金额高的事件，如巨灾事件。由于发生频率低，所以经验数据很少。如果过去若干年都没有发生极端事件，那么就无法通过经验数据来估计极端事件风险；如果最近刚发生过极端事件，又容易高估风险的影响。

(4)长尾业务面临超通胀风险。长尾业务是指那些从事故发生到最后结案时间间隔很长的业务，如石棉赔案和疾病保险。赔付延迟的原因可能有：事故发生后影响的时间长，损失事隔多年后才逐年显露。长尾业务的索赔成本不仅随通货膨胀率上升，还会有其他的超通胀因素，如法庭的不利判决。管理长尾业务风险的方式有回避风险、提高费率、安排充足的再保险、积极管理赔案和密切监控责任准备金。

2. 人寿保险公司

人寿保险公司经营长期人寿保险业务、年金和健康保险。

人寿保险公司除面临保险风险外，巨额的保险基金和投资型保险产品还会带来资产负债不匹配风险和投资风险。

人寿保险公司的保险风险主要来自健康保险业务的赔付风险和长寿风险。

如在重大疾病保险中，对重大疾病没有精确定义，新的诊断技术出现后就可能增加重大疾病的确诊率，提高赔付成本。为管理这些风险，可以缩短保险期限，以使保险公司有权及时修改定义。

健康保险业务中，信息不对称产生的逆选择是主要风险。这是由于法律法规的限制或技术手段的限制，无法全面核保以了解被保险人的健康状况。风险管理方法有：扩大保险范围使保险赔付成本更稳定和容易预测，如果大多数人参与保险，则平均成本会更容易预测和管理；用无赔款优待或附加利益来吸引和保留优质风险，如对健身俱乐部的会员给予费率优惠；强制所有成员参保，如团体健康保险中强制所有成员参加；精确定义索赔事件，将容易有道德风险的索赔事件列入除外责任。

年金和生存产品存在长寿风险。长寿风险难以避免的原因是，与死亡风险不同，长寿风险几乎所有国家、所有种族都存在，是系统性风险，很难分散。管理长寿风险的方法有：定价中考虑系统性的寿命延长趋势，开发分红或投资型产品也可以转移长寿风险。

资产负债不匹配是指资产与保单负债在期限和现金流上的不匹配，于是利率波动时资产与负债价值不能同步变化，保险公司账面上可能显示偿付能力不足的风险。运用资产负债匹配管理技术和衍生工具以对冲风险，或合理安排保险业务的期限以匹配资产，可以减小资产负债不匹配风险的影响。

投资风险来源于投资经理过度追求投资绩效，忽视风险。追求业绩可能会使基金经理偏离投资准则，将资金投资于超过授权范围的高风险资产。高风险资产可能在某一段时间有超额收益，但潜在的损失也同样惊人，如果基金经理对可能到来的投资风险视而不见，不采取补救措施，那就会更加危险。

投资型保险产品，如投连和万能产品的利润来源于向投保人收取的费用与实际费用间的差额，收取的费用可能低于实际费用，这也是一种风险。向客户收取的费用来源于保费收入和保险基金。基金的规模是影响收取费用的主要因素，客户增加和投资收益的增长都会使收取费用增加，客户减少或退保则会使收取费用减少。投资型产品面临来自股市和其他投资机会的竞争，收取费用的波动大。避免风险和减小风险是管理投资风险的主要方法，积极的客户管理和密切的投资监控能帮助控制损失。有些投资型保险产品中有投资收益保证，增加保证条款使产品更加吸引人，很多保证条款要用衍生产品来控制风险，衍生产品的购买成本可以用来估计保证条款的成本。收取的费用中必须包括保证条款的成本、投资银行的其他费用和利润，甚至还可能包括销售成本。如果保单条款中的保证项目非常明显，或者产品基于已有的衍生产品来开发，保证成本不会被忽视。那些未识别的保证是重要的风险点，例如看起来似乎很低的投资收益率保证。

投连产品的投资部分以开放式基金管理，客户可以选定某种投资策略。基金经理执行投资策略时，可能与客户的选择不一致，客户无法得到满意的收益率，可能退保或不再购买新的保险产品，保险公司的声誉受到影响，这对客户和保险公司都是风险。具体来说，投资策略没有如期执行的原因有:①客户不能理解各种投资策略的收益风险比,选择并不符合自己的要求。避免这种情况的最好方式是在选择前与客户充分讨论,确保他们能够理解投资策略的差异。②策略的执行结果不符合客户的目标。当基金经理以税前收益衡量绩效,而客户以扣除税收、管理费之后的收益,再扣除通货膨胀率来评价投资业绩时,即使基金经理认为已经达到投资目标,客户也会不满意。例如,假设投资收益率的基准为5%,税前收益为10%,税后和扣除费用后的收益率为7%,通货膨胀率为4%,基金经理会认为投资业绩已超过基准5%(10%－5%),客户则会认为低于基准2%[5%－(7%－4%)]。

3. 养老金计划

养老金计划分为固定缴费和固定给付两种形式。固定缴费计划定期接受成员和雇主的缴费,由成员选择投资方向,退休给付由养老金基金的实际投资收益决定,没有保证给付水平。固定给付计划按照成员的工资收入确定退休给付,成员定期缴费,如当前缴费率不足以支持未来给付,雇主承担风险。

固定缴费计划的投资风险由成员承担。为管理投资风险,养老金成员可以将养老金计划作为个人理财规划的一部分,根据当前收入、生活成本和未来的生活目标来确定缴费安排,还要监控资金的运作情况,定期审核投资策略。养老金管理者以财务顾问的角色,帮助养老金成员制定合理的缴费安排和投资策略。

固定给付计划的投资风险由雇主承担。固定给付计划的负债根据未来的养老金支付责任计算,资产和未来缴费不足以支付负债是主要的风险。风险产生的原因有:养老基金投资业绩不佳,工资水平快速增长,长寿风险,管理费用增加等。雇主和基金托管人要随时监控养老金计划的资产和负债情况,精算师在其中会起到关键的作用。

三、保险公司的风险管理

保险公司也可以采用上节中的各种风险管理策略来管理风险。

1. 规避风险

停止经营是最简单的规避风险方法,但无法获得收益。保险公司可以使用其他不影响正常经营的方法,如在保单设计中不提供某些保险责任,或通过核保拒绝那些高风险投保人。

2. 保留风险

保险公司必须保留保险风险,才能持续经营。但保险公司也会提取责任准备金和投入自有资本,为保险风险做好资金准备。为管理保险风险,保险公司可以扩大自己的业务种类,整合特征不同的各类保险风险,以降低单类保险风险的影响。例如,财产保险公司尽量在多个地域经营,可以使保险风险更加分散;人寿保险公司同时出售寿险和年金产品,以对冲死亡率风险。

3. 减小风险

减小业务规模就可以减少潜在损失。例如,如果某类险种的保险风险很难准确预测,或可能产生巨灾损失,保险公司就可以减少销售量,制定更为严格的核保标准来减小风险。财产保险中,保险公司还可以督促投保企业制定更严格的安全标准或增加防范设施来降低风险发生概率和损失金额。保险人通过改进信息管理系统也可以降低理赔成本。

4. 转移风险

再保险是最常见的转移风险方式。保险业务证券化、业务外包或使用互换等衍生工具也可以转移风险。

5. 利用风险

对于优质的业务，损失成本比定价预期更低，保险公司也可能在某方面有技术优势，有市场定价权，这时保险公司可以增加业务规模，利用这些风险。

四、再保险的功能和风险管理

再保险是保险公司购买的保险，保险公司与再保险公司签订再保险合同，将原保险业务的部分或全部风险转移给再保险人，同时支付再保险保费。有时，再保险人接受风险后，还会将风险再转移给其他的保险公司。

1. 再保险的功能

再保险对人寿保险公司和财产保险公司都非常重要。再保险的功能体现在以下几个方面：

(1)增强保险公司的承保能力。保险业务需要保险公司投入自有资本来给予保障，为了使保单能得到充分的保障，监管机构根据保险公司自留风险的规模设定自有资本的最低水平，不满足最低资本水平规定的公司因偿付能力不足，将会被限制经营或接受整改。所以，保险公司能够承保多少业务，受到自有资本的制约。保险公司通过再保险将风险转移给再保险公司，释放了自有资本，就能接受更多的新业务了。

(2)减少保险赔付的波动，平滑利润。巨灾风险和超过预期的大额赔付，都会使公司当年赔付支出大幅度增加，利润减少甚至为负。

巨灾风险发生时，大批保单同时发生索赔，对保险公司的投资资产和现金流都会造成巨大压力，甚至导致破产。巨灾再保险把超过一定限度的损失转移给再保险人承担。再保险人为了降低自己的风险，对再保险赔付会规定最高赔偿限额，超过最高限额的部分可以转移给另一家再保险公司承担。

小型保险公司也可以利用停止损失再保险限制每年的赔付总额，保持公司的利润稳定。

(3)转移投资风险。再保险可以用来转移投资风险，将利率敏感型寿险业务和年金业务分出给再保险公司，既可以利用再保险公司的资产管理能力，又可以分散投资，避免资产集中投资风险。

(4)利用再保险的价格优惠。再保险公司能够以较低的费率接受保险业务，原保险人可以利用这些价格优惠，以较高的价格出售保单，再以较低的价格购买再保险，赚取价格优惠。再保险公司承保成本较低的原因有：再保险人可以接受多家保险公司的同类型业务，具有规模经济效益；再保险人的经营区域监管较为宽松，资本要求低或税率低；再保险人的经验数据多，承保技术强，能够更为准确地评估风险，于是定价中的风险边际低，或责任准备金评估假设中的风险边际低；再保险人的业务规模大、种类多，能够在更大的范围内分散保险风险；再保险人比原保险人更愿意冒险。

(5)获得再保险公司的技术支持。再保险公司同时接受多家保险公司的业务，数据多，业务范围广，有更多的经验和技术。保险公司在开发新产品或将业务扩展到新的区域时，需要得到再保险公司在技术上的支持，如再保险人可以帮助开发保险产品、设定承保标准和提供承保经验。作为回报，保险公司也将新业务未来的利润以再保险的形式分出给再保险人，双方共同分享新业务回报。

(6)放弃某些业务。保险公司希望从某种业务或地区退出时，可以利用再保险合约将现有业务转移给再保险人。

2. 常用的再保险类型

(1)比例再保险。比例再保险是原保险公司与再保险公司按照约定的比例分担保险责任。再保险公司必须接受约定比例内的所有业务,不能选择保单或风险种类。比例再保险按照比例的确定方式,又分为成数再保险、溢额再保险和混合再保险。

成数再保险中,原保险公司将每一笔业务在最高限额内的保险金额、保险费和保险赔付都按照约定的固定比例分出给再保险公司。双方按比例分担风险,自留业务和分出业务的风险程度相同,赔付率也相同。

溢额再保险中,原保险公司先确定自己的自留额,保险金额超过自留额的部分称为溢额。分出额按照自留额的倍数计算,分出额有最高上限。保险费和保险赔款都按照分出额与自留额的比例计算。如保额超过自留额与分出额之和,可以签订第二、第三或更多溢额再保险合约来承受超出的部分。例如,某份船舶保险合同保险金额为2 000万元,自留额 100 万元,第一溢额上限为1 000万元,则第一溢额再保险合约的分出比例为 50%,分出保费也按这一比例计算。剩余的保险责任 900 万元由第二溢额再保险合约承担,第二溢额再保险合约的分出比例为 45%。溢额再保险的自留风险固定,但分出比例由溢额确定,保险金额越高,分出比例越高,自留比例越小。如上例中,保险金额为 100 万元的风险单位,自留比例为 100%,分出比例为 0;保险金额为1 000万元的风险单位,自留比例为 10%,分出比例为 90%和 0%;保险金额为2 000万元的风险单位,自留比例为 5%,分出比例为 50%和 45%。溢额再保险合约只覆盖保险金额超过自留额的那部分风险,业务规模比原业务规模小,因此,分出风险的赔付率可能比自留风险的赔付率高。可见,溢额再保险中原保险人和再保险人承担的风险程度是不同的。

成数再保险操作简单,管理成本低,但支付保费较高。溢额再保险的缺点是计算复杂,而且分出保费不按照分出比例计算,自留保费与自留保险责任的比例关系与原保险业务不同。但溢额再保险能将原保险人的风险控制在自留额以内,能够均匀风险。因此,对于危险性较小、承保利润高的业务,可以用溢额再保险方式以保留尽可能多的保费和利润;对于风险程度不均匀的业务,如火灾保险、船舶保险,也可以采用溢额分保来控制自留风险,避免高额赔付对利润和现金流的冲击。

成数溢额混合再保险将成数和溢额再保险综合在一份合约中,避免了各自的缺陷。成数溢额混合再保险将超过成数再保险最高限额的溢额部分以溢额再保险的形式转出,溢额再保险的最高限额为成数再保险最高限额的倍数。例如,假设成数合同的分保比例约定为 80%,最高限额为1 000万元。在此基础上签订溢额合同,其最高限额为成数合约最高限额1 000万元的两倍,即2 000万元。因此,保额不超过1 000万元时,按 80%的比例分出;保额介于1 000万元到2 000万元之间的风险,1 000万元以下部分按成数合约分出,1 000万元以上部分由溢额再保险承担。若风险单位的保额超过2 000万元,可以再签订第二或更多溢额再保险合约。

(2)非比例再保险。非比例再保险的分出责任以损失为基础确定分入和分出责任。非比例再保险合约对原保险人超过一定额度以上的赔付部分给予补偿,因此又称为超过损失再保险。非比例再保险将原保险公司的自留风险控制在自负额度以内,有利于公司维持稳定的现金流和经营。非比例再保险分为险位超赔再保险、事故超赔再保险和赔付率超赔再保险三种。

险位超赔再保险根据每一危险单位的赔款计算自负额和再保险责任额。有时合约会限制每次事故的总赔款次数,如每次保险事故只接受原保险业务两到三个危险单位的赔款责任。

事故超赔再保险用于转移巨灾风险,对巨灾事故总赔款额超过自负额以上的部分给予补偿。巨灾的定义是事故超赔再保险的关键条款。有些巨灾以时间来定义,如台风、飓风、暴风连续48小时内为一次事故；有些巨灾以地区来定义。

赔付率超赔再保险按照赔付率来确定分出责任。在合同适用的年度内，当赔付率超过一定标准时，再保险人就会补偿损失，直至原保险人自留风险的赔付率降低到合同中约定的水平。

再保险合约将业务的风险转移给再保险人，但也给原保险人带来了合约违约和再保险合约不合适的风险。再保险人偿付能力不足而破产是导致合同违约的主要风险。再保险人破产时，破产费用、职工工资和保险费用的清偿顺序先于保险赔付，再保险合约可能无法如期履行。再保险合约不合适是指再保险人不一定能提供与原保险合约完全匹配的再保险合约，如期限、保费收入和赔付时间与原保险业务不一致。最后，再保险保费上升也会增加原保险人的再保险成本，尤其是那些过度依赖再保险的保险公司。

从再保险公司的角度看，其不仅面临保险公司的一般风险，还有一些特殊的风险。例如，除了保险人通常所面临的风险以外，再保险人还面临着一些特殊的风险，如再保险风险难以估计和原保险人违约的风险。

原保险人通常将利润高、成本低或易于管理的风险保留，将成本高或复杂的风险转移。例如，财产保险市场中，再保险合约的分出风险通常是那些发生频率低而损失金额高的巨灾风险和发生到报告及最终结案延迟较长的长尾索赔风险，对这些风险的定价比一般的财产业务风险难度高得多。而且，再保险公司接受了大量转入的巨灾风险，如果不能很好地分散风险，一次巨灾产生的大额赔付对再保险公司，甚至整个再保险行业都会有致命的影响。为控制赔付风险，再保险公司不仅要注意分散风险，还要深入了解原保险业务的目标市场、费率和整体再保险安排。

再保险业务中，再保险公司需要将一部分再保保费留存在原保险公司，作为“存入分保准备金”，这笔准备金的债权人为再保险公司。如果原保险公司破产清算，存入分保准备金的清偿顺序位于税费、职工工资、保险赔偿之后，再保险人可能无法收回。

复习思考题

1. 请分析导致保险赔付超过定价预期的可能原因。
2. 分析投连产品给保险公司带来的风险。
3. 查阅资料，思考再保险公司在保险行业中的作用。

第四章 精算模型

学习目标

1. 了解精算模型的结构和主要变量
2. 了解简化精算模型的方法
3. 了解审核数据的原则和方法

第一节　模型的概念

模型是将现实世界简化后的结果。实体模型用仿制品来模仿真实事物，如飞机模型、汽车模型、建筑模型等。数学模型用数学变量和数学关系描述真实世界的各种现象。利用模型，人们可以分析不同环境、不同外部作用下变量发生的变化，从而帮助人们更好地理解真实事物的特征和变量之间的关系。

精算人员用来分析风险和预测未来的主要工具是数学模型。精算控制循环也可以看成是一个建模的过程，明确问题和解决问题对应着建模过程中的定义变量、建立模型、检测和运行环节，监控结果和反馈就是模型改进环节。

与其他数学模型不同的是，精算模型的表现形式是利润表、现金流量表或资产负债表，变量之间的数学关系非常简单，与其说是数学模型，不如说是会计模型。不过，精算模型与会计报表最本质的差异是，精算模型用于预测未来，而不是反映过去。精算模型依据变量的变化规律，预测不同情形下未来的利润、现金流、资产和负债。精算师根据经济、金融甚至医学等专业学科的理论，找到合适的数学模型去描述变量，或找到影响变量的外部因素，再根据相关理论构造数学模型去刻画外部因素与变量之间的数学关系，这才是精算模型中最复杂，也是最“数学”的部分。

第二节　模型的分类

根据变量的特征，精算模型可分为确定模型和随机模型。

确定模型假设所有变量的取值都是确定的值。例如，评估财险业务责任准备金的链梯模型就是一个确定模型，它假设每年的累计索赔金额与上一年累计索赔的比率只与事故进展年有关，而与保险事故的发生年度无关，称为发展因子。每个进展年的比率都可以利用经验数据去估计。将本年度的累计索赔金额按事故年分类，再使用各个进展年的发展因子，就得到了各个事故年的未来索赔金额。未来每年发生的索赔额以年利率折现，其总和即为本年度的赔款准备金估计值。

确定模型中的变量取值是对变量的最优估计，如链梯模型中的年利率，就是利用关于利率的经济模型和经验数据得到的利率最优估计。尽管这一最优估计会随着新的信息调整，但也只是一个确定的值，所以链梯模型最后也只能给出赔款准备金的一个估计值，无法提供赔款准备金的取值范围等信息。为得到赔款准备金的概率分布，需要找到模型变量的概率分布，因此必须将模型变量作为随机变量而不是确定值的变量来处理，这就是随机模型。仍以链梯模型中的年利率为例，金融学中有很多利用随机过程描述利率变化的利率模型，如 Vasicek 模型、CIR 模型等，这些模型假设利率是服从某种分布的随机过程，分布的参数由短期利率、长期利率和其他经济变量决定。分布的参数可以由经验数据估计，再用计算机模拟产生上千组利率观察值，将这些观察值作为链梯模型的年度利率，我们就可以描绘出赔款准备金的概率分布。

随机模型不仅给出变量的更多信息，还能够用来研究那些涉及可能性的问题。这方面的例子有：①计算保单保证条款的成本。以投资收益率保证为例，亏损在实际投资收益低于保证利率时发生，只有用随机模型才能估计实际收益低于保证成本的概率。②估计风险资本。风险资本用于弥补极端情况下的资本缺口，资本不足是指保险公司不满足监管的偿付能力要求，极端情况是指发生概率小于 1%。为估计极端情况下的资本缺口，就要用到随机的、动态的偿付能力模型，估计未来的偿付能力状况。③再保险安排。比较混合再保险、险位超赔再保险、事故超赔再保险的成本和控制赔付波动率的效果，找到性价比最高的再保险安排。④养老金计划的资产配置。采用怎样的投资组合可以使缴费率的变动最小。

有些问题可以直接利用随机模型和模型参数的概率分布，使用数学分析工具得到结果，如用破产模型可以计算风险资本。但是，数学方法对假设的要求严格。大部分精算问题都涉及复杂的变量分布和大量的变量，无法用数学解析方法计算；对于复杂的随机模型，计算机模拟如 Monte Carlo 技术更加适用。Monte Carlo 方法用计算机模拟产生变量的成千上万个取值，每一个变量的值都对应于一个模型的输出，这些输出就可以作为模型所需要的数值结果。

随机模型并不要求所有的变量都是随机变化的，有些变量因为数据稀少或本身的特征变化不大，不必用随机变量来描述，如死亡率和退保率。

还有一些问题必须考虑变量的不同取值，但用随机模拟又要运行很长时间，而且运行结果不容易复制，所以无法用来比较不同决策的优劣。这时可以采用简化的随机模型，只考虑变量的几个取值，也可以称之为情景模型。通常，模型中所有变量的取值相互关联，取值组合反映了某种自然情景或经济情景。例如，我国要求财险公司和寿险公司分别在基本情形和三种不利情形下测试动态偿付能力。[①] 这里的一种情形相当于变量的一个模拟值。为全面了解模型的结果，情形中最好考虑最好、最差这些极端情况。同一种情形下的变量取值要一致，不能违反自然规律或经济规律。

传统的精算模型都是确定模型或情景模型，如用于寿险产品定价的利润测试模型、准备金评估模型和内含价值评估模型。原因是随机模型的计算量巨大，早期的计算机运行速度和数据储存能力都达不到要求。但目前计算机技术飞速发展，计算速度不再是阻碍，经验数据也越

① 保监会：《关于动态偿付能力测试有关事项的通知》（保监发〔2011〕3 号），2011 年 1 月 6 日。

来越多，可以满足概率分布估计和随机模型的运行速度要求。那些专门的精算软件采用了优化技术，大大提高了运行效率，随机模型的应用范围越来越广泛了。

即便如此，确定模型也有其优势，采用确定模型的好处不仅仅是计算速度快，还可以用于比较不同时期的模型结果，而且模型结果只对应一种情形，便于解释。随机模型可以更为详细地描述结果，帮助分析风险和收益；但很难比较不同时期的差异，也很难从管理角度去比较不同的结果，例如不同决策的优劣。而且，随机模型越是复杂，计算量就越大，有时为了完成任务不得不做简化，这样又降低了计算结果的准确度和可靠性。所以，当经验数据不多或风险变化复杂，无法用随机变量准确地描述时，应慎用随机模型。

第三节　模型的建立

如上节所述，精算模型的“外壳”是会计模型，“内芯”是数学模型。会计模型的变量要用数学模型去研究，精算建模的很大一部分工作是建立合适的数学模型去研究变量的变化规律。

数学模型用变量之间的数学关系描述现实世界。数学模型的基本要求是变量的特征和变量之间的关系要符合自然规律和经济规律，如驾驶员的驾驶经验越丰富，发生事故的概率越低；抽烟的时间越长，患病的概率越高；利率越低，股票的价格就越高。

模型有复杂和简单之分，模型的复杂程度取决于建模目的。例如，精算师只是想粗略估计死亡保障成本，则按人口平均死亡率乘以保额计算即可，而不必仔细计算每个年龄段的保障成本。但是，在分析死亡保障成本收费对投连产品利润的影响时，就要计算每个年龄段的死亡保障成本和利润，还要假设投保人年龄的分布，以得到总利润的估计值。建立模型的目的与待解决的问题、模型的使用者、时间、数据、人力、财力都有关系。

根据模型所做的决策影响到许多群体的利益。例如，在养老金计划管理中，雇员跳槽到另一家公司时，可以带走已经得到的养老金给付权利。有很多群体都关心这一权利的计算结果，如雇主、养老基金托管人、未离职的成员、正离职的其他成员、工会、养老金计划的受益人、接受方养老金雇主和监管者，他们的要求不同，离职雇员、养老金受益人和接受方养老金雇主都希望计算结果尽可能高，未离职成员和原雇主则希望计算结果低，监管者希望公平，不损害任何一方的利益。建立模型时要考虑到这些利益相关群体的要求，模型结果将接受各方的审核。

建立数学模型的起点是现有的模型，建立新模型的动机常常是因为现有模型不符合实际情况，可能的原因有假设过时、过于简化或忽略了一些重要的变量。这时就要修改假设，增加变量，用数学方法重新推导结果，找到变量之间的数学关系。新模型要用过去的数据去验证。如通过检验，则可以用最新的数据估计新模型的参数，用于预测未来的变量值。

建立模型不是一次就能成功的，有时要将模型结果与现实经验反复比较，多次修改后才能得到符合要求的模型。在引入新的假设时，仔细分析数据很有帮助，例如将死亡数据按照吸烟与否分组后，就会发现吸烟是影响死亡率的因素之一。

第四节　精算工作中常用的模型

本节我们先介绍用于定价、评估责任准备金和偿付能力的精算模型，再介绍用于估计模型变量或参数的人口模型和多状态模型。

一、利润测试模型

利润测试模型用于长期人寿保险产品和长期健康险产品的定价。从形式上看，利润测试模型就是一系列的利润表，输入变量是一组保单在各个保单年或日历年的保费收入、预期投资收益、费用、责任准备金提转差的估计值，输出变量是每个保单年年末或日历年年末的利润估计值。利润按照会计报表中的利润核算公式计算：

利润＝保费收入＋投资收益－费用－(年末责任准备金－年初责任准备金)－保险赔付－退保金

需要说明的是，利润测试模型中的利润是按照一组保单计算的，而不是一份保单，因此公式以该组保单的预期总收入和预期总支出来计算总利润。不过，实务中常用平均收入和平均支出表示。举例来说，假设该组保单从保单生效时刻开始有1 000份保单，每份保单保费收入400元，第一年预期有2份保单发生保险事故，每份保单支付赔款1 000元。那么第一年的总保费收入为(400×1 000＝)400 000元，总赔款2 000元。利润测试模型中将会显示：第一年保费为每张保单的平均保费400元，赔款为每张保单的平均赔款(2 000/1 000＝)2元。也可以用数学期望值来理解平均值，400元为保费收入的数学期望值，等于400元乘以保单生效时刻的有效概率100%；2元为保险赔付的数学期望，等于赔款额1 000元乘以死亡率2‰。

每年年末的预期利润按给定的折现率进行折现，所得折现值总和即为该组保单的价值，这一数值可以用来衡量费率是否满足利润目标。

用利润测试模型计算有效业务的价值，加上净资产和未来新业务的价值，就得到了长期业务的内含价值。内含价值可以用于评估保险公司的价值，是公司股票的定价依据。

死亡率、投资收益率、退保率、折现率和费用是重要的模型参数，人寿保险的死亡率用人口模型估计，长期健康保险的死亡率、失能率和疾病发生率用多状态模型估计，投资收益率的预测要结合资产组合和市场利率，折现率反映了公司的资本成本，费用估计基于费用分析和未来通货膨胀率和工资增长率等因素。

二、现金流折现模型

现金流折现模型的“原形”是现金流量表，用于预测一组保单每年年末的净现金流和折现值。现金流折现模型主要用于评估现金流较为复杂的长期业务责任准备金，如长期人寿保险业务责任准备金、长期健康险责任准备金。用于估计未决赔款准备金的链梯法本质上也是现金流折现模型。短期财险业务的未到期风险责任准备金可以用比较简单的比例法估计，不必用复杂的现金流模型。

现金流折现模型用于负债评估时，保险负债等于未来流出净现金流的折现值之和。净现金流按照保单现金流计算，不包括投资收益。

流出净现金流＝赔付＋费用－保费收入

不考虑投资收益的原因是，现金流折现模型主要用于估计保险负债。未来投资收益的折现现金流之和相当于对资产价值的估计，如果小于当前资产价值，也就是说，按照估计未来资产会有亏损，资产亏损用资产减值准备来弥补，不可能计入保险负债；如果大于当前资产价值，那就意味着预期资产未来会增值，用预期的资产增值去减少保险负债，不符合谨慎性原则。

现金流折现模型中的主要参数是保险赔付、费用和折现率。将现金流折现模型中的保险赔付作为随机变量处理，或将折现率处理为随机过程，运行模型就得到了保险负债的概率分布。与确定模型的结果相比，概率分布揭示了保险负债的更多信息。取保险负债分布的分位数作为负债评估值，即会计报表中的“责任准备金”科目，我们可以得到给定谨慎程度下的责任准备金。例如，取75%分位数，表示实际负债超过责任准备金的可能性为25%。而确定模型只能得到一个评估值，为了保证评估结果足够谨慎，只能用保守的参数假设来实现，如寿险业务中通常用较高的死亡率和较低的折现率评估负债。虽然评估结果是谨慎的，但我们不能判断谨慎程度，因为无法从参数的谨慎程度中推断折现现金流之和的谨慎程度。

三、资产负债管理模型

资产负债管理模型由资产模型、负债模型和描述两者关系的规则构成。资产和负债模型分别模拟资产和负债的价值及现金流，表现形式是一系列动态的“资产负债表”和“现金流量表”，输出变量为净资产和净现金流。资产和负债之间的关系表现在很多方面，如保险负债的现金流和价值决定了资产的配置和买卖决策。分红业务的红利分配率由资产的长期投资收益率决定。负债评估假设中的失效率和失能率与利率及证券市场的投资收益率等经济变量相关；保单贷款利率由利率决定。

资产负债管理模型是随机模型，用于考察某种决策对净资产和净现金流的影响，尤其是在不利经济环境下的后果，最优决策是在收益和偿付能力风险之间达到平衡的决策。

如果模型目标是考察经营决策或外部环境变动给保险公司带来的风险，资产负债管理模型就成为动态财务分析模型，例如如何根据公司的资产负债状况制定动态投资决策，或考察公司目前的资产配置和经营计划能否经受重大风险的冲击。动态金融分析模型模拟投资状况和未来的经济环境，以及保险风险的变动，利用动态金融分析模型可以分析保险公司面临的各种风险之间的相关性，也可以分析不同产品线在经营结果上的相互影响。

四、人口模型

人口模型用来研究人群的出生率、结婚率、死亡率和退保率等变量的变化规律和影响因素。所有涉及人寿保险业务的模型中都需要死亡率假设，年金业务需要人口模型中几乎所有的变量。

人口模型用多状态的随机过程描述一组人群数量随时间的变动。通常时间的间隔取为年，人的状态有如生存或死亡、生育或未育、已婚或未婚、业务有效或失效等，状态间的转移概率就是死亡率、生育率、结婚率和退保率。人群按影响因素分组，如年龄、性别、购买寿险或年金等。单减因模型规定人只有两种状态，如有效和失效，有效保单下一年的状态只能是继续有效或失效。也就是说，即使下一年被保险人死亡，模型假设仍可以观察到保单是否有效，死亡对是否进入失效状态不产生影响。死亡率的单减因模型规定人只能有生存和死亡两种状态。多减因模型允许人有多种状态，有效保单下一年的状态可能持续有效、失效或死亡，换言之，如下一年保单死亡，就观察不到保单是否会失效，死亡和失效两种状态不能同时存在，两者相互排斥。

五、多状态模型

人寿保险中使用的人口模型通常不允状态之间的转移，如失效保单不能变成有效、退休人员不能再回去工作等。年金险和健康险的人口模型要复杂一些，允许状态的相互转移。例如：单身、已婚和离婚，“结婚”可以进入“离婚”，“离婚”可以进入“结婚”；健康险中“健康”状态可以进入"疾病"状态,"疾病"状态康复后又回到"健康"状态。如果下一阶段的状态只与当前状态有关,与历史状态无关,需要估计的转移概率数量少,模型比较简单;如果下一阶段的状态不仅要看当前状态,还要看在当前状态的停留时间或历史状态,例如疾病康复率受患病时间和过去病史的影响,模型就非常复杂了,需要收集很多数据。

六、经济模型

经济模型用于估计投资收益率、利率或通货膨胀率等经济变量,这些模型通常采用随机模型,用随机过程描述经济变量,并根据历史数据来估计随机过程的概率分布等特征。常见的模型有:①随机游走模型。假设变量是无记忆的,每个时刻的变动都互相独立。如假设这些独立变动都服从相同的正态分布,这就是 Brown 运动。早期研究中常用随机游走模型来描述股价的变动,目前用随机游走模型描述经济变量在消除趋势变动后的随机噪声。②均值回复模型。假设变量的变动在短期是随机的,但从长期来看趋向于平均值。Wilkie 模型(见 Wilkie,1986)就属于此类。均值回复模型用来描述短期利率。③ARCH 模型和 GARCH 模型。假设变量的均值和方差与前一时刻的取值相关,反映了经济变量的风险聚集特征,在目前的研究中被广泛应用。

第五节 关于建模的其他问题

一、精算假设

精算假设是指利润测试模型、现金流折现和资产负债管理这三类精算模型中参数的估计值或概率分布,以及不同参数之间的关系。精算人员需要审核现有假设的合理性,测试模型结果对假设条件的依赖程度。后一工作又称为敏感度测试。

可以使用多种方法得到精算假设:①专家建议。利率和通货膨胀率受到历史数据的影响,但主要的决定因素是未来的经济政策、整个世界的经济环境。这些假设可以参考专家建议。假设设定的主观性较强,任何根据模型所做的工作报告都需要说明关键假设和模型对关键假设的依赖程度。②历史经验。对于那些变化比较稳定的参数,如死亡率和某些财险业务的赔付率,可以根据过去的经验来设定估计值。经验分布非常重要,特别是对于那些具有厚尾特征的风险。③反复试验。用初步选择的参数值,"预测"过去的数据,再调整假设,使模型输出与历史经验的偏差达到最小。

敏感度检测是用不同的参数值运行模型,观察输出变量的变化。敏感度检测每次只改变一个假设条件,同时考察多个假设变动的检测称为情景测试,多个假设的变动相互关联,表示某个假设的"情形",如经济状况好转、发生金融危机。敏感度测试中假设条件的变动幅度与参数的稳定性有关,参数变动越剧烈,方差越大,敏感度测试的变动也就越大。如果模型对某一假设特别敏感,就要特别重视参数估计值的准确程度。参数的特征会随外部环境而改变,参数估计的错误或模型本身的缺陷也会在使用过程中逐步体现,因此监控模型运行结果非常有必要。监控的内容有比较模型结果与实际经验,分析预测值偏离真实值的原因。根据监控结果调整模型或假设,模型将不断完善。

二、模型的简化

保险业务的分组越细、时间间隔越短，模型会越精确，但运行时间也会大大延长。有时为了提高运行效率，模型不得不做些简化。例如：只计算每个年度末的内含价值，各月份的值用插值方法得到；近似估计资产价值而不是用实际的市场价值；只假设总索赔额的分布，不去模拟每份保单的索赔额。

人寿保险业务保单数量庞大，即使使用确定模型，近似过程也必不可少。例如，第一个月就缴清保费的寿险保单和在第二个月或以后才缴清保额的保单，其费用、退保和索赔经验会有显著差异，如果将每类保单都单独模拟，模型的运行会非常缓慢。常用的做法是假设“平均保单”又称为平均单元来代替这些保单，平均单元的缴清保费月份等于这些保单的平均缴清时间，但需注意平均单元要能代表这些保单的特征。以投连产品为例，如果保单收费与保额无关，那小额保单的失效时间比其他保单都要早。这时如按照平均保额来确定平均单元，平均单元的失效时间就不能代表小额保单。为减少误差，应在保单组中增加小额保单的数量，使依据平均保额计算的失效时间与小额保单尽量接近。这一不准确性对模型误差是否有影响，需要进一步分析，如果影响大，就要考虑补偿措施。

类似的分组误差也会出现在其他场合，如用一张平均保单来代替一组保单，用平均风险数量、保额或一位养老金成员来代替全体。分组越细，误差越小。但很难找到运行速度快又不损失精确性的分组方法。选择分组的一种方法是在同样假设条件下比较完全数据运行结果和分组数据运行结果的差异，以此来选择合适的分组标准。另一种是从完全数据中随机抽取部分，组成随机样本，这种方法可以用统计技术估计抽样误差，适用于找不到分组标准的情况。用分层抽样可以减少随机抽样的误差。

三、数据质量

在实际工作中，很难找到理想数据，完整、准确的数据很少存在。在进行任何分析之前，都要用科学的方法检验数据和处理数据。无论何种工作，即使使用再复杂的方法和模型，数据不准确得到的结果都是没有价值的。因此，模型的使用效果和依据模型所做的报告质量在很大程度上由数据质量决定。

Mainlander(1999)[①]提出了以下数据修正准则：

(1)了解数据来源。数据质量不仅包括准确程度，还包括数据的适用性。在考察数据是否能用于解决问题前，我们要了解数据的来源。

(2) 了解数据的收集方法。数据的很多特征都可以通过数据的收集方法来推断。例如，我们要了解，数据收集过程中使用了哪些资料？收集过程中是否使用抽样技术？抽样是否正确？数据是手工录入的吗？数据有没有修改？数据是否有限制，如时间段、数据的长度？

(3)了解数据的使用动机。收集数据要花费大量的时间和金钱，如果预算太少，可能得不到完整的数据。而且，收集过程中的一些财务激励可能也会影响数据质量，如数据造假。

(4)检查矛盾的数据。要寻找一些反常的或矛盾的数据，如保额小于0、债券票面价值为0、索赔额超过保额。有些时候直觉和经验可以帮助寻找错误的数据，如两全保险的保费与保额之比较高，年金进入领取期后的退保率为0；养老金计划成员年龄越大，工资越高；没有现金

① Main Lander, E. "Some Guidelines on Data Quality Verification", *Society of Actuaries*, Chicago, 1999.

价值的保单不会有退保金。还可以与其他来源的数据相比较，如以往研究相同问题的报告或财务报表。

(5)对数据有预期。对数据的分布要有预先的判断。这种对数据的“感觉”来自类似数据的分析，如行业汇总数据、研究报告、监管机构公布的数据或其他国家的数据。如果实际分布与预期不符合，应寻找原因。

(6)查找缺失和重复的数据。数据缺失和重复是常见的错误。如果某条记录有缺失，应按考虑是否删除整条记录，还是只删除缺失的项目。

(7)检查数据的定义。有时数据的定义不是非常准确，例如赔付金额可能是实际损失，也可能是扣除免赔额之后的赔款。

四、报告

建立模型是为了给决策者提供信息，如评估业务的价值、了解公司的风险状况等。模型结果必须向决策者详细解释和报告，使他们不但理解模型的假设和结果，还能理解模型的运行结果对所做决策的意义，至此建模工作才算完成。在撰写报告时，应注意：

(1)遵守精算实务准则的报告内容和格式要求，如在撰写报告时需要考虑的问题清单及指导意见。

(2)考虑到顾客特别关注的问题，如保险集团的管理层会特别重视不同子公司风险的关联。

(3)考虑顾客对专业知识的了解程度，尽量不用过于专业的术语来解释技术上的细节，如采用的统计方法和误差估计方法。

(4)注明模型的使用限制，如数据质量和缺陷、模型的假设条件及模型对现实所做的简化。

(5)完整记录建模过程，以便将来再次使用模型或在旧模型的基础上建立新的模型。

复习思考题

1. 情景模型在哪些方面对随机模型进行了简化？其主要功能是什么？

2. 资产负债管理模型由哪些模块组成，功能是什么？

3. 有哪些方法可以用于审核两全保险、定期保险和年金险的保费收入、费用和保险赔付数据？

第五章 产品开发

学习目标

1. 理解生命周期理论与个人金融服务需求的关系
2. 了解货币、储蓄产品、信贷产品和保险产品的特征和功能
3. 了解长期储蓄产品的种类和功能
4. 了解金融产品的开发过程
5. 了解保险公司在经营保险产品中面临的风险

本章将介绍金融产品的功能和设计开发过程。在开发产品之前，了解产品的特征和客户需求是非常重要的。只有在理解产品特征之后，我们才能根据客户需求设计产品形态、分析产品的风险、选择销售渠道、制定市场策略、建立产品风险和利润管理体系、评估资本需求。

以下内容分为三个部分：第一部分分析与金融产品相关的消费者需求，第二部分介绍满足消费者需求的金融产品和服务，最后介绍保险产品开发过程。

第一节 金融产品的需求

企业生产的产品或提供的服务，只有充分地满足社会需求后，企业才有可能获取收入和利润。而政府和非营利机构，虽然不是以获取利润为目的，但其存在的价值也是为了提供公共服务，满足公众在安全和健康保障等方面的需求。对于企业，在开发产品时可以用利润来衡量产品价值；而政府和非营利机构提供的产品则以社会贡献或是否满足社会需求等标准来考察。

本节我们将讨论金融机构提供的产品和服务从哪些方面满足了消费者的需求。

一、生命周期理论

金融产品的功能是为了满足人们对财务安全和资产增值的要求。生命周期理论认为，在人生的不同阶段有不同的财务目标，这一理论为金融产品的需求分析提供了理论框架。生命周期理论是由诺贝尔奖得主 Modigliani 于 1966 年在其一篇论文中提出的一种理论。该理论假设人的财务目标是一生保持稳定的消费水平，使得人们不必在某一阶段过于节俭和储蓄，而下一阶段又过度消费。在年轻和工作阶段，人们会为退休以后的生活而积累财富，退休后则逐渐耗尽前期积蓄，从而保证一生的财务稳定。生命周期理论不仅可以用来解释人们的消费和

储蓄行为，还可以用来分析整个经济系统。在生命周期的理论框架下，一个国家的储蓄总和取决于国民收入的增长速度，而不是国民收入的绝对水平。累积的国民财富也与退休后的剩余寿命有关。

收入、支出和储蓄是生命周期理论中三个影响人们财务需求的重要变量。以下我们分别进行分析。

1. 收入

从目前的社会经济环境来看，教育程度和年龄在很大程度上决定了收入水平。受过高等教育、具有专业知识的人，50岁以前的收入随年龄增长，随后收入不变或不断减少直到退休。一般的技术工人30岁时收入最高，以后逐渐减少。根据人力资本理论，人力资本是对生产者进行教育、职业培训和接受教育时的机会成本总和，表现为人的各种知识、劳动和管理技能及健康素质的总和。教育能提高人的知识和技能，提高生产能力，因此教育就是人力资本投资，它对个人收入的影响是人力资本投资的体现。年轻人愿意在人力资本上进行投资，因为可以有未来的工作收入来弥补投资支出，获得投资收益。但随着年龄增长，未来没有足够长的工作时间来补偿投资支出，人们对人力资本的投资将逐渐减少。

2. 支出

支出也与年龄有关。青少年时期，教育是主要的支出项目；成年后，住房、社交和交通的支出占比较大；子女出生后，子女教育将会加重家庭的财务负担，且随子女年龄增长费用不断增加，子女离开家庭独立生活后支出就会减少。医疗费用与家庭成员的数量成比例。退休后其他生活方面的支出减少，但医疗费用迅速增加。

3. 储蓄

储蓄是收入扣除现期消费后的余额。中等收入阶层一生的储蓄水平可以用一个简化的模型来描述：①20～30岁。从学校毕业，走上工作岗位，接下来的几年里结婚生子。工作后将开始为购房和未来家庭储蓄，储蓄金额受居住地影响，生活成本高的大城市月收入扣除生活成本后所剩无几，小城市可能有部分节余可以储存。[①] 年轻人刚开始工作时收入低，消费受到限制。②30～40岁。由于住房的价格年年增长，相当昂贵，这一年龄段的家庭收入中的大部分用于租房或还房屋贷款。为节省开支，他们也有可能与父母住在一起。房屋价格越高，子女离家单独居住的年龄越晚。不过，即便如此，这一阶段也应该开始为养老进行储蓄。③40～60岁。房贷的负担应该不再是家庭的主要支出，此时要为退休后生活进行储蓄。维持舒适退休生活的费用至少为退休前工资的一半，应将这一阶段年收入的四分之一作为养老储蓄。④60岁以后。身体健康的老年人可以继续工作，或按时退休。那些实行弹性退休制度的国家，人们可以一直工作到终身。对于因身体原因无法继续工作的老年人，退休后的日常生活需要更多的他人照顾和帮助，医疗费用会增加很多。无论发展中国家还是发达国家，这一模型中蕴涵的基本原则都能用于解释中产阶级的财务问题，例如太晚开始为退休储蓄或储蓄太少都会导致晚年的财务困难。另外，某一时段过度储蓄则会影响生活质量。年轻人购买住房而承担了过高的房屋贷款，相当于减少当前消费支出为以后做准备，这种过度储蓄的行为就会造成年轻时期的财务困难。

---

① 中国的储蓄模式与西方有很大的差异。按照生命周期理论，年轻人的收入低，储蓄应该低。但2010年Chamon和Prasad根据1986～2005年中国十个省份的数据得出结论：与标准的生命周期储蓄模型不同，中国25～40岁男性青年与中年人的储蓄率一样甚至更高。摘自田晓艳：《为什么中国城市青年储蓄率这么高》，《华尔街见闻》，2014年5月25日。

二、个人对金融产品的需求

收入、支出和储蓄随时间的变化趋势形成了生命周期，但这种变化趋势并不是一成不变的，有很多风险会使现金流发生波动，这些风险造成的因素如此之大，以至于很多人都会经历短期的经济拮据或贫穷。一项根据 PSID[①] 数据的研究显示，25 岁至 60 岁的美国人中有 40% 至少有一年在贫困线以下，只有 12%的人会经历五年以上的贫困生活。[②] 也就是说，极少数人会长期贫穷，但很多人会因意外事件而短暂陷入贫困中。了解那些造成经济窘境的风险因素，以及选择合适的金融产品来应对风险，对于保持稳定的生活质量非常重要。

(一)收入中的风险因素

影响收入的主要风险因素有家庭中作为经济支柱的家庭成员突然死亡、失去工作能力或失去工作，这些风险可以通过购买保险来防范。对于家庭的主要支柱，购买定期寿险是防范死亡风险的最优选择。

失去工作能力可以通过购买失能收入保障保险来补偿损失的收入，失能收入保障保险的赔付通常按照正常收入的一定比例来确定。失去工作能力的原因可能是遭遇意外事故或重大疾病导致残疾。失能后不仅失业中断了收入，而且失能者的后续治疗会产生医疗费用，失能康复要用到特殊的仪器或药物，以及家庭的照顾。这些额外支出可以从意外保险和重大疾病保险中获得补偿。

部分失业导致的工作时间减少或加班时间减少以及失业是收入降低的最主要原因。生产效率的提高减少了劳动力需求，技术更新步伐加快使技术工人时时面临技能过时和被淘汰的风险，世界范围内的贸易自由化给企业带来了更多的压力，为增强竞争力，企业必须减少雇员来降低人工成本。社会保障或社会救助体系通常会提供一到两年的失业救济，商业保险公司也开发了补充失业保险。社保救济和商业保险支付的失业保险金的总和一般少于正常的工资收入，也不会持续很长时间，可以用于应付短期的财务困难。[③] 如果长期失业，就只能寻求家人帮助、政府贫困家庭援助或提早支取退休金。

有些残疾或慢性疾病虽然不会使人失去工作能力，例如截肢、失明或失聪的人也能自食其力，身体虚弱的高血压患者或糖尿病患者同样也可以带病工作，但会导致这些群体在就业市场竞争激烈时面临更大的失业风险。这方面的损失难以通过保险得到保障，但部分保障需求可由重大疾病保险来满足。

(二)支出中的风险因素

影响支出的风险因素有很多，重大疾病带来的巨额医疗费用、疾病或年老的护理费用、意外事故产生的财产损失或对他人损失的赔偿、贷款利息、通货膨胀、长寿产生的养老金支出增加和离婚等，这些都会使家庭的支出增加。

医疗费用可以分为几种类型：一种是小额费用，如普通门诊或自行购买非处方药的费用。

---

① 为研究家庭财富的变化，美国 Michigan 大学于 1968 年开始了名为“收入动态调查”(The Panel Study of Income Dynamics，简称 PSID)的统计项目。该项目的统计样本包括数千个美国具有代表性的个人和家庭，以调查问卷的方式，收集受访者的收入来源、工作、家庭成员构成和居住条件等经济和人口信息。此后许多国家效仿了这一做法，英国的 Sussex 大学、澳大利亚的 Melbourne 大学和我国的北京大学都建立了类似的家庭发展追踪调查项目。

② D.A.Sandoval, M.R.Rank and T.A.Hirschl. “The Increasing Risk of Poverty across the American Life Course”, *Demography*, 2009, 46(4): 717－737.

③ 例如，2011 年美国 Assura Group of New York 公司提供的补充失业保险对年收入不到 2.5 万美元的投保人提供的保险赔付为：在失业后的 24 个月提供失业保险金，保险金金额与政府失业救济的总和不超过正常工资收入的 50%。

这些费用金额很小，对大多数人的财务状况影响甚微，社保体系会补偿一部分的费用支出，个人自行承担一部分。另一种是美容手术费用、高档门诊的就诊费和医疗保健支出。这些医疗行为提高了医疗质量或个人舒适程度，但并不是治疗疾病所必需，只有那些财务充裕的人才会选择，不属于社保或商业保险的覆盖范围。居于两者之间的是生病所必须支出的，但对个人财务又会造成较大影响的医疗费用，如大病支出或住院费用。这些费用的大部分可以转移给社保体系或商业保险来承担。例如，我国社保体系中的基本医疗保险，除支付部分普通门诊的就诊和医疗费用以外，还承担住院医疗费用、急诊抢救医疗费用、癌症治疗费用。如住院医疗费用或 30 天内累积医疗费用超过2 000元，超过部分将由大病医疗保险提供补偿。商业医疗保险的补偿范围是基本医保起付线以下、封顶线以上的费用和共付段中自行承担的部分，有些公司推出的健康保险对不属于基本医疗保险报销范围的治疗和药物费用也给予补偿。

大多数国家的医疗费用占国民生产总值的比例和人均医疗支出都在上升。根据世界银行 WDI 数据库，高收入国家的医疗费用占国民生产总值比例由 2005 年的 10.9%提高到 2010 年的 12.55%，人均医疗支出则由2 562美元提高到3 660美元；中等收入国家的医疗费用占国民生产总值比例 2005 年为 5.43%，2010 年为 5.83%，人均医疗费用 2005 年为 71.8 美元，2010 年为 109.72 美元。低收入国家 2005 年医疗费用占国民生产总值比例为 4.82%，2010 年为 5.34%，人均医疗费用由 2005 年的 11.45 美元提高到 2010 年的 15.32 美元。医疗费用增加的主要原因是仪器、药物和治疗手段上的技术革新。以生命周期模型来看，老年人健康状况下降，患病风险高，医疗费用会相应增加。但从整体来看，人口老龄化对医疗费用支出的影响并不是那么显而易见。老年人虽然医疗需求大，但这些需求不一定能转化为医疗支出，需求能否得到满足还取决于是否将医疗卫生资源有效地配置给老龄人口。老年人的治疗成本高，但治疗效果并不比年轻人好。而且，相比于年轻人，老年人的剩余寿命短，人力资本投资回报率低。因此，医疗资源有限时，一般会优先将医疗卫生资源配置给年轻人，老年人的实际医疗费用并不一定会比年轻人多。大部分实证研究发现，老龄化与医疗费用之间的关系并不明显。而后利用一国或者地区数据的研究发现，老龄化对医疗费用的影响程度并不大，主要是收入、医疗技术起决定性作用。①

离婚在很多国家也会导致财务困难，而且有可能无法用保险来分散风险。例如，加拿大的法律规定，离婚后有收入的一方要向没有收入的一方支付抚养费，收入高的一方也要向收入低的一方支付抚养费，通常女性会受到更多保护。

随着年龄和收入的增长，人们逐渐积累了一些有形资产，如房屋、古董、汽车。房屋损害造成的损失最大，家用电器或家具损坏导致的损失可能小一些，但仍值得参加保险。有些意外事件不但对自己的财产造成损失，还会给他人财产或身体造成损害，这种赔偿责任可能会造成很大影响，因此必须通过保险来获得保障，适用的险种有强制性的公共责任保险和房屋保险。

在家庭负债率高的国家，利率上升带来的贷款利息增加会导致严重的社会问题，尤其是那些房屋价格飞速上涨、家庭负债支出与收入比不断增加的国家。

通货膨胀对退休后的生活质量影响很大，人们退休后可能还要生活 30 年或更长的时间，如果依靠固定水平的养老金生活，物价水平的增长将使货币的实际购买力下降，影响退休生活。图 5－1 比较了泰国、日本、法国和加拿大 1961 年到 2014 年的通货膨胀率。从图中可以看出，经济快速发展阶段通货膨胀率较高。1985 年后，各国的通货膨胀率都有较大程度的下

---

① 余央央：《老龄化或推动我国医疗费用快速增长》，《中国社会科学》，2013 年 1 月 14 日。

降，但波动较大。1985 年到 2014 年，加拿大通货膨胀率的年平均值为 2.45%，法国为 2.03%，日本为 0.57%，泰国为 3.47%。即使以年平均值 2%来计算，60 岁开始领取的每月 3 000元退休金，20 年后的实际购买力也只相当于现在的2 000元，减少幅度超过 30%，30 年后下降幅度几近 50%。如果考虑到意外事件导致的物价水平突然上升，退休人群遭受的冲击将更大。

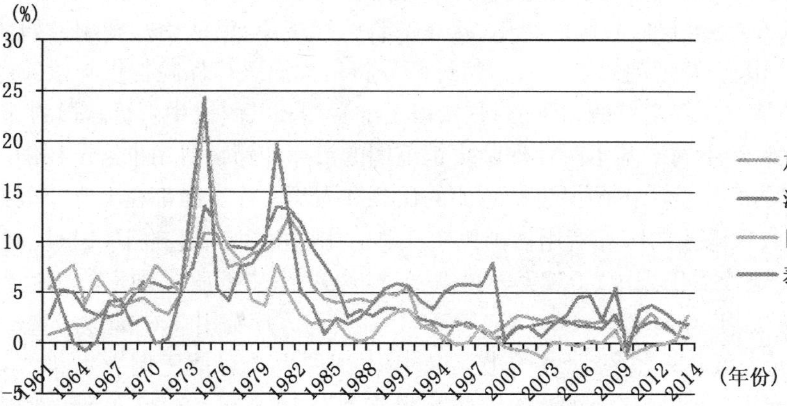

资料来源：世界银行。

图 5—1　加拿大等四国的通货膨胀率

（三）储蓄中的风险因素

四十多年以前，不少人把辛苦节余的钱以钞票的形式储存在家里，不存银行，也不去购买黄金、珠宝之类的资产。可能的原因是金融行业不发达，储蓄存款既不方便，又不安全。现在我们几乎看不到有人在家藏钞票了，发达的金融体系为人们提供了各种储蓄渠道，银行存款、证券投资、房产、黄金等都可以作为保值增值的手段。但是，这也带来了更多的风险。储存现钞会面临通货膨胀率带来的购买力下降风险；储蓄或投资产生的投资收益虽然可以用来抵御通货膨胀，但也会有更大的波动；即使是精心设计的、完全分散的投资组合仍会有实际收益的波动。除此之外，还会有丧失本金的风险，如财务欺诈、银行破产、投资失败、战争或财产被政府没收等。政府建立的存款保险能够减少一部分银行破产风险，其他风险则很难通过保险来规避。普通人通常需要财务顾问来帮助鉴别金融机构的财务实力和金融产品的风险特性。

三、企业对金融产品的需求

资金是企业得以运行的血液，金融产品则是保证资金流动顺畅的通道和工具。中长期贷款、信用便利、股票、债券可以帮助企业获得长期和短期资金，资金往来结算服务保证资金有序运转，衍生工具可以用来避险、改变财务结构和优化税收。金融企业还需要金融工具进行投资。在选择金融产品时，企业注重的是流动性、灵活性、税收成本和购买成本。

为减少意外或自然灾害造成的财产损失、防止经营中断和避免赔偿责任，企业也必须购买财产保险、责任保险和利润损失险等保险产品来控制风险。作为人力资本投资，团体健康保险、企业年金和寿险也是必不可少的一部分。

第二节　货币、短期储蓄和保险产品

本节我们将介绍常见的金融产品。我们把这些金融产品分为三大类：资金管理类、保险产品和长期储蓄产品。资金管理类包括货币及其等价物和信贷产品；保险产品有人寿保险、财产保险和健康保险产品；长期储蓄产品除银行存款外，还包括储蓄和投资型的保险产品及年金。

一、货币及其等价物

货币是价值媒介、价值尺度、流动的财务储藏工具。贝壳是最早作为货币的物品，也可以看作是人类社会的第一个金融产品。中国商代的铜贝是世界上第一个金属货币，中国人也是最早使用纸币的国家，即北宋时期四川成都的“交子”。

目前，货币的基本形式是中央银行发行的纸币和硬币。纸币本身的价值和它代表的价值通常是不相等的。纸币代表的价值由国家制定的货币发行制度来保证。为便于中央银行控制货币供给，货币按流动性分为M0、M1、M2、M3和M4等不同层次。每个国家对货币的分层有不同的定义，我国将货币划分为四类：M0指流通中的现金，M1代表狭义货币供应量，M2是广义货币供应量，M3是为金融创新而增设的其他金融工具。[①]

购买商品时，人们可以直接使用现金，也可以使用金融机构提供的服务和工具来实现现金支付，如借记卡、支票和自动转账业务。除了柜面服务，人们还可以通过网上银行、电话银行或手机银行获得金融服务。

二、短期储蓄产品

活期存款或信用卡存款与用于交换目的的货币没有明确的界限，这些账户会产生少量的利息，也可以看成短期储蓄。有利息收入的储蓄产品，还有定活两便、整存整取、零存整取、整存零取、存本取息、个人通知存款等各种形式。银行提供的储蓄产品，利息通常是固定的。货币市场基金使投资者参与货币市场、债券市场或证券市场上的短期组合投资，其中可能包括高风险和高收益的债券投资，收益随市场变动。

三、信贷产品

个人能获得的信贷产品有抵押贷款、信用贷款、租购和人寿保单抵押贷款。

房屋抵押贷款由银行或房屋抵押贷款协会提供，期限一般不超过5年。它以房屋作为抵押物，期限长、金额大。汽车抵押贷款以银行存款单、国家债券、国有银行发行的金融债券及银行汇票、银行本票作为担保，也可以用所购车辆或其他财产抵押担保或者由银行或保险公司保证担保。

信用贷款以借款人的信用作为还款保证，适用于企业或公司借款。这种贷款风险较大，银行会详细审核借款方的经营水平、财务状况和发展前景。个人可以申请信用贷款，也可以通过

---

① M0＝流通中的现金；M1＝M0＋企业活期存款＋机关、团体、部队存款＋农村存款＋个人持有的信用卡存款；M2＝M1＋城乡居民储蓄存款＋企业存款中具有定期性质的存款＋信托类存款＋其他存款；M3＝M2＋金融债券＋商业票据＋大额可转让定期存单等。

信用卡贷款来获得短期的小额贷款，只是信用卡贷款的额度不能超过信用卡的使用额度，无法用于大额支出。零售信用是零售商向消费者以赊销的方式提供产品与劳务。

个人在购买汽车或昂贵物品时，有些商家会提供租购，这种形式相当于消费者以购买物作抵押，向商家申请的短期贷款。在贷款未偿清前，商品的法定所有权仍然属于卖方，付款期间一直属于租赁物品，这种贷款的利息较高。

如果拥有长期人寿保险保单，而且保单中累积的现金价值足够高，个人可以用具有现金价值的保单作为抵押物，向保险公司申请贷款。

公司比个人的选择多一些，除了银行提供的贷款外，还可以在资本市场上发行票据、债券来获得资金。

四、人寿保险

人寿保险的保险标的是人的生命。人寿保险的功能在于补偿人的生命过短导致的损失。

人的生命过短会有损失。其哲学基础是人力资本和人的生命价值理论。人力资本是个人潜在的生命力，人的生命价值在于其赚取的金钱收入超过自己维持生存所需的成本后，对于其财务依赖者有金钱的价值。确定人的生命价值有两种方式：一种方式的依据是美国的S. S. Huebner 在 1924 年提出的“生命价值”理论，该理论认为人的生命价值是由其工资收入扣除个人生活费以后所剩余部分的资本化价值，而生命价值的大小就是人寿保险的合理保险金额。第二种称为“人身保险设计”方法，即依据死亡丧葬费、遗属生活费等方面的需要，确定保险金额的方法。如果投保人为被保险人投保的保险金额超过生命价值，可能产生道德风险。

导致人的生命价值发生损失的原因有过早死亡、因疾病或失业导致收入减少。人寿保险的作用是在这些风险发生时补偿损失，使个人的人力资本得以保存，即保障“死得太早的风险”。

人寿保险按照保险期限可分为定期寿险和终身寿险。

定期寿险在被保险人在一定期限内死亡时提供保险金。其保险期限固定或保障到被保险人的一定年龄，例如至被保险人 65 周岁。最简单的定期寿险只有死亡保险责任，保险金额在保险期限内不变。大多数定期寿险将全残也纳入保险责任中。变动保险金额的定期寿险可以设计为贷款保障保险或家庭收入保障保险。贷款保障保险为贷款提供保障，保险金额等于贷款余额，在贷款人死亡或全残后提供保险赔付，以帮助被保险人偿还贷款，减轻家庭的财务负担。家庭收入保障保险在被保险人死亡后给其配偶或子女提供定期保险给付，直到保险满期。被保险人死亡时间越晚，保险给付支付的次数越少，因此可以看成是保额递减的定期寿险。家庭收入保障保险在有些国家不受欢迎，主要原因在于税收，一次性保险金免税而连续获得的保险给付可能要支付所得税。

终身寿险的死亡保险责任持续到终身。这里的“终身”并不是指保险责任持续到被保险人死亡，而是保险公司的死亡率表中预定的最长寿命，如 100 岁、105 岁。由于死亡率随年龄增加而增加，终身寿险的均衡保费在保险期初几年会高于同样保额的定期寿险保费。但定期保险续保后保费会增加，而且如果被保险人健康状况不好，续保后的保费还会更高，甚至保额会有限制。所以，终身寿险也是有市场需求的。

五、年金

年金为退休期间提供保险给付。年金的主要功能是防范长寿风险，即寿命超过退休前保险储蓄所能维持时间的风险。投保后马上可以获得保险给付的年金称为即期年金，即期年金的保费通常在投保时一次性交纳。有些国家允许在退休时一次性提取全部或部分养老金或企业年金，这些退休者在提取了一大笔养老金之后，就可以买即期年金，以保障长寿风险。延期年金是投保后定期交纳保费，只有在预定的退休年龄之后才能获得保险赔付的年金。

所有的年金产品在被保险人死亡时都会支付死亡保险金，等于预定的保险金额或现金价值。被保险人开始领取年金后死亡，也会获得死亡赔付，有以下几种形式：①最低保证领取次数。②分期退费，如果领取人身故时领取的年金金额低于其购买年金产品所支付的成本，则保险公司继续支付年金给其指定受益人，直至其中的差额领完。③现金退费，一次性支付差额。

理论上说，购买终身年金是防范长寿风险的最佳方式，但购买年金的人并不多，这一现象在经济学中称为“年金之谜”。行为经济学从几个方面来解释这一现象：一是保险市场是不完全市场，保险公司无法区分寿命较长的人和寿命不长的人，对他们收取同样的保费，于是寿命较短的人不会购买年金；二是财产控制的动机，老年人希望能够控制自己的资金以备不时之需；三是遗产动机，老年人希望把钱留给子女。

六、失能保险

失能收入损失保险，是指以因保险合同约定的疾病或者意外伤害导致工作能力丧失为给付保险金条件，为被保险人在一定时期内收入减少或者中断提供保障的保险。[①] 丧失工作能力没有统一的定义，市场上存在着三种解释：一是被保险人完全不能从事目前的正常职业；二是被保险人无法从事与其学历相关的工作；三是被保险人无法从事任何工作。失能收入保险的功能是在被保险人丧失工作能力时补偿损失的工作收入。为了控制道德风险，失能收入保障保险的保险金额不超过月收入，例如等于月收入的75%。而且被保险人要有正当职业，年龄不低于18周岁、不超过55周岁或60周岁。失能后保险公司按日（或按周）定额给付保险金，给付的日数（或周数）不超过预定的给付期限，如90天、180天、360天。给付期限结束后，即使被保险人仍不能工作或仍需要治疗，保险人也不再负责。

保险给付与失能前收入的比率越高，失能保险的赔付率越高。经济萧条、高失业率时期赔付率也会增加，尤其是因心理健康和职业病等原因引起的索赔。被保险人越难找到合适的工作，就越有可能产生赔付。管理失能保险既要考虑被保险人的感受和保险公司的声誉，又要考虑康复率和风险控制，平衡成本和效益非常艰难，失能保险的经营风险比其他寿险产品更大。为了控制风险，失能保险合同中会设置一些特殊条款。一是免责期间。失能事故发生后，被保险人需等待到免责期间结束，保险公司才视失能程度给付保险金，免责期间为30天、2个月、3个月、6个月和1年不等。越长的免责期间，保险费越便宜，大多数的保险公司对生病和意外伤害设置了相同的免责期间。免责期间的规定是为了观察被保险人丧失工作能力的持续状态，以判定是否为全部或部分工作能力丧失。二是计算期。计算期的含义是对于相同原因引起的第二次失能，与第一次失能的时间间隔不超过计算期，则不能视为新的一次事件，而是上次事件的延续，给付期间不再重新计算。但很多公司为鼓励被保险人尽早恢复工作，规定被保险人失能并恢复工作，恢复工作后6个月内再次失能，可以不必计算免赔期，视为上次事件的延续。

① 中国保险监督管理委员会：《健康保险管理办法》，2006年6月12日。

七、失业保险

失业保险补偿失业后的一部分收入损失。大多数情况下，失业都是由经济萧条、技术革新、劳动力人口改变造成的。失业保险的经营风险也很高，与失能保险有许多相似之处。失业风险越高的人，找到新工作的机会越少，申请失业赔付的金额和持续时间就越长。对于失业保险来说，成本和效益的平衡是非常困难的。因为失业保险面临的道德风险太高，大多数国家都是由社保体系来提供基本的失业保险，商业保险公司只提供有担保成分的保险，如抵押贷款保证保险。

八、医疗保险和疾病保险

医疗保险，是指以保险合同约定的医疗行为的发生为给付保险金条件，为被保险人接受诊疗期间的医疗费用支出提供保障的保险。医疗保险按照保险金的给付性质分为费用补偿型医疗保险和定额给付型医疗保险。费用补偿型医疗保险是根据被保险人实际发生的医疗费用支出，按照约定的标准确定保险金数额的医疗保险。定额给付型医疗保险是按照约定的数额给付保险金的医疗保险。

费用补偿型保险的保障范围包括药费、诊断费、治疗费和就诊费，对总索赔额或每类费用制定最高限额。大多数费用补偿型保险设有免赔额条款，免赔额固定或按最高限额的比例设置。不超过免赔额的医疗费用由被保险人自己承担，这样不仅节省了保费，保险公司也降低了道德风险。我国目前的费用补偿型医疗保险有两类：一类保障范围按照社保体系来确定，对超过社保报销限额以上的医疗费用给予补偿；还有一类在社保基础上扩大保障范围，费用较高。

定额给付型保险对住院或治疗行为给予定额补偿，是我国医疗保险市场的主流产品。定额给付型保险既减轻了病人的财务压力，也降低了保险公司的经营风险。

疾病保险以保险合同约定的疾病的发生为给付保险金条件。市场上常见的险种是重大疾病保险。疾病保险为患有疾病的人提供确定金额的一次性保险给付，用于补偿患病者失去工作的收入，支付巨额治疗费用或康复费用、营养费等，使被保险人患病后有足够的资金维持生活和调整生活方式。疾病保险与医疗保险不同，其保险给付以疾病是否得到确诊为依据，而不论被保险人是否接受治疗，产生医疗费用。疾病保险也不是寿险，患有重大疾病的人仍有机会生存，但赚钱能力降低，还会有大笔支出。疾病保险是为了保证被保险人今后的生活水平不至于因患病受到影响，而不是为了补偿其死亡的损失。疾病保险与人寿保险合同中的末期疾病给付，从名称上看很类似，都以疾病确诊为给付条件，但末期疾病是指那些患者没有机会存活的严重疾病，末期疾病给付提前将死亡给付交给患病者，让他们及早对家庭财产或子女做出安排，提高死亡前的生活质量。

美国还有一种由医院、保险人合作经营的健康保险，即健康维护组织。健康维护组织为每个被保险人向医生支付固定金额的治疗费，于是医生有动力保证被保险人身体健康而不需要医疗服务，但也有可能使医生提供廉价的医疗服务而伤害被保险人的权益。健康维护组织在控制成本方面取得了一些成绩，但也有许多弊端。

九、长期护理保险

长期护理保险以因保险合同约定的日常生活能力障碍引发护理需要为给付保险金条件，为被保险人的护理支出提供保障。对“长期护理需求”的认定是长期护理保险合同中的关键条款。长期护理需求通常以丧失日常活动能力和认知障碍为判别标准。日常活动能力包括自行穿脱衣服、自行洗澡及淋浴、自行进食或自行控制大小便等基本生活能力。长期护理保险非常昂贵，市场欢迎程度不高。

十、意外伤害保险

意外伤害保险对意外事故导致的治疗费用提供补偿，也包括意外死亡责任。与人寿保险合同不同的是，意外伤害保险的风险一般不随年龄的增长而增大，而是按照职业类别确定费率。

十一、财产保险

财产保险是以财产或利益为标的的保险。有些国家将财产保险和人身意外保险统称为非寿险。财产保险合同的保险期限一般不超过一年，航空意外保险甚至短到一次航程。

财产保险中的财产既指有形财产，如动产、不动产、流动资产，也包括无形资产，如预期利润、信用和法律责任等。主要的险种有财产保险、运输工具保险、货物运输保险、工程保险、农业保险、责任保险、信用保险和保证保险。

财产保险属补偿型险种，但也有保险金额，是赔率的上限，实际赔付金额不高于保险金额。如保险金额小于最大可能损失，保险公司按保险金额与最大可能损失的比率来确定赔付额与实际损失的比率。

为降低道德风险和保单管理成本，财产保险保单会设置免赔额。机动车辆险还会使用无赔款优待系统确定保费。无赔款优待系统是一种控制道德风险和减少逆选择的方法，是指被保险人满足无赔款优待条件时，可以在下一年得到保费的折扣，因此被保险人有动力去降低赔付。保费折扣的不同等级也有助于对被保险人进行风险分类，减少逆选择。

个人购买的财产保险有机动车辆保险和房屋和家财险。机动车辆保险包括车辆损失险和第三者责任保险两类险种。车辆损失险对保险事故造成保险车辆的损失和被保险人对保险车辆采取施救、保护措施支出的费用给予补偿。第三者责任保险对车辆使用过程中意外事故导致的第三者伤亡或财产损伤，且依法由被保险人承担的赔偿责任提供保障。第三者责任保险在我国是强制保险。房屋和家财险有财产损失保险、盗窃险等类型，以房屋及房屋内部的动产为保险标的，保险责任包括火灾、洪水、盗窃、暴动、意外事故或地震引发的山崩等。

企业购买的险种有企业财产保险、海上保险、利润损失险、责任保险和信用保险。其中，海上保险以运输中的船舶和货物为保险标的；利润损失保险以保险事故利润损失为保险对象；信用保险对出口商提供保护，使其免受客户违约风险。有时公司购买保险并不是为了管理风险，而是为了减少税收或规避监管，如利用再保险减少资本需求。而且，由于保险公司掌握更多的信息和风险管理技术，购买保险也可以使公司利用保险公司的经验来管理风险，相当于风险管理职能的外包。

第三节 长期储蓄产品

长期储蓄的本质是牺牲当前的消费来换取将来的舒适生活，因此长期储蓄产品必须提供长期的回报，以弥补当前减少消费带来的心理和物质损失。所有的长期储蓄产品都具有这一功能。本节中所提及的长期储蓄产品是指人寿保险、年金或投资基金。银行储蓄的期限最长不超过十年，本书将其归类为短期储蓄产品，而非长期储蓄产品。

一、传统的储蓄型寿险产品

具有储蓄功能的传统寿险产品主要是指两全保险。终身寿险虽然也有现金价值，但主要功能是提供死亡保障，不属于储蓄产品。19 世纪和 20 世纪的大部分时间，两全保险和延期年金是西方国家中占主导地位的长期储蓄产品。两全产品在被保险人死亡和保险期满时都给付保险金，保费定期交纳，交费期内费率水平保持不变。延期年金可以看成是将两全保险和即期年金结合在一起的产品。除两全保险外，市场上还有一种纯生保险，在保险满期时支付保险金，保险期限内死亡时只退还保费和利息，这种险种只有储蓄成分而不具备保障功能。储蓄型的寿险产品可以是非分红保险，也可以是将利润分配给投保人的分红保险，市场上大部分产品都是分红产品。分红有两种形式：一种是每年以现金的形式分配，投保人可以直接领取现金，也可以放在保险公司累积生息，或抵扣保费、购买更高的保障。另一种是将红利增加到保险金额中，红利可能每年增加，也有不定期增加和保单满期时一次性增加，分配的红利不能以现金形式领取，只能随保险赔付一起领取。

二、养老金计划

养老金计划是雇主或国家设立的养老基金，有企业年金、行业养老金和公众退休基金等形式。企业年金是雇主为雇员设立的养老基金，在雇员退休时提供一次性给付或退休后定期支付养老金。为方便雇员的流动，许多国家设立了行业养老金，由行业工会代表雇员与雇主达成协议，使雇员可以缴费到行业基金，这样雇员在改变雇主时就不需要改变退休安排。为方便那些没有企业年金或行业年金的人进行养老储蓄，如自我雇佣或自由职业的人，许多国家设立了公众退休基金，也称退休年金或个人年金。基金由独立信托公司经营，如英国的风险养老金和美国的 401(k)计划。

很多国家对养老金计划给予税收优惠，如交费部分可以减免所得税，也有一些约束条件，如退休之前不能提前领取养老金，退休时一次性领取的养老金金额有上限。

养老金计划有固定给付和固定缴费两种。固定给付的养老金给付水平根据工作年限和退休前的薪酬决定，如一次性给付的金额等于 15%×工作年限×退休前三年年平均工资，或退休后每年领取的养老金等于 1/60×工作年限×退休前三年年平均工资。养老金计划在雇员工作期间死亡或失能时也会支付保险金，提前退休、疾病退休的养老金支付水平另外计算，离职或裁员时可以将已经积累的养老金领取或转移到新的养老金计划中，已经积累的养老金按照退休后的给付水平和退休后的死亡率、投资收益计算，由于这一金额很难确定，雇员退出养老金计划时能得到的养老金通常都不高，目前很多雇主和雇员将企业年金当成薪酬的延期支付。固定缴费计划每年投入到养老基金的缴费按照工资比例确定，但养老金给付由基金的投资收益决定。与固定给付计划相比，每年缴费都进入养老基金，按照实际投资收益累积，因此其提供的离职给付更高，但退休给付则无法保证。

三、投资基金

投资基金是一种集合投资制度，投资基金集中投资者的资金，投入资本市场、商品市场或进行实业投资，投资者享受投资收益、承担投资风险。按照法律形式，投资基金分为契约型基金和公司型基金两种。契约型基金依据信托契约原则组建，由委托者、受托者和投资者三方订立契约，经理机构作为委托者经营信托资产，银行或信托公司以受托者身份保管信托资产。公司型基金按照股份公司形式运营，投资者购买公司股票成为公司股东，投资公司是公司型基金的主体；管理公司为投资公司经营资产；保管公司为投资公司保管资产，一般由银行或信托公司担任；承销公司负责推销和回购公司股票。公司型基金分为封闭式和开放式两种。封闭式基金发行的股票数量固定，发行期满基金规模就封闭起来，投资者只能在二级市场上转让基金股份，不能要求赎回投资资金。开放式基金，又称为共同基金，基金规模不固定，投资人可以随时根据需要购买基金单位以实现投资，也可以出售基金单位以撤出投资。以资金来源划分，公募基金是以公开发行证券募集资金方式设立的基金；私募基金是以非公开发行方式募集资金所设立的基金。私募基金面向特定的投资群体，满足对投资有特殊期望的客户需求。私募基金的投资者主要是一些大的投资机构和一些富人。例如，美国索罗斯领导的量子基金的投资者，或是金融寡头，或是工业巨头。量子基金的投资者不足 100 人，每个投资者的投资额至少为 100 万美元。[①] 基金的投资组合决定了基金的风险和收益，指数型基金属于被动投资，资产组合中以指数成分股为主，投资目标是使基金的投资收益与指数变化同步；主动型基金采用主动的投资策略，买卖由基金经理人或团队决定，在风险承受范围内追求收益最大化。

四、投资连结保险和保证投资合同

投资连结保险是将投资基金与人寿保险结合在一起的金融产品，保险公司将保险投资作为开放式基金来管理，将所有投资收益转移给投保人，同时投保人也承担投资风险。与投资基金不同的是，投资连结保险以保险的形式存在，既有投资功能，也有保障作用，被保险人死亡或全残时能得到比投资资产更高的赔付。基金单位的价格至少每周计算一次，也有公司每天计算一次，价格的变动反映了所有的投资收益，包括未实现的资本利得。投资连结产品的投资基金会给投保人提供多种风险和收益不同的投资选择，投保人可以选择那些由保险公司自己管理的投资基金，也可以选择外部的投资基金，还可以在不同种类的基金中转换。

投资连结保险由投保人承担投资收益和风险，保险公司不保证投资收益。美国的保险公司还出售一种保证投资收益的金融产品，称为保证投资合同（guaranteed investment contracts），保险公司承诺保证投资合同的本金和利息收益。

长期储蓄产品是个人将资金交给基金经理或保险公司进行投资，不过投资基金的委托代理成本和不透明的利润分配机制给投资者带来困扰。随着交易系统的改进和网络金融的发展，证券投资的交易费用降低，人们的投资意识也不断增强，越来越多的人选择直接参与资本市场，自己管理投资。

第四节　产品开发

从最简单的银行储蓄，到复杂的衍生工具，金融机构一直在向市场推出新的产品。除了满足消费者需求以外，还有很多因素促进新产品的不断涌现。可能的原因有：①竞争压力。市场上只要有一家机构推出了受市场欢迎的新产品，就会吸引大量客户，削弱竞争对手的市场份

① 摘自百度百科，http://baike.baidu.com。

额，为了留住客户，其他机构也必须马上开发类似的产品。例如，当某家财产保险公司推出忠诚计划，对同时持有车险、家财险和房屋保险的客户给予优惠后，那些只提供车险或家庭财产保险的公司就会在竞争中处于劣势。②开辟新的市场。例如为了开发农村市场，银行推出小额农业贷款，保险公司推出短期医疗保险。③法律变化催生新机遇。如针对养老金的税收优惠政策实施后，市场上就会出现越来越多的延期养老金产品。④老产品的市场已达到饱和，利润下降。如带有保费返还的定期寿险，就是在传统定期寿险市场逐渐达到饱和的背景下出现的。⑤行业结构改变。相互保险公司股份化后，原有的分红产品已无法满足公司发展的需要，必须有更多的险种扩大收入。⑥人口结构变化带来新的需求。社会老龄化过程中对长期储蓄产品和投资型产品的需求会越来越大。⑦技术发展，降低了管理成本，使对冲基金、投资连结保险等复杂产品成为可能。

在一个竞争的市场中，金融机构为了生存，必须不断地开发新产品。新产品一方面要满足市场需求，得到市场认可；另一方面也要能达到利润目标，给公司带来收益。但利润与销量很难做到同步增长，尤其是金融产品，创新的思想或技术很容易被复制，要在增加销量的同时还能保持高利润率，这是非常困难的。金融机构经常要在这两者之间作出平衡。财务目标通常是总利润或资本回报率，销售目标以销售量或市场占有率来衡量。

一、产品开发循环系统

产品开发由四个步骤构成，即了解市场需求、可行性分析、设计新产品、审核新产品，这四个步骤依靠信息的流转首尾相连，构成了产品开发循环系统。在这个系统中，每一次循环都增加了对市场的认识，获得了更多的信息，产品形态也逐渐贴近真实的市场需求，逐步达到公司的财务目标和销售目标。

我们可以从风险管理的角度来看待产品开发工作。保险是经营风险的行业，保险公司从管理保险风险中获得利润，得以生存。保险风险可以看成是保险经营的原材料，而保险产品则是输送保险风险的载体。保险产品开发一方面要满足市场需求，只有满足了消费者的避险需求，消费者才有可能成为投保人，将自己面临的保险风险转移给保险公司。另一方面，开发保险产品又要保证保险公司接受的保险风险在可控的范围内，因此保险责任、保险金额、除外责任、赔付条件是保险产品的主要内容。在保险公司的风险管理过程中，产品开发的目的是引入可控的保险风险。客户需求和保险公司自身的风险承受能力是产品开发中考虑的主要因素。

(一)了解市场需求

了解市场需求是循环的起点，从这个步骤中流出的信息进入可行性分析这个阶段，从而推动整个循环体系的运行。为了解市场需求，需要回答三个问题：①谁将成为消费者；②客户的需求是什么；③为什么需求没有得到满足。

(1)谁将成为消费者。这一问题是寻找目标客户群。当金融机构进入了一个新的区域、新的省份或新的国家，就会面临全新的客户群。

(2)客户的需求是什么。锁定目标客户群后，就可以进一步发掘他们的需求。新的需求可能是新技术带来的。例如，20 世纪前 50 年，信用卡还未得到普及时市场并不需要信用卡保险。随着网络技术的大规模使用，信用卡得到越来越多的应用，信用卡保险[①]就成为新的

① 信用卡保险是以持卡人使用信用卡时由于非善意透支、信用卡遗失或被盗后被他人冒用、发卡行员工利用信用卡贪污或挪用公款造成的损失为保险标的的保险。摘自百度百科。

需求。

(3)为什么需求没有得到满足。市场需求无法得到满足，可能的原因有：产品价格昂贵令市场无法接受；不确定性因素太多，使经营风险过高；或者产品非常复杂，管理成本太高；也有可能市场规模太小，无法保证销量。在开发新产品前，要充分了解所有不利于产品销量的因素。

(二)可行性分析

可行性分析是指评价产品能否达到经营目标，需要考虑八个方面的问题：

(1)利润目标。无法满足公司利润目标的产品，一定不能进入公司长期发展的产品战略中。不论产品如何满足消费者需求，受到市场欢迎，如果其价格不能弥补管理成本和资本成本，都将会给公司带来灾难。从短期来看，公司还是会推出一些利润低，甚至零利润的产品，但这种产品通常作为敲门砖来吸引客户购买其他产品，或留住现有的客户。这时候，公司关注的是该产品与其他产品构成的产品组合的整体获利能力，而不是个别产品。这种产品通常要与其他产品捆绑销售，否则就会产生很大损失。例如，银行将活期存款、住房抵押贷款、信用卡和投资产品作为整体出售，就可以承受其中某些产品的零利润，如活期存款。但如将活期存款单独销售，亏损的风险就会特别大。

(2)价格可接受。产品价格必须在消费者的承受范围内，否则就不会有销量。例如，赛艇是一项冒险且昂贵的运动，赛艇在压力下容易损坏，并且维修费用很高，针对赛艇的损失保险会非常昂贵，即使市场有这种需求，最终的价格也不会被接受。

(3)及时性。很多需求可能只能维持很短的一段时间，错过后就不会再有机会了。例如，澳大利亚政府为了鼓励购买私人健康保险，在一段时间内对已购买保险的人给予税收优惠，对未购买保险的人收取额外的税费。保险公司只有在处罚性税收实施之前开发出产品，才会有市场需求。

(4)合规性。新产品必须满足所有的法律、法规和专业准则的规定。

(5)偶发性。可保风险必须是那些发生具有偶然性的风险。那些投保人能够显著影响发生概率或损失程度的风险，都会产生道德风险或保险欺诈，是不可保风险。例如，生育孩子的成本高，家庭可能遭受损失的风险也很大，但生育风险不可保。离婚的开销高昂，所以离婚保险也不可行。

(6)风险可评估。保险风险必须是能够合理估计的风险，只有事先能估计出平均损失，才能计算保费。即使是那些针对新客户或新风险的新产品，没有经验数据，也必须能够利用类似风险的数据或间接数据估计损失的分布。

(7)风险独立。保险经营的基本法则是大数法则和风险分担原则，独立风险集中在一起，会呈现稳定的出险概率，保险公司可以通过收取合理水平的保费，将少数保单的损失分摊给所有保单来承担，这样就保证了保险的正常经营。如风险之间相互关联，大量保单一起出险，损失无法分担，不仅保险公司面临风险，也无法体现风险分担的原则。

(8)不能鼓励犯罪。保险行为不能损害公众的利益。如酒后驾驶、吸毒或犯罪引起的死亡事故，就不是可保风险。

(三)设计新产品

充分了解市场需求、限制因素后，对于那些满足可行性分析的产品可以进入产品设计阶段。产品设计是一个反复的过程，多次重复产品设计循环系统，才能得到最终的产品。设计新产品也是由一些相互联系的步骤构成的。

(1)产品定义,也就是明确产品特征。保险产品的产品特征指保障范围,哪些保险事故产生的损失可以赔付,哪些保险事故属于除外责任;投资产品的产品特征包括产品的风险和流动性、标的资产和管理方式。例如,货币基金的标的资产是银行短期存款、商业票据、国债等货币市场的金融产品,其投资成本低、流动性好,但收益率低。股票基金以股票为投资对象,流动性强,收益率高但波动性大。

(2)核保标准。这是保险产品设计中的重要环节。核保确定了一系列风险评估因素,又称费率因子。费率因子用来评价保险标的的风险等级,以便计算保费。有很多影响保险标的的风险因素,但不是每种因素都被作为费率因子。有些因素的作用不明显,作为费率因子产生的核保成本超过效益。有些因素虽然重要,但市场或社会不能接受。例如,不同种族的死亡率尽管有显著差异,但在那些注重种族平等的国家不能被接受。又如基因信息,虽然大量证据表明很多疾病主要受遗传因素支配,但欧洲和美国都纷纷推出了反基因歧视法,反对保险公司利用基因信息定价。人寿保险常见的费率因子有年龄、性别、吸烟习惯,血压、血脂等健康指标也作为确定费率的考察因素。车险的费率因子有车型、行驶里程、驾驶员年龄、驾驶记录等。

(3)产品定价。产品定价不仅仅是计算成本,还要确定费用和利润的计算标准。完全成本定价法将固定成本和可变成本都考虑在价格中,边际成本定价则只考虑可变成本。不是每种产品都有相同的利润率标准,这要取决于目标市场的规模和价格接受能力。有些产品的利润率很低,甚至为零,以吸引更多的消费者来购买公司其他高利润产品获利。有些产品价格过高,就要与低利润产品捆绑销售。在产品同质性较高的市场,有些公司会采用"价格扣除"战略,跟随行业领袖或竞争对手的价格来确定本公司的产品价格。

人寿保险产品的定价不仅仅是制定费率,还包括确定分红保险的分红水平。产品的价格中考虑未来的分红水平,能使分红水平更为稳定和持久。虽然相同保险责任下的分红产品费率比不分红产品高,但多收的保费会在保单有效期内以分红的形式返还给投保人,所以并没有影响保单人的利益。

定价也不完全是精算部门或财务部门的工作,市场部的参与极其重要。如果产品价格不能被所有相关部门接受,则要重新修改利润指标、赔付条件、佣金水平和其他定价假设,再进行利润测试和各部门评估,循环要重复多次才能达成共识。

(4)客户服务内容和成本。客户服务的内容和成本由产品特征决定,一年期定期保险和家庭财产保险,除索赔和保单到期时争取续保外,几乎没有其他的客户服务工作。分红型两全产品、投资产品和年金产品则要向客户定期报告财务状况。这样增加了管理成本,但也提供了与客户联系的机会,有助于建立良好的客户关系。健康保险产品的赔付工作比较复杂,要审核大量的病历和文件,支付赔付金,但这些工作做得好,也可以改善客户的保险体验,有利于未来的销售。无论何种客户服务,成本都应包含在产品价格中,并且要建立系统的管理体系。如分红产品要向客户寄发季度财务报告,那么公司的客户管理系统就应该按时自动提交这些报告。那些一次性分红的说明文件,系统中也应该设置触发条件,在有一次性分红时及时提交。

(5)营销计划,包括产品的发行和销售策略。产品的复杂程度、市场竞争的程度都要在销售策略中予以考虑。有时我们可以选择多种方法销售产品,通过各种渠道提供相同的产品,也可以通过不同渠道销售不同的产品。除产品宣传外,营销计划还包括对代理人、经纪人以及(电话)客户服务中心人员的培训。保证所有的相关人员对产品有充分了解,对那些新产品或技术性强、比较复杂的产品特别重要。

(6)资金要求。金融产品是无形产品,金融合同是金融机构对客户给出的承诺或提供的服务，为了履行合同中的承诺，金融机构承担了风险，所以除了公司正常运营和产品开发的投入成本，金融机构还要有足够的资金来为这些风险提供支持，保障客户的财务安全。因此，任何金融产品，无论其利润率多高，都需要有资金支持。尤其是那些风险高的产品，如保险产品、长期储蓄产品，资金约束是定价中的重要因素。是否有足够的资金支持无法由产品开发团队决定，但在开发新产品时必须评估产品的资金需求。

(7)管理体系。有效的管理体系对新产品的成功非常重要。与现有产品类似的或比较简单的产品，可以直接采用当前的管理体系。对复杂的新产品或涉及新风险、新的客户群的产品，要在产品开发过程中更新管理体系，对可能增加的工作及早做出准备。

(8)产品监控。新产品推出后的业绩监控是循环系统的基本环节。监控的对象包括产品组合与单个产品的实际经验和获利情况。例如，家财险的监控信息包括保障范围内的偷盗、火灾、洪水和暴风雨损失等风险引发的索赔次数和金额；投保人采取的预防措施，如安装窗锁和烟雾检测器，以便计算保费折扣；赔案的处理成本，处理成本与索赔金额和风险有关。一旦出现实际利润低于预期，就要根据最新的实际经验重新审核利润，必要时修改产品、控制销售规模或者停止销售。监控体系在产品开发过程中就要建立，这样可以节省大量的资源，在问题出现时就能及时弥补，避免更大的风险。

(9)法律和法规。产品进入市场前必须确保充分考虑所有法律、法规和专业标准。这些要求可能包括保险责任、险种、费率及财务报告的内容和公布频率。很多公司设有专门的部门，如合规部来满足这些要求。

(10)再保险。如果风险规模超过公司的承受能力，或产品的风险复杂，保险公司无法保证能够控制风险，就要考虑再保险安排。几乎所有的财产保险产品都要安排合适的再保险计划，有时再保险是强制要求，如我国采取的法定分保要求。产品开发阶段要考虑是否需要再保险、再保险合同的形式以及分出风险的程度。

(四)审核新产品

产品的初步设计完成后，要按照最初的产品定义重新检查整个设计过程。例如，在考虑目标市场和竞争对手后，可能发现定价过高，这时可以引入免赔额或缩小保障范围或降低支付代理人佣金来降低价格。如果产品的修改涉及索赔成本或管理费用，就要重复整个设计过程。产品开发不是以上步骤直线排列的一个过程，其中某些步骤会多次重复，整个系统也会多次循环。

产品开发需要核保、业务管理、投资、财务、精算、销售和法律等多种技术，涉及多个部门的利益。协调各部门利益，综合运用各部门的支持将决定新产品的成败。设立专门的产品开发团队，团队成员来自精算、销售、法律、业务管理等各部门，可以避免部门之间利益冲突造成的矛盾。新产品是协调成本与销量、利润与价格之后的结果，所有部门的利益都要考虑在最终的产品中。

二、保险产品的风险

本节讨论的保险产品风险，是指保险产品的利润不足以弥补资本成本的风险。保险行业是经营风险的行业，保险合同是搭载保险风险的载体。销售保险合同使保险公司得以在管理风险的过程中获得利润，但也承担了保险风险和经营风险。作为金融机构，保险公司在保单中对客户作出了承诺，为了能够有足够的能力满足这些承诺，监管者会要求保险公司除收取的保费外，还要投入自有资本来支持保单负债。无论是相互保险公司还是股份保险公司，资本都有使用成本，相互保险公司由投保人提供资本，股份保险公司由股东提供资本。如果保险产品的利润不能弥补资本成本，投保人或股东就会将资本转移到其他投资机会上，保险公司将无法持续经营。所以，保险产品在定价时就要考虑资本成本，最终形成的费率在定价的假设下能弥补资本成本。

保险成本、费用和投资收益率是保险产品定价中的三大假设，实际赔付结果比假设更差，就会产生保险风险。财产保险产品中的保险风险表现得较为突出，长期人寿保险产品和年金还面临费用风险和资产负债匹配风险。

(一)保险风险

理论上可以将保险风险分为模型风险、参数风险和随机变动风险三类。模型风险是指定价中用来描述索赔额随机特征的概率分布与实际不一致的风险。参数风险是概率分布的参数估计错误或没有及时更新的风险。随机变动风险是索赔额的不确定性带来，即使定价模型和参数都没有偏差，索赔额的不确定性仍会造成实际结果偏离估计值。这样的分类只能帮助我们从理论上分析保险风险的来源，实际上造成这三类风险的因素有很多。索赔成本及其发展趋势的估计不足、巨灾风险，以及来自投保人行为的不确定性、逆选择和道德风险都可能使实际索赔成本超过预期。

1. 逆选择与核保

逆选择是指只有高风险的投保人来愿意购买保险，于是造成保单组的平均风险超过预期的现象。长期保单中，低风险的投保人更容易退保，高风险的投保人则会尽量保持有效，使保单组中的平均风险越来越高。这种选择性退保也是逆选择的一种表现。例如，长期健康保险和年金保险中都会发生逆选择和选择性退保。

选择性退保可以通过加强保单后续服务来控制，而控制逆选择的主要方法则是核保，限制选择或拒保也可以避免逆选择。例如，团体保险中要求团体所有成员都参保，就是限制选择的一种情形，全体投保限制了成员的选择范围，避免那些风险较低的成员不投保的可能。又如，财险公司拒绝为财产靠近林区易受火灾的人提供建筑保险。

核保将保险标的按照风险进行分类，于是保险公司就可以依照风险等级收取费率或作出拒绝承保的决定。核保对避免逆选择的作用，可以从另一个方面来理解。如果没有核保过程或核保标准不合理，保险公司将不能区分保险标的的风险等级，保险公司就会对高风险和低风险保单收取同样的费率。那么低风险的投保人就不会购买保险，而更多的高风险投保人来投保，使整个保单组合中高风险比例增加。由于费率是根据高低风险的平均索赔成本计算的，当高风险保单的比例增加时，实际的赔付成本就高于定价时的预期成本，产生费率不足，这就是逆选择风险。事实上，对高风险保单和低风险保单收取同样的费率，用低风险保单来补贴高风险的高索赔，这也违背了保险的公平原则。逆选择主要是由于保险公司和投保人的信息不对称产生的，投保人对风险有更清楚的认识，所以高风险投保人能够发现费率上的优惠，而低风险投保人能感觉到不公平。合理的核保标准减少了信息的不对称，使保险公司能够与投保人对风险有同样的认识。

当然，仅仅通过核保不可能完全避免逆选择，核保标准中只包括那些保险公司能够获得的指标或信息，还有很多私人信息只有投保人自己才最清楚。所以，在确定费率中的索赔成本假设时，对那些核保标准不够完善或对风险了解不多的新产品，要考虑到逆选择风险，假设要更为谨慎。从这一点来看，完善核保标准也有助于扩大保险业务。当保险公司提高了核保能力，能够对风险有更多的认识，风险分类更为细致时，就可以向新标准下更低风险的保单提供更低的费率。而对那些以前不敢承保的高风险，也可以给出合理的费率，使其能够得到保险保障。后一点对于保险行业的发展非常重要。以人寿保险为例，早期的人寿保险公司只接受身体健康的年轻人投保。人寿保险生命表出现后，保险公司能够根据年龄和性别来确定费率，投保人的范围才得以扩大到身体状况不佳的人和老年人。

人寿保险核保标准来源于医学和人口统计学的相关研究成果。此外，还要考虑到法律法规的要求和公众的态度。通常，法律法规反映了社会的文化和伦理因素。很多国家都有法律规定，对性取向等涉及隐私的问题不能放在投保单中。

人寿保险保单的核保标准中考察的因素有年龄、性别、职业、身体状况和既往病史。死亡率随年龄升高，同样年龄的男性比女性死亡率高。高风险职业和有冒险爱好的投保人，其死亡率比正常人群高，但超额死亡率与年龄无关。如果暂时无法确定被保险人的风险等级，如被保险人正处于重大手术的恢复期，疾病引起的死亡风险只是暂时存在，一段时间后会消失，保险公司会推迟投保人的投保要求，等到投保人能提供完全恢复的证明后再核保。

与人寿保险产品不同的是，确定财产保险核保标准的困难之处在于很多理想变量无法获得，例如车险中的汽车行驶里程，可能就无法得到准确的数值，这时候可以用汽车的使用目的，如公车还是私车来代替。

年金产品中如有死亡保障或失能保障，核保针对的就是死亡风险或失能风险；团体保险的核保标准较为简单，有时根据雇员是否正常工作就可以判断其健康状况。

2. 巨灾风险

保单的风险独立发生时，保险才可能实现其分担风险的功能。保险公司会尽量在不同地域、不同市场中销售保单，使保险标的的出险互相不受影响，保持独立。但这样仍旧无法避免一次保险事故导致大批保单同时发生索赔的情况，即发生巨灾风险。大部分巨灾风险是自然灾害带来的，恐怖袭击等人为灾难也会导致巨灾风险。巨灾风险的发生概率很小，相关数据不足，很难用模型估计。巨灾再保险是管理巨灾风险的常用方法。不过，保单设计或销售上的不足会扩大巨灾风险的影响，开发和销售产品时应针对这些不足采取相应措施。例如，财产保险保单集中于一个城市或地区，会使该地区的自然灾害成为巨灾风险，这时应尽量分散保险业务；对一大批产品都提供投资收益率保证，会使保险公司承受投资收益的压力，当资本市场波动时，所有的保证产品都会有损失，限制保证业务的规模可以降低风险，使用衍生产品也能在一定程度上控制风险；客户集中于某个行业也会有巨灾风险，此时应将保单分散在各个行业；法庭判决如对保单条款的解释不利于保险公司，将会影响所有类似的保单，保险公司要及时修改保单条款，以及避免业务过度集中在某种产品上。

3. 道德风险

被保险人与保险公司在信息上的不对称，容易引发道德风险。例如，失能收入保险中被保险人可能故意推迟康复，延长领取保险金时期；那些工作导致的慢性疾病，很难判断是否康复。保险金赔付水平与正常工资越靠近，就越容易引起道德风险。

道德风险的管理方法有：降低保险金赔付水平可以减少道德风险，或采用计算期等条款鼓励被保险人及早工作；对被保险人在投保时的隐瞒或索赔欺诈可以通过有效的索赔管理和积极追踪可疑欺诈来管理。

4. 赔付金额膨胀的风险

长尾的财产保险业务，如责任保险，从保险事故发生到结案要经过很多年，这种长尾索赔使保险人面临赔付金额膨胀的风险，事故造成的损失在很长一段时间逐步显现，赔款额越来越多；司法判决也是造成赔款增加的原因，如石棉行业的责任保险。

避免赔付金额膨胀的方法有回避风险、在保费中增加风险边际、再保险和提高结案效率。回避风险是最简单的方法，而其他几种方法价格昂贵。

(二)费用风险

投资连结保险和万能保险的利润来源于定期收费与实际费用之差。我国保监会规定，投连产品可以收取七类费用，万能保险可以收取五类费用。财险业务和人寿保险业务的保费中都有费用附加，这些费用不足以支付实际费用时，也会产生费用风险。

业务规模低于预期会有费用风险。这是因为保险产品的实际费用中很大一部分是固定成本，如业务管理成本和计算机系统的维护成本，业务规模低，收取的费用总额就有可能不足以支付固定费用。

另一个费用风险是客户提早退保以致早期费用无法弥补的风险。许多年交保费的人寿保险和年金，首年保费远远低于产品的销售和发行成本，早期的亏损要用以后的保费来弥补，如果客户早期退保，早期费用无法弥补，就会产生费用风险。有些投连产品设计为前端收费，第一年就收取高额费用弥补支出，但这样做会削弱产品的竞争力。提高管理效率和增加业务量是减小费用风险的最好办法。

(三)资产负债配比风险

资产负债配比风险是资产的价值和现金流与负债不匹配的风险。例如，提供最低收益保证的产品，负债不低于保证的投资收益。如果以股票作为支持资产，股票下跌时资产价值有可能下降到负债以下，产生资产和负债在价值上不匹配的风险。如果对退保金也保证最低水平，人们纷纷退保，资产变现收入不足以支付退保，又会造成资产与负债的现金流不匹配风险。控制这种风险的方法有：

(1)采用分红产品，多收保费，如有赢利，将多收的保费以分红的形式返还给投保人。

(2)资产和负债管理。例如，投连产品中用资产价值确定退保金和负债价值，用固定利率产品匹配年金负债。

(3)保费中收取保证条款成本。如果保险公司愿意冒险将资金配置到不与负债匹配的资产类型中，就必须在保费中收取保证成本。

(4)提取资产负债不匹配准备金，以弥补风险。

(5)用衍生工具对冲风险。

(6)避免风险，如许多养老金计划不保证养老金随通货膨胀率调整。因为很难买到指数连结债券为通货膨胀提供保护，股票和房地产理论上可以抵御通货膨胀，但也很难做到同步变动。

三、保护消费者利益

保险产品是保险公司对消费者的承诺，由于保险条款中有很多专业术语和复杂的表述，消费者对保险产品的特征，尤其是缺陷并不能有很深入的了解。很多情况下消费者的利益会受到伤害，国家法律往往会站在消费者的角度，制定法规约束保险公司的行为。设计保险产品时，对那些可能损害消费者利益、法律法规有特别要求的问题要特别注意。

(一)销售误导

保险产品的复杂增加了消费者理解保险合同的难度，而保险公司向保险中介支付的佣金体系增加了消费者被误导的可能性，保险中介倾向于推销佣金高的产品，而不是真正适合消费者需求的产品。为避免销售误导，监管者会对保险合同的措辞给出规定，如要求保险合同用通俗的语言解释保险责任等重要条款；为保证产品适合消费者的真实需求，法律法规也会要求保险公司在销售保险产品时要对客户有充分的了解，如客户必须填写事实调查表和需求分析表；对于佣金方面，法规可能要求披露保险公司支付给保险中介的佣金和消费者支付的其他服务费用。

（二）垄断租金

保险公司压低退保金，企业年金减少支付给离职者的累积交费，这些都是保险行业获取垄断租金的例子。垄断租金使企业得到的利润超过其机会成本，损害了消费者利益。为此，监管机构会对退保金或离职给付设置最低标准。

（三）保单持有人合理预期

“保单持有人合理预期”是指分红保单投保人合理期望的分红水平。分红保单在签发保单时的保险金额等于基本保险金额，以后各年保险金额可能随分配的红利增加，也有可能基本保险金额一直不变，但投保人可以采用现金的方式分享利润。除了基本保险金额，保险公司在签发保单时不承诺未来的分红水平，分红由未来的利润来决定。虽然不保证分红水平，但保险公司仍会受到来自社会和市场的约束，必须保证分红水平满足保单持有人的合理期望。

英国的法律明确规定保险公司在确定分红水平时必须满足“保单持有人合理预期”，但没有给出明确定义。这一概念来自英国最高法院对英国公平人寿的判例。英国公平人寿在1960年至1988年间出售了大量含有年金支付率保证的年金。购买该产品后，投保人将在退休后得到一笔终了红利和其后的年金，保险公司对年金支付率给予保证，投保人可以选择以保证利率获得年金或将保险合同的现金价值以市场利率转化为年金。20世纪七八十年代，英国的市场利率很高，很多公司都出售这种产品。以1990年的市场利率计算，每100英镑保费对应的年金支付金额为14.2镑，而保险公司给出的保证年金支付金额为11镑，远远低于市场水平，因此几乎所有的投保人都选择市场利率的年金支付率。保证条款没有增加保单成本，英国公平人寿对有保证条款和没有保证条款的保单都按同样的标准支付终了红利。90年代以后，市场利率急速下降以及期望寿命延长，使市场利率下的年金支付率降低到每100英镑保费8镑，于是很多投保人都开始选择保证年金水平。为了弥补保证成本，公平人寿没有增加保证年金的保费，而是试图减少那些选择保证年金的投保人所得到的终了红利。这种做法遭到了投保人的强烈反对。2000年，英国最高法院裁定，公司的红利方案未能公平对待不同年代的投保人，公司必须基于“保单持有人合理预期”向所有保单以同样标准支付终了红利。由于巨额负债，公平人寿无法继续经营，2000年6月公司停止签发新保单，进入准清算状态。

保单持有人对分红水平的合理预期，来自产品的描述、销售宣传、公司发布的分红政策、与保单持有人之间交流的文档资料、历年分红水平、广告和媒体宣传等。为满足保单持有人的合理预期，保险公司必须公平对待股东和投保人，公平对待不同代际的投保人。

复习思考题

1. 应用生命周期理论分析人们对定期寿险的需求。
2. 解释年金之谜。
3. 对产品进行可行性分析时要考虑哪些问题？
4. 为什么核保对于保险业务的经营非常重要？
5. 为什么保险产品的经营需要有资本来支持？

第六章 产品定价

学习目标

1. 理解产品定价策略中涉及的利益相关者及其需求
2. 理解垄断租金在保险行业中的表现
3. 了解定价模型中的几个主要变量
4. 了解精算师在产品定价中的法定职责

本章讨论的问题是如何得到满足各方要求的产品价格，先讨论产品的定价策略，随后再介绍索赔成本和费用这些定价假设的确定原则和方法，最后说明精算师在定价中的法定职责。

第一节 利益相关者

保险公司的任何一项决策都涉及多方利益，每个利益相关者都希望决策能对自己有利，但他们的目标并不一致，有时甚至是互相冲突的，所以保险公司在制定决策时要平衡各方利益，偏向任何一方都将使决策在执行过程中遭遇到利益冲突方的阻力，可能无法达到预期目的。保险产品的定价策略涉及的利益相关者有股东、客户、雇员、中介、政府和监管机构。

保险公司的股东包括拥有公司股票的投资者和分红保单持有人。分红保险的费率比不分红保险更高，投保人多交的保费可以看成是投资给保险公司的资本，这些资本在弥补风险的同时也给分红保单持有人带来回报。在产品定价上，拥有公司股票的股东希望产品定价足够高，从而获得较高的利润。分红保单持有人的目标与股东略有不同，他们并不希望保费过高，但只要公司有丰厚的分红和公平透明的分红策略，他们可以容忍较高的保费。定价模型中，用利润或利润率来反映股票投资者的要求，用预定分红水平反映分红保单持有人的要求。

投保人对产品定价的要求是性价比高，用低的价格购买优质和较高的保障。当各家公司的产品保险责任类似时，客户会选择费率较低的产品。保险责任比较简单的产品，如定期寿险和车险，客户对其价格的敏感程度更高。分红保单持有人能够与股东分享利润，他们能接受较高的费率，但是也要求得到与高保费相匹配的保单分红。在选择保险产品时，客户会比较市场上其他公司的产品价格和分红情况。所以，即使分红产品在定价时设定了较高的保障成本假设，有时保险公司迫于分红的压力也必须将这部分利润分配给投保人。

保险公司的内勤和管理人员在乎的是稳定的工作、较高的薪酬以及与收入匹配的工作压力。如果计算机和自动化还不能减少人工成本，合理的工资增长率是定价中必须考虑的因素。

销售人员要求得到较高的佣金收入，而且佣金越早得到越好。但将大部分佣金提早支付，销售人员持续维护保单的动力会降低，增加公司退保率，以及增加道德风险。佣金结构也是产品管理和定价中需要考虑的问题。

监管机构更多的时候是以维护消费者利益为目标的。它们既不允许保险公司故意缩小保险范围而牟取暴利，也不允许保险公司为了竞争而压低价格，危及经营安全。政府和监管机构都希望保险公司作为社会保障体系的重要部分，能够维持稳定的经营，也给国家带来稳定的税收收入。监管机构可能会通过价格管制、规范产品责任和最低风险资本要求等手段来控制保险公司的经营风险。

第二节　利　润

保险产品的价格由索赔成本、费用和利润三项构成。本节我们先讨论利润。产品的利润不是一个简单的数字，而是由多种要素构成的。只有合理地确定了每一个要素，才能达到最大化利润的目标。利润由资本成本、创新利润和垄断租金三个部分构成。

一、资本成本

资本成本是资本提供者要求能够弥补投资风险的回报。资本成本可以用机会成本来解释。机会成本回答了这样一个问题：如果股东不把资本投资到保险公司，而是选择其他的风险类似的投资项目，得到的回报率有多少?

资本成本必须反映两种成本：一是货币的时间价值；二是风险补偿。

货币的时间价值也是对投资者延迟消费要求的补偿。投资者将资金投入到项目中，放弃了当前消费，将消费延迟到获取投资回报后。对投资者来说，当前消费的效用比未来消费的效用高，这一效用的差异就是货币的时间价值。

风险补偿是指投资到保险公司的资本用于支持弥补保险经营的风险，投资回报是不确定的，投资者要求投资回报能补偿这种风险。对于风险厌恶的投资者来说，风险补偿必须为正；对于风险中性的投资者来说，风险补偿可以为零；风险爱好的投资者则可以容忍负的风险补偿。当然，后两种情况很少见。

货币的时间价值和风险补偿都由市场决定。确定资本成本的一个常用的模型是资本资产定价模型(CAPM)。模型假设资本成本等于无风险利率加上系统风险溢价，无风险利率就是货币的时间价值，可以用固定收益产品的市场价格计算。系统风险溢价等于投资项目的 β 系数乘以扣除无风险利率后的市场回报率。β 系数根据投资项目回报率与市场组合投资回报率的相关系数计算，反映了项目的系统风险，也就是与整体经济环境变动相联系的风险。非系统风险与市场整体表现无关，可以通过分散投资组合来降低；系统风险无法用分散的方法减小，因此需要补偿。比较复杂的系统风险溢价模型除 β 系数外，还包括投资回报率与其他经济变量的相关关系，如通货膨胀率、经济景气指数、投资者情绪等。保险公司的利润越来越多地依赖保险投资的贡献，不少产品的系统风险较高、资本成本较高。

在一个有效、无交易费用、信息充分的市场上，非系统风险可以分散。理想的市场不存在，市场总是存在小公司效应和金融困境等“摩擦”成本，这些风险无法分散，必须考虑进资本成本中。

小公司需要更多的资本来扩大规模，但筹集资本的难度也比大公司更高，小公司面临更高的资本成本。

大型的专门再保险公司业务分散，资本雄厚，抗风险能力强，资本成本较低。利用再保险筹资的成本比发行股票更低，最简单的融资方式是保险公司将现有业务用成数再保险全部卖给再保险公司，保险业务的全部风险都转移，不再需要保留保险负债，再保险公司支付的所有再保险费都可以作为资本，相当于把保险业务的未来利润卖给了再保险公司。利用再保险筹资不仅成本比股票低，还不影响公司的控制权，而且效率高。

金融困境成本是指业务现金流不足而陷入困境时，筹资成本超过正常水平的部分。减小破产风险是降低成本的最好办法，如用年金产品的长寿风险对冲寿险产品的死亡风险，尽可能匹配资产与负债。

非系统风险在定价中用两种方式去体现：一是提高资本回报率；二是在折现前调整现金流，例如国际会计准则中提出的风险边际法。

资本成本只是利润的最基本要求，很多产品能够达到更高的利润，原因在于创新利润和垄断租金。

二、创新利润

创新产品和创新的销售渠道可以产生很高的利润，远远超过改革和创新的风险和成本。创新利润随着竞争者模仿相同的产品或销售方式而降低，最后消失，创新利润不是永久性的。要想获得创新利润，企业必须不断地推出新的产品或新的经营思路。保险产品是一种金融合同，竞争对手只要采用价格跟随战略就可以模仿，创新的压力比其他行业更高。

三、垄断租金

企业利用兼并和收购扩大规模，在市场中取得垄断地位。如果需求量保持不变，处于垄断地位的公司就可以提高产品价格以增加利润，因为消费者没有更多的选择。这种增加的利润称为垄断租金。

阅读材料 行业整合和高费率引发对美国健康保险的担忧

一些美国消费者已经注意到，近年来可供他们选择的私人健康保险的险种越来越少。在上周，他们的种种担忧或许得到了印证。美国医学会新近发布的一份报告指出，在80%的美国大城市，健康保险市场缺乏真正的商业竞争。这份刚刚出炉的分析报告大概有助于解释为什么保险行业在美国国内的业绩停滞不前，而在国际市场却能持续增长。

为了起草2011年度的《美国各地健康保险业竞争状况的综合研究报告》，美国医学会按照联邦政府评估市场集中度的新标准调查了私人健康保险的市场份额，范围遍及48个州的368个主要城市。调查者采纳了来自各地健康维持组织（HMO）和优先提供者组织（PPO）的最新参保数据。该数据组未包括与公共卫生保健计划有关的研究，比如老年医疗保险制度和医疗补助制度就被排除在外，但那些决定自付私人保险费用的美国人则被计算在内。

美国医学会的这份研究报告显示，在接受调查的美国83%的大城市市场中，健康保险公司“严重缺乏”竞争。美国医学会认为，根据美国司法部和美国联邦贸易委员会去年发布的《横向合并指南》最新修订版，这些健康保险的市场环境应被界定为“高度集中”。如果按照联邦政府评估市场集中度的旧标准，结果就会更糟：由于单个保险公司占有至少42%的市场份额,98%的大城市将归属为“市场高度集中”。美国医学会论证说,连续多年的行业整合显然已经阻碍了竞争,限制了消费者的力量,实际上也会引起对几家大公司的反垄断诉讼。

报告表明,在接受调查的一半左右的大城市市场中,至少有一家健康保险公司占有50%或更多的商业市场份额。更有甚者,在调查到的48个州中的24个州,州内最大的两家健康保险公司所拥有的健康保险客户数量加起来就占有市场总额的70%或更多。数据显示:亚拉巴马州的健康保险市场最缺乏竞争,两家保险公司大体上控制着95%的市场。接下来,9个健康保险市场最缺乏竞争的州依次是阿拉斯加州、特拉华州、密歇根州、夏威夷州、华盛顿特区、内布拉斯加州、北卡罗来纳州、印第安纳州和缅因州。与此同时,俄勒冈州健康保险市场上的竞争在美国则是最充分的,其最大的两家保险公司合起来仅仅控制着39%的市场份额。

因此,由于美国各地更多的商业市场开始被一两个保险集团主宰,美国健康保险行业的竞争格局正在不断恶化。美国医学会2009年曾对42个州进行过调查,当地两家保险公司加起来占有70%或以上的市场份额的现象仅仅出现在18个州。在只有少数几家公司主宰的健康保险市场,保险公司的收益增长一直快于平均健康支出的指数上涨。在这些市场上,保险公司已经能够向雇主和家庭征收最高限度的保险费率,最终会形成真正的价格壁垒。撰写今年报告的作者们认为,大型保险公司的垄断倾向在很大程度上被忽视了。如果不进行更严格的监管,这种倾向就将继续对市场竞争构成制约。美国医学会主席彼得·卡梅尔指出:“美国医学会还没有数据证明,一些健康保险公司通过合并和收购等方式反对竞争以获得市场影响力达到了何种程度。”他还补充说:“我们发布新报告的目的是为了帮助监管者、立法者、研究人员和决策者识别出在哪些市场上健康保险公司的合并会造成对患者、医生和雇主的损害。”

目前,在美国各地健康保险市场出现的过于集中的现象多半是美国健康保险行业内部不断加大力气进行整合的结果。据一些报告披露,美国过去14年牵涉到健康保险公司的合并实际上已经超过400起。合并和收购活动既能带来行业表现的提升,也会引发对市场支配力的运用,而后者反过来会对卫生保健提供者和消费者造成有害影响。美国医学会认为,控制健康支出和保险费的一个主要方法就是在市场上建立健康的竞争。与此同时,他们在报告中呈现的那些数字,应该引起美国健康保险行业在反垄断方面的担忧。

无可争辩的是,美国人当前在健康保险和卫生保健上的支出比以往任何时候都多。凯泽家庭基金会9月份发布的一份报告显示,2011年雇主出资投保的家庭保单一年保险费的平均金额达到15 073美元,比上一年度上涨9%。凯泽家庭基金会特别指出的是,美国家庭保单的总体成本在过去10年间增长了1倍(2001年健康保险费的年平均金额是7 061美元)。伴随着保险费用的急速上升,同期实际工资的增长幅度只有34%,这使得许多人为了承担卫生保健费用,四处借债或不得不放弃生命攸关的治疗。在失业率居高不下的经济不景气时期,许多雇主发现自己大可不必再为了吸引或留住员工而提供合算又实用的健康津贴。雇主们也已经在尝试着把不断增加的卫生保健费用转嫁给员工,从而使保险更加令人难以企及。美国统计局的最近数据显示,去年美国所有全职雇员中有15%也就是1 430万人没有保险。

目前还不清楚奥巴马政府的《平价医疗法案》将在多大程度上影响到健康保险费用、保险险别和相关竞争,因为政界和各个法院还在就该项卫生保健法律的许多重要方面争论不休。根据《平价医疗法案》的条款,到2014年,几乎所有美国公民都必须参与健康保险,否则就将面临罚款。这部联邦法律要求普通民众购买的保单应该达到某些最低标准。这项个人强制保险当前在26个州正面临着法律上的挑战。这些州主张,美国政府不能强迫其公民涉足这样的商业活动。有几个联邦法院已经裁定该项个人强制保险违反美国宪法,预计美国最高法院很快就会对这一争议做出最终裁决。

对于那些专注于提供国际性保险服务的公司，费用和竞争方面的担忧就没那么明显。美国的健康保险单所面临的一系列限制不仅根源于保险公司，也在于卫生网络的便利性，比如在医疗设施、医生和治疗方案上的选择就很有限。为了避免受到美国卫生保健费用飙涨的影响，许多国际性健康保险项目的承保范围以两个区域为主：全球或美国以外的所有地区。一般来说，这些国际性的健康和医疗保险项目会提供在任何医院就诊的机会，也可以接触到任何卫生保健方面的专业人士。年龄问题或已经存在的病症不会成为拒保的理由，而且保证可以续约，甚至在美国发生某些事件时能够提供紧急保险。的确，国际性健康保险行业的市场一直保持着更加开放的态势，健康支出的上涨受到抑制，并且与美国本地传统保险项目相比，其项目显得更有竞争力。总部设于美国的保险公司已经注意到对这类产品的需求，所以自身通过在新兴国际保险市场的合并和收购向国际市场扩张。

（资料来源：程喜龙编译，摘自《中国保险报》，2011 年 11 月 14 日。）

公司经营需要有目标，其中之一就是利润目标，股份制的保险公司为股东创造财富，自然要以利润最大化为目标。资本成本由市场决定。公司即使可以利用再保险降低筹资成本，也需以牺牲未来利润为代价。垄断租金损害消费者利益和公平的经营环境，会遭到来自社会的控诉和政府管制，只有创新利润才会给社会带来正能量。在竞争市场中，富有创造精神的公司提供创新的产品和更优质高效的服务以获得创新利润，这可以带动更多的公司通过模仿或改进而进入市场，客户的需求得到满足，整个行业的经营效率得到提高。如果市场不是充分竞争的，例如人寿保险市场上很容易形成少数几家大公司垄断的局面，为了不引起市场的反感和监管机构的管制，公司可能会将利润目标设置一个上限，以维持现有的市场结构。相互制保险公司和一些非营利的保险机构，主要的功能是为投保人提供稳定的保险保障。尽管相互保险公司出售的所有保单都是分红保险，投保人能够分享利润，但投保人更重视的是长期稳定的分红水平以及保单带来的保障。过高的利润分配会危及保单的安全。所以，这些公司和组织以满足资本成本和其他筹资成本为利润目标，任何创新利润都会分配给所有投保人，或捐献给公益事业，或用于改善员工的生活条件。

产品定价时通常以利润不低于某个最低标准来表示，例如内部收益率不低于 12%或 15%，或者边际利润率不低于 5%（边际利润率等于新产品未来利润以资本成本折现后的现值与保费现值的比值），利润现值与佣金之比不低于 40%。设置最低利润目标而不是追逐利润最大化的理由是，这样的利润水平是合理的，超过这一目标被视为不公平，市场不会接受，政府会干预。

定价中设置的资本成本是基于长期的市场价格和经验来估计的，而不是短期的波动。资本成本用市场价格计算，股票的价格一年中波动幅度可以达到 30%，意味着高价时的筹资成本比低价时的筹资成本低 30%。同时，β 系数会随时间发生很大变动，摩擦成本也很难估计。

第三节　定价策略

总利润等于利润率与销量的乘积，每类产品的客户群、销售地区都不一样，利润率越高，销量越小，为达到总利润最高，不是所有产品的利润率都必须相等。定价策略就是要为每个目标市场设定价格，以达到总利润最大。定价策略要遵循以下几个原则：

1. 服从整体战略

产品定价策略要服从公司的整体市场策略，例如进攻型的市场策略需要削减价格以提高销售量。

2. 价格要能弥补边际成本和固定成本

边际成本与产品销量成正比，价格中必须包含边际成本，例如保险基金的管理费，如果保险资产的管理佣金为0.4%，那么保险产品的保费中也要包含不低于0.4%的资产管理费。除此之外，还要能弥补资产管理部门的管理费用。

3. 利润率受市场制约

有些市场对价格非常敏感，只能设置最低的利润率，有些市场能接受很高的价格。要根据市场的特征设置利润率，使每个市场得到的收益都最大化。还有些产品的销售是为了增加其他产品的销量，定价可能低于利润目标甚至比边际成本还要低。公司用产品组合的总利润来衡量是否赢利。不过，当产品组合中的高利润产品不再能继续保持高位，无法弥补亏损销售产品时，就要及时调整产品组合。

4. 根据产品的生命周期制定定价策略

新产品被市场接受需要一个过程，市场份额小，为进入市场，公司对新产品很难设置较高的利润率，除非是市场需求很高的创新产品。随着产品销量的提高和市场打开，公司可以逐渐提高价格，这时产品才能实现盈利。当其他公司开始跟进，市场需求不断得到满足后，产品销量会达到饱和点，这时销量又开始下降，但利润仍会在很长一段时间里维持较高的水平。

5. 关注客户价值

保险公司的有些费用与保额和保单数量无关，对高保费或高保额的保单给予费率优惠是公平合理的做法。也有一些非常富有的客户，宁愿支付费用来获得专门服务，可以为这些客户开发出专门的高档产品，只要服务质量保证，他们能够接受高价格。

6. 被动定价

如果价格不是影响销量的主要因素，保险公司可以采用被动定价策略。例如参考其他公司的价格或使用上一年的价格。用成本和费用的一定比例来确定利润，例如人寿保险的公式定价，也是一种简单的定价方法，只要能保证利润目标对客户公平，市场能够接受即可。

第四节　赔付成本估计

一、数据来源

有很多成熟的统计模型用于估计保险赔付成本，但数据无疑是最重要的。数据不仅用于估计模型中的参数，还要用来判断模型是否需要调整。例如，在财险业务中，基于前几年赔付数据的经验模型产生的估计值总是比实际赔付成本低得多，主要原因在于很多变量发生了改变，如已发生未报告赔付、重立案件赔付、新出现的损失、索赔通胀和新的法庭裁决等。

现有产品的数据和经验可以直接用在同一产品线的其他产品定价上。新产品就需要参考文献、经济和人口数据了。人寿保险、失能保险和年金的数据来源有寿险行业经验生命表、人口普查生命表、再保险公司和咨询公司的研究成果。要根据本公司目标市场调整原始数据，在寿险行业中，一些公司统计的死亡率可以达到其他公司的两倍，因此行业生命表通常要经过调整后才能用于定价。疾病发生率和医疗费用等数据来源于医院和医学研究的统计结果。财产保险业务的数据主要来源于行业经验，例如车险。另外，再保险公司也能提供技术支持。

有些保险风险比较稳定，精算模型的参数变化缓慢，模型可以得到合理的估计。失能保险和责任保险等险种，其模型拟合效果可能就很差了。因为失能率不仅与工作性质和被保险人的健康状况有关，还与经济环境有联系，经济萧条时人们会尽量延长领取给付的时间。责任保险也是一个棘手的风险，赔付成本主要决定于少数的大额索赔，而且赔付申请时间不能确定。有些财产保险很容易发生大额赔款，导致赔付成本的概率分布不稳定。

二、风险分类

风险分类也是在估计赔付时必须考虑的问题，不是每种统计上显著的因素都可以作为定价因子，如果这些因素很难收集信息，就容易产生道德风险，还有些因素不被市场接受，例如有些国家不接受女性年金保费比男性保费更高的做法。

以下是一些保险产品可能采用的费率因子：

(1)人寿保险和健康保险：年龄；性别；期限；健康状况；日常习惯，尤其是吸烟；定居地区；种族；收入；职业；婚姻状况。

(2)机动车辆保险：年龄；性别；车辆类型、用途，车龄以及价值；经常停放的场所。

(3)房屋保险：房屋结构；地理位置；房龄。

(4)家财保险：防护措施；放置地点；财产所有权。

阅读材料

车联网将引发“车险革命”

——访人保财险执行副总裁王和

随着物联网、移动互联等新技术的发展，车联网[①]将汽车产业带到产业革命的最前沿。

“未来，保险业将在车联网中扮演越来越重要的角色，而车联网也将从根本上改变保险业，尤其是汽车保险。”中国人民财产保险股份有限公司(以下简称“人保财险”)执行副总裁王和在接受《中国保险报》记者采访时表示。

保险或成车联网的“杀手级应用”

“群雄逐鹿、诸侯混战、硝烟四起……”王和用这样几个颇具战国色彩的词语形容目前国内车联网市场的发展态势。

王和对记者介绍，目前我国从事车联网业务的主体甚众、横跨多个行业。车联网市场可分为前装及后装两类。前装的经营主体主要是整车厂家，在汽车出厂时就安装了车联网设备，其中一个重要目的是增加客户黏度，提高返厂率，如通用汽车的安吉星等；后装是在汽车使用后再安装设备，经营主体较多，包括移动运营商、地图提供商及包括保险公司在内的其他相关行业等。

然而，尽管参与者对车联网市场的热情高涨，却难见可持续的运营和盈利模式。以整车厂家为例，尽管在汽车出厂时安装了车联网设备，但由于单一品牌的局限性，安装范围有限，且各家厂商的设备不一，难以兼容，呈现碎片化的现象。此外，续费率低也是困扰厂商盈利的关键

① 根据中国物联网校企联盟的定义，车联网(Internet of Vehicles)是由车辆位置、速度和路线等信息构成的巨大交互网络。通过GPS、RFID、传感器、摄像头图像处理等装置，车辆可以完成自身环境和状态信息的采集；通过互联网技术，所有的车辆可以将自身的各种信息传输汇聚到中央处理器；通过计算机技术，这些大量车辆的信息可以被分析和处理，从而计算出不同车辆的最佳路线、及时汇报路况和安排信号灯周期。——摘自百度百科

性问题。

“车联网市场无疑是一块‘天大的蛋糕’。这个市场上‘谁主天下’,关键要看谁能够提出真正意义上的客户价值主张。”王和表示,“车联网经营亟需一个‘杀手级的应用’来达到这一目的。”

定位导航曾是车联网早期最基本也是最具吸引力的应用。此后,随着车联网技术的逐步发展,道路救援、加油维修、安全管理等也逐渐普及。但目前这些应用与期待的“杀手级应用”相距甚远。

“从国内车联网市场的发展阶段来看,保险最有可能成为车联网所期待的这个‘杀手级应用’。”王和说,曾有国外保险公司就保险消费者对车联网保险的接受度进行调查,84%的受访消费者表示愿意参与及使用。

可能引发“车险革命”

“车联网将从根本上改变车险行业,可能引发一场革命。”王和认为,这是未来发展的必然方向。

在车险市场的发展过程中,定价模式一直是推动车险进步的重要因素。按照发展阶段的不同,车险的定价方式主要有保额定价、车型定价及使用定价(UBI,Usage Based Insurance 基于使用量的保险)三类。我国目前仍处于保额定价阶段,并正在向半保额、半车型定价过渡。而国外发达保险市场的车险已经步入 UBI 阶段。“车联网保险从一定意义上来讲就是 UBI。”

王和表示,传统的保险定价因子包括“从车、从地、从用和从人”。其中:“从用”是指使用类别是营业用车还是家庭自用车;“从人”是指静态概念下的因素,如年龄、性别、婚姻、职业等。而 UBI 定价中的“用”和“人”更多的是指动态概念,基于个体的实际使用情况,包括行驶里程、时间、区域及驾驶行为习惯等,其中驾驶行为是考量的重点。通过前端感应系统,记录使用行为数据,建模分析并量化驾驶行为,构建基于行为科学的安全评分体系是车联网保险应用的重要基础。

与此同时,车联网保险在防止盗窃风险和保险欺诈方面也能够发挥很好的作用。

“‘使用’是车辆保险的主要风险因素,因此,传统的保额和车型定价均面临科学性和公平性的挑战。车联网技术及 UBI 的定价方式将从根本上改变目前的车险业态,并推动我国车险的本质性进步。”王和说,“我始终认为保险业的未来属于基于新技术创新应用的商业模式创新。从车联网保险的角度看,这里的‘新技术’就是车联网,‘创新应用’就是 UBI,‘商业模式创新’就是车险的 2.0 时代。”

在王和看来,车联网保险将助推我国车险迈入 2.0 时代。他赋予“车险 2.0 时代”的定义是更加关注并突出客户体验,其内涵有三:一是科学定价,为客户提供更为合理和廉价的车险产品;二是个性化服务,给客户更好的个体体验;三是发挥正外部性,即对社会管理发挥积极作用,如促进和谐交通和绿色交通、提高人们文明驾驶的意识等。

商业模式需渐行渐明

尽管车联网保险的前景广阔,但王和坦言其技术、管理和盈利模式也待渐行渐明。

王和表示,保险业开展车联网保险面临两个很具体的挑战:一是技术路径;二是管理路径。

从技术路径来看,有两个关键:一是绑定技术,二是通信解决。绑定是解决与保险车辆的刚性关联,防止道德风险。利用 OBD(On Board Diagnostics 车载自动诊断系统)接口是主流选择,有效实时状态监测是关键。通信解决有两种方式:一是依托智能手机,通过蓝牙连接;二是自带通信模块,后者面临额外的成本问题。与通信相关的还有一个技术问题是“前计算”和

“后计算”的方案选择。

从管理路径来看，核心问题是平台建设与运维管理，即谁负责车联网保险的后端平台。从目前的情况看，有保险公司自建平台的，也有保险公司与外部机构合作共建的，还有将平台进行托管的，更有将车联网保险的应用寄生在其他车联网平台的。

重视并审慎是发展的关键

目前车联网保险的发展状态存在明显的“墙内开花墙外香”现象，业内关注研究的相对少，重视也不够，反而是业外的热情很高，也非常积极。但从总体情况看，大多数仍停留在概念层面，而关注技术和业务，特别是可操作和“能落地”的整体解决方案相对少。王和认为，保险行业应该对车联网保险予以更多的重视，同时，应当以更加务实的态度，开展专业和系统研究。

王和表示，行业车联网保险的发展应关注并解决好以下几个问题：

一是要做好顶层设计。车联网保险不是一个简单的技术应用，而是商业模式的变革。因此，在模式确定、技术选择和标准制定等方面要有所规划，防止一哄而上、碎片化及重复建设，切实维护行业利益。

二是与商业车险改革形成良性互动。我国的商业车险改革已全面启动，车联网保险需要与这个大形势相配合，在改革的总体框架下，循序渐进地开展工作，成为改革的助推器。

三是审慎和有限的应用。我国保险市场发展仍不成熟，车联网保险的发展不可急功近利，更不能炒作概念，避免误入歧途。从国外的实践看，也有很多教训值得记取。

四是加强行业的指导和协同。车联网保险具有很强的技术性，要强化对行业的指导，有序开展外部合作，共享行业资源，特别是切实保护行业的数据资源。

五是加强理论和技术的研究，培养专门人才，为车联网保险的持续健康发展奠定基础。

六是加强与政府及相关行业的宣导及合作，发挥好车联网保险的正外部性特征，强化社会管理功能，实现科学发展。

从国外的实践情况看，车联网保险对保险公司来说是一把“双刃剑”：一方面，它能够为科学定价创造条件，较好地解决“定价失灵”问题，特别是能将原来风险度较高，或不可保的群体纳入保险保障范围，扩大保险公司的业务规模；另一方面，一些保险公司利用车联网保险进行恶性竞争，导致逆选择情况加剧，使得车险总体费率水平降低，对保险行业的经营稳定形成压力。此外，在车联网保险应用过程中还涉及客户的隐私保护问题。若解决不好，也将影响客户体验和行业声誉。

“尽管车联网保险模式仍待摸索，但其作为未来车险的发展趋势是肯定的。同时，车联网保险能够给社会带来促进安全驾驶、绿色交通等溢出效应十分明显——这也是保险行业要做车联网的最大动因。”王和说。

（资料来源：《中国保险报》，2014 年 7 月第 3456 期。）

三、简便性

实际工作中，复杂的方法不一定比简单的方法更好。如果数据不合适，复杂模型也会产生较大的误差。例如，寿险定价中的死亡率通常依据过去三年的死亡经验估计，而保单的保险期限覆盖的是未来若干年，死亡率的发展会造成定价误差，这种误差有可能完全抹杀复杂模型带来的精确度提高价值。

如果因计算机系统和数据限制，对不同种类的风险无法用足够的数据去估计赔付，则可以采用贝叶斯方法，从已有信息中得到一个粗略的先验估计，再利用最新的经验调整得到后验分布。

四、安全附加

基于经验数据得到的参数估计值不能直接用于定价，还要考虑数据缺陷、模型误差和估计误差，在初始估计值上增加安全附加。安全附加要适中，过高的安全附加带来的费率不具有竞争力，过低的安全附加导致费率定价不足。

基于经验数据的估计值要调整以反映未来的变化趋势，例如年金产品定价时，要考虑死亡率的降低趋势，在初始估计值上减少一定的幅度。

五、再保险成本

再保险成本是指再保险公司收取的再保险费。再保险的风险费率可能比原保险的风险费率低得多，原因是再保险公司接受多家公司的业务，风险的分散程度更大，再保险公司业务规模大，能够收集更多的信息，风险定价更准确。与财产保险一样，再保险市场也存在承保周期，再保险费的波动较大。比例再保险的再保险成本容易估计；非比例再保险要估计再保险费和再保险赔付，比较复杂。

六、保证和选择权

人寿保险业务可能保证退保金金额，投资型人寿保险业务可能提供最小投资回报保证，有些人寿保险产品提供保证续保或保额增加的选择权。这些保证和选择权的价值要反映在费率中。投资保证相当于金融衍生产品，Black-Scholes 公式之类的衍生产品定价方法理论上可行，但不适用于长期保险产品，有许多更合适的精算模型，这些模型的结果都表明保证和选择权的成本非常高，所以在提供这些条款时保险公司要慎重考虑。

第五节 费 用

费用是指保险公司为销售和管理保险产品而发生的营销费用和管理费用。从会计系统中归总的费用要进行费用分摊，把每项费用分摊到每类产品中。找到费用与保费、保额之间的关系以及费用发生的时间，才能用于保险产品定价。

一、费用分类

会计系统记录了费用的类型、产生时间、核算方式、产生部门和产生原因。费用的类型有薪酬、佣金和手续费、租金等。费用的核算方式是指费用是当期计入还是分期摊销。费用的产生部门是指保险公司的职能部门，如保单管理部门、核保核赔部门。产生原因是指费用是由哪些业务产生的，如个人寿险业务、团体医疗保险或年金。

分期摊销是会计上的术语。如果费用产生的收入在发生当期无法体现在利润表中，而是分布在以后的若干年里，按照收入支出匹配的会计原则，费用要在收入实现的若干年里逐年确认。需要分摊的费用的数额都比较大，如购建计算机系统。很难有一个准确的模型去估计收入的实现速度，会计中通常采用简单的直线法来分摊。

有些费用没有详细记录产生的原因，如人力资源部门的费用，这时需要用分摊的方法确定这些业务支持部门的费用分摊在每类业务上的比例。分摊的方法是否合理，要用抽样或其他模型进行检验。现代社会的变化很快，很多新的费用不一定能沿用历史方法。

二、固定成本

固定成本是指那些不随业务量变化的费用，如公司的CEO、会计师和精算师的工资收入；信息管理部门的支出等。不管业务规模多小，CEO、会计师和精算师的工资收入都是必须支出的，计算机系统的维护、财务报表的编制等这些职能部门的费用也与业务规模关系不大。不过，固定成本不是一直不变的，长期来看，业务规模扩大到一定程度，小公司成为大公司，CEO的报酬要增加，业务管理系统也要扩张，保单业务部门的工作量增加，人工成本也会增加。所以，固定成本与可变成本的划分是从一段时间来看的。长期而言，所有的费用都是可变成本。

有两种定价策略：全成本定价和边际成本定价。边际成本定价可以得到有竞争力的费率，但牺牲了公司的利润。如果全成本定价的费率太高，定价中可以只考虑一部分固定成本，不能用费率弥补的固定成本部分由股东来承担。

三、佣金

佣金与保费和保单数量直接相关，可以将佣金分配到每张保单上。但是，设置新产品的佣金率比费用分摊要难得多。事实上，佣金率通常按照市场平均水平来设定，与历史经验关系不大。所以，即使能够很容易地把佣金分摊到每个产品上，这些经验对定价的帮助也很少。

寿险产品的佣金分好几年支付，有些部分与保费成比例，有些部分与保单数量成比例，还有些奖励佣金，奖励那些业务能手。寿险产品的佣金结构非常复杂，佣金的种类有以下几种：

(1)初佣。保单承保后就支付，等于保费的一个百分比。保障型产品的佣金率高，有些国家甚至超过首期保费的100%；储蓄类产品如两全产品较低，在20%以下。趸交保费的佣金率为保费的2%～5%。

(2)续佣。从第二个保单年开始支付，在若干年内逐年减少。储蓄产品的续佣通常为保费的3%～5%，保障类产品的稍高，可以达到10%。

财险产品的佣金比较简单，一般是保费的百分比。

佣金是新业务销售和后续业务维护的回报，初佣和续佣的比例影响业务的质量，为了鼓励销售人员留住老客户，稳定地、持续地续佣必不可少。此外，衡量工作量应该依据为工作付出的努力，仅仅以销售量来决定佣金的做法无法建立和谐的公司文化。销售管理、业余时间的加班和销售前的准备，都应该得到佣金回报。

四、费用驱动因子

定价中的费用假设用定价模型中一些变量的百分比来表示。我们通常选择代表业务规模的变量来计算费用，如保费、保单数、保额和基金总价值等，这些变量称为费用驱动因子。为确定费用与驱动因子的比率关系，要将会计系统提供的费用分摊到每个产品上。可变成本的驱动因子比较容易确定，固定成本中那些与业务没有直接关系的部分，如总经理的工资、人力资源成本等，需要分配到每种职能和每个产品上，再根据费用的特征和费用驱动因子计算费用率。

(一)人寿保险的费用分摊

将可变成本按照费用的性质划分为首期费用、续期费用和理赔费用。首期费用通常包括初始佣金、产品开发费用、营销费用、核保费用、保单处理费用、计算机系统开发成本。续期费用包括续期保费财务处理、变更保单事项、编制和发放分红财务报表等保单维护费用，投连产品还包括基金管理费。理赔费用包括赔案处理、核赔和支付赔款过程中发生的费用。按照这些费用的性质找到与其对应的费用驱动因子，如保费、保单规模、保额和基金规模，费用与费用驱动因子之比即为费用率。

固定成本中那些与业务没有直接关系的费用要按照一定的规则分配到每类业务中，再按照可变成本的分摊方法找到驱动因子，估计费用率。固定成本的分摊方法不是唯一的，每家公司都有自己的做法。

费用分配方法建立在公司经营实务和常识的基础上。例如，如果基金管理费用直接从投资收益中扣除，那么就不需要进行分配；或者也可以把保单负债作为投资费用的驱动因子，因为保险基金的规模就等于保单负债。保单处理费用与保单数量成正比，与保额和保费没有关系。保费收取的处理成本与保单持有人数量成正比，同一个投保人名下的几份保单的保费可能同时处理，有多张保单的投保人可以得到费率上的优惠。保单变更成本以保单数量为费用驱动因子。所有赔案都要经过标准的核查过程，这部分费用可能与赔案次数成比例，大额保单的道德风险更高，需要进行更多的调查，赔款费用与保额也有关系。医疗保险的核保费用与保额成比例。如果核保成本产生了较低的死亡率，可以在定价时忽略这一降低效应，将核保费用计入死亡赔付，但要非常谨慎，只有确认核保程序确实起作用时才能实施这一做法。

在判断费用分摊结果是否合理时，精算人员可以将不同产品进行比较，必须有充分的理由去解释为什么有些产品的费用比其他产品高。

（二）财产保险的费用分摊

财险的费用分摊与人寿保险类似，可以简单地只用保费作为费用驱动因子。财险业务的新业务费用与续保业务费用的差异没有人寿保险业务的首期与续期费用的差异那么大。佣金和手续费等新业务获取成本变动大，对利润有较大影响，是关键的项目。赔付费用可能不与保费成正比，如果赔案处理方式改变，这部分费用也要重新分析。不同业务种类的赔付，费用会有非常大的差别。

五、费用率假设

费用分摊后得到的费用率假设代表过去的经验，要经过调整以反映未来费用的增长情况后才能作为定价假设。简单的做法是假设费用率继续延续最近的增长趋势，也可以假设费用按照通货膨胀率增长，通货膨胀率按照指数联结债券的收益率溢价估计。费用率分析的结果可以用于公司制定预算，常用的做法是，按照预测的费用驱动因子和费用率假设计算总费用，用通货膨胀率调整，调整后的总费用就是公司制定费用预算的基础。

阅读材料

保险公司费用分摊指引（部分）

中国保监会 2006 年 9 月发布

一、总则（略）

二、专属费用和共同费用的认定

5. 保险公司应当根据业务的经济实质，将每项费用准确认定为专属费用或共同费用。

专属费用是指专门为某一归属对象发生的、能够全部归属于该归属对象的费用。

共同费用是指不是专门为某一归属对象发生的、不能全部归属于该归属对象的费用。

6. 专属费用和共同费用的认定结果会因分摊目的和管理水平的不同而不同。

6.1　保险公司费用分摊的目的不同，确定的费用归属对象就不同，因而专属费用和共同费用的认定结果也会不同，即同一项费用在不同的分摊目的下会认定为不同的属性。如：当保险公司核算各险种大类的损益时，其费用归属对象是车险、企财险、家财险等险种大类，车险的赔款和车险承保管理人员的薪酬就是车险的专属费用；但当公司核算交强险损益时，费用归属对象就要细化到车险内部的交强险、车损险以及其他车险险种类别，车险承保管理人员的薪酬就成为共同费用，需要采用一定标准在交强险、车损险和其他车险险种之间进行分摊。

6.2　保险公司管理和核算水平不同，费用的细分程度就会不同，费用认定结果也会不同。公司的基础管理越细化，费用记录的相关信息越充分，该费用越有可能直接认定为专属费用，因而越有可能减少需要分摊的共同费用的项目，从而越有可能提高费用分摊的准确性。

7. 保险公司应当根据实际需要和不同的分摊目的，确定不同的费用归属对象，进而准确认定其专属费用和共同费用。以下是常见的三种情况。

7.1　在有些情况下，保险公司需要将费用分摊至险种。例如，保险公司向中国保监会报送财务会计报告、交强险专题财务报告、分红保险专题财务报告以及向中国保险统计信息系统报送数据时，需要将费用分摊到险种。此时，就应当将险种确定为费用归属对象。

险种作为费用归属对象时，专门为某险种发生的费用应当认定为该险种的专属费用。例如，在核算交强险损益时，交强险的手续费、赔款支出、保单印制费、广告宣传费均应当认定为交强险的专属费用。不是专门为某险种发生的、不能全部归属于该险种的费用则应当认定为共同费用。例如，在核算交强险中的家庭用车损益时，交强险的广告宣传费就应当认定为共同费用。

7.2　在有些情况下，保险公司需要将费用分摊至业务类别。例如，保险公司向中国保监会报送偿付能力报告时，应当根据《保险公司偿付能力报告编报规则第9号：综合收益》的规定，将费用分摊至承保业务、投资业务、受托管理业务和其他业务四大业务类别。此时，就应当将业务类别确定为费用归属对象。

业务类别作为费用归属对象时，专门为某类业务发生的费用应当认定为该类业务的专属费用。例如，车险承保人员的薪酬应当认定为承保业务的专属费用。不是专门为某类业务发生的、不能全部归属于该类业务的费用应当认定为共同费用。例如，财务部门和人力资源部门人员的薪酬。

7.3　在有些情况下，保险公司需要将费用分摊至分支机构。例如，保险公司向中国保监会报送交强险专题财务报告时，需要将费用分摊至按照省级（自治区/直辖市）行政区划确定的交强险地区分部（分支机构）。此时，就应当将分支机构确定为费用归属对象。

分支机构作为费用归属对象时，专门为某分支机构发生的费用应当认定为该分支机构的专属费用。例如，某公司北京地区发生的交强险赔款支出、手续费、在北京地区投放的广告费用应当认定为该公司北京地区分部的专属费用。不是专门为某分支机构发生的、不能全部归属于该分支机构的费用应当认定为共同费用。例如，公司在中央电视台投放的交强险广告宣传费应当认定为共同费用。

投资业务费用应当根据不同的费用归属对象，采用不同的认定、分摊方法。例如：当业务类别作为费用归属对象时，投资业务发生的费用应当认定为投资业务的专属费用。当险种作为费用归属对象时，除独立账户资金等单独运用资金的投资业务发生的费用应当认定为相应险种的专属费用外，保险公司不必对其他资金的投资业务费用逐项进行分摊，只需按照资产负债匹配的要求，将扣除投资业务费用后的投资收益在险种之间进行分摊即可。当分支机构作为费用归属对象时,保险公司不必对投资业务费用逐项进行认定和分摊,只将扣除投资业务费用后的投资收益在分支机构之间进行分摊即可。

三、共同费用的分摊程序和标准

8. 保险公司在进行共同费用分摊时,应当将公司部门分为直接业务部门和后援管理部门两类。

直接业务部门是指直接从事保单销售、核保核赔、理赔服务、再保业务操作和管理的部门,如销售、承保、理赔、再保、客户服务等部门。

后援管理部门是指为直接业务部门提供服务和进行公共管理的部门,如财务、精算、信息技术、法律、投资管理、稽核、办公室、人力资源、总经理室等部门。

保险公司应当根据自身的组织架构确定直接业务部门、后援管理部门的范围和具体名称。

9. 保险公司在将部门分为直接业务部门和后援管理部门的同时,应当将需要分摊的共同费用分为人力成本、资产占用费和其他营业费用三类。

人力成本,是指职工薪酬及其相关的支出,如职工工资、职工福利费、职工教育费、住房公积金、社会统筹保险费、补充养老保险费等。

资产占用费,是指由于资产占用而发生或应当承担的费用,如固定资产折旧和租赁费、电子设备运转费、无形资产摊销、土地使用税、房产税、长期待摊费用等。

其他营业费用,是指除了人力成本和资产占用费之外的其他共同性营业费用,如业务招待费、会议费、差旅费、水电费等。

10. 保险公司应当按照以下步骤(流程图见图6—1),采用《共同费用向险种分摊标准表》和《共同费用向业务类别分摊标准表》中规定的分摊标准将共同费用分摊到险种或业务类别:

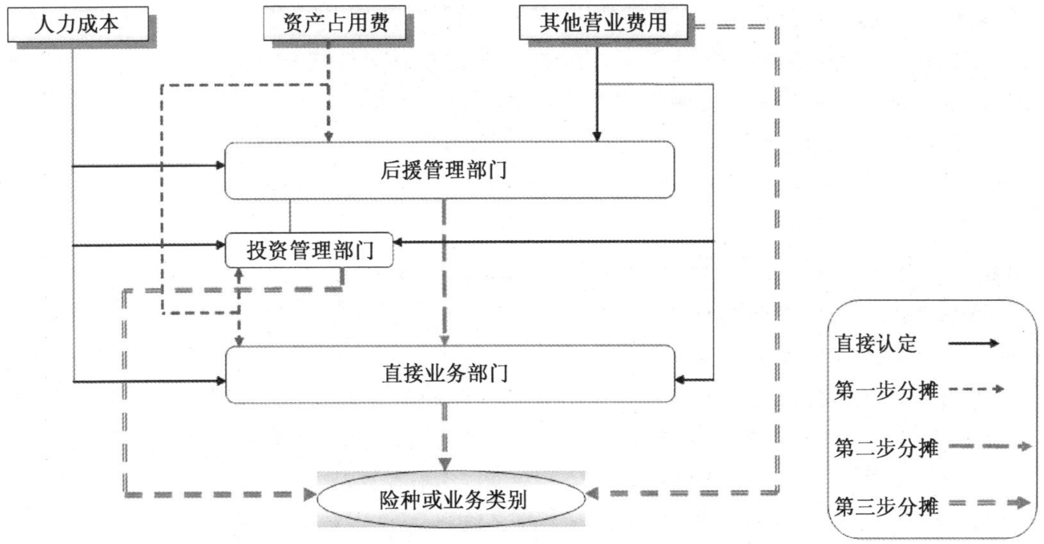

图6—1　共同费用向险种或业务类别分摊流程

第一步:将资产占用费分摊到各部门。

第二步:将后援管理部门(投资管理部门除外)的费用(包括人力成本、分摊的资产占用费以及业务招待费、会议费、差旅费)分摊到直接业务部门,同时将投资管理部门的费用全部记入“投资收益”。

第三步:将直接业务部门归集和分摊到的费用、其他营业费用、投资收益分摊到险种或业务类别。

11. 在遵照《保险公司非寿险业务准备金管理办法(试行)》(保监会令〔2004〕13号)规定的前提下,如果保险公司根据业务的风险特征,对几个险种合并评估其已发生未报案未决赔款准备金,就需要将合并评估的已发生未报案未决赔款准备金认定为共同费用,按照下述公式分摊到各险种:

某险种的已发生未报案未决赔款准备金=各险种分摊比例×(该险种截至报告期末滚动(至少)12个月分保后已决赔款+该险种报告期末分保后已发生已报案未决赔款准备金)

其中:各险种分摊比例=报告期末几个险种合并评估的已发生未报案未决赔款准备金÷(合并评估险种截至报告期末滚动(至少)12个月分保后已决赔款+合并评估险种报告期末分保后已发生已报案未决赔款准备金)

[例6-1] 甲公司2015年12月31日对A、B两个险种合并评估IBNR,结果见表6-1。

表6-1 单位:万元

险种	截至报告期末滚动36个月分保后已决赔款	报告期末分保后已发生已报案未决赔款准备金	合并评估的IBNR
A	200	100	130
B	700	300	

各险种IBNR分摊比例=130/[(200+700)+(100+300)]=10%

A险种应分摊的IBNR=10%×(200+100)=30(万元)

B险种应分摊的IBNR=10%×(700+300)=100(万元)

12. 保险公司应当按照以下步骤,采用《共同费用向分支机构分摊标准表》中规定的分摊标准将总公司发生的共同费用分摊到各分支机构:

第一步:将总公司的资产占用费分摊到总公司各部门。

第二步:将总公司各部门归集和分摊到的费用、其他营业费用、投资收益分摊到各分支机构。

13. 分支机构作为费用归属对象时,原则上保险公司应当在整个公司层面上对各险种的已发生未报案未决赔款准备金进行总体评估,并将评估的已发生未报案未决赔款准备金作为共同费用按照下述公式分摊到各分支机构:

分摊到某分支机构的某险种已发生未报案未决赔款准备金=各分支机构某险种分摊比例×(该分支机构某险种截至报告期末滚动(至少)12个月分保后已决赔款+该分支机构某险种报告期末分保后已发生已报案未决赔款准备金)

其中:各分支机构某险种分摊比例=某险种总体评估的已发生未报案未决赔款准备金÷(各分支机构该险种截至报告期末滚动(至少)12个月分保后已决赔款+各分支机构该险种报告期末分保后已发生已报案未决赔款准备金)

[例6-2] 甲公司2015年12月31日对车损险IBNR进行总体评估,结果见表6-2。

表 6－2

单位：万元

<table>
<tr><th>分支机构</th><th>截至报告期末车损险
滚动 36 个月分保后已决赔款</th><th>报告期末车损险分保后已
发生已报案未决赔款准备金</th><th>总体评估的
车损险 IBNR</th></tr>
<tr><td>A</td><td>2 400</td><td>600</td><td rowspan="2">375</td></tr>
<tr><td>B</td><td>3 000</td><td>1 500</td></tr>
</table>

各分支机构车损险 IBNR 分摊比例＝375/[(2 400＋3 000)＋(600＋1 500)]＝5%

A 分支机构应分摊的车损险 IBNR＝5%×(2 400＋600)＝150(万元)

B 分支机构应分摊的车损险 IBNR＝5%×(3 000＋1 500)＝225(万元)

14. 以上分摊程序不要求考虑后援管理部门之间相互提供服务而产生的共同费用交互分配需求，但有条件的公司可以对以上分摊程序进行必要修正，引入共同费用交互分配程序。

15. 保险公司应当按照资产负债匹配的要求，将投资收益分摊到相应的归属对象。对于资产负债匹配要求相同的资金，应当按照实际可运用资金量的比例将其投资收益分摊到所确定的归属对象。

15.1 在将资产负债匹配要求相同的资金投资收益分摊到相应的险种时，保险公司应当以日、周或月为基础，按照收付实现制的原则确认、计量各险种实际可运用资金量。各险种实际可运用资金量＝期初该险种实际可运用资金量＋报告期该险种实际收到的保费－报告期该险种实际支付的赔款、给付－报告期归属于该险种的实际支出的专属费用和共同费用。保险公司也可以用“期初该险种实际可运用资金量＋报告期该险种实际收到的保费－报告期该险种实际支付的赔款、给付”来简化确定各险种的实际可运用资金量。

15.2 将投资收益分摊到分支机构时，保险公司应当以日、周或月为基础，按照收付实现制的原则确认、计量各分支机构实际可运用资金量。各分支机构的实际可运用资金量＝期初该分支机构实际可运用资金量＋报告期该分支机构实际上划的保费－报告期实际下划给该分支机构的赔款、费用等。

第六节 定 价

保险产品的定价是指确定保费，也就是签发保单时收取的保费或以后各年收入的保费。对于投资连结和万能产品，保费不是一笔现金流，而是包括初始收费、基金买卖差价、保单管理费、风险费用等几种收费的总称。这些收费可能直接从客户手中收取，如初始收费，也可能从基金中定期扣除，还可能暗含在实际收益与结算收益的差价中。

退保金也是人寿保险定价中必须确定的项目，监管法规中可能规定了最低退保要求。保单退保给保险公司带来了利润损失，退保的现金流支出也给保险公司带来资产变现的损失，可以利用退保惩罚来弥补一部分损失。长期人寿保险在初始费用还未完全弥补时，退保金可以设置为零或法规的最低值，以后随着保单负债增加而增加，但如果市场有较大波动，实际支付的退保金可以扣除资产市场价值调整。投连和万能保险的退保金等于账户价值扣除退保费用，退保费用用于弥补初始费用。财产保险在退保时返还扣除管理费后的未满期保费。

最简单的定价方法是经验估计法，用上一年的费率加上通货膨胀的调整，或者跟随市场上竞争对手的价格。当市场对价格不敏感时，这些方法可能能够使公司快速发展，但也容易给公司带来意想不到的风险,尤其是市场变幻莫测时。

理论上说,用模型得到的费率最为合理。模型使用者要清新地意识到,模型依赖于数据和假设,模型是现实情况的简化,数据不足或假设不合理都会使模型得到不正确的结果。而且,产品定价是一项决策,而不仅仅是关在实验室的科学试验。价格要考虑到客户的接受能力和其他竞争对手的反应,受到很多因素的制约。销售人员的意见和客户的购买欲望、监管机构的要求、计算机信息系统的支持,都是保证产品成功不可或缺的条件。

一、人寿保险产品

人寿保险产品的费率按照投保年龄、交费期限、性别和风险类别计算。有时还要针对若干种佣金结构,分别计算费率,销售管理部门根据市场环境和目标客户选择合适的佣金结构。费率对高保额保单可能会有优惠,或者在保费之外收取固定的手续费,也相当于给了高保费客户费率优惠。附加保险的保费与主险是分开确定的。

为了管理方便,通常会制定基本的费率组合,其他费率根据简单的公式由基本费率推导。例如,职业类别 B 的费率等于职业类别 A 费率的 1.25 倍。

针对投保人年龄、投保期限和保额去测试费率是否合理,要花费很多的时间和资源,过大的工作量不仅降低工作效率,也是不必要的。保险公司在测试费率是否满足利润目标时,常常会选择一些典型保单,或构造典型保单。预测的时间间隔根据费用的变化情况来选择,保单首年费用种类多,退保时间影响大,可以按月来预测利润,一年以后再按年来预测利润。最后要用扣除税收后的利润来计算利润率。如果以股东价值最大化为定价目标,还要扣除风险资本成本,也就是说,用股东能分配的利润来评价产品的利润率。

利润测试模型的起点可以是用公式法计算的费率,调整费率直到所有年龄段、风险类别或年龄的利润率都满足要求。如果费率不是用公式法得到的,那么就必须保证保单组合的盈利满足要求,而且每个风险类别或年龄段的费率都可以接受。

利润测试模型是确定模型,为了反映风险,定价中还要对假设做敏感度测试,考察极端情况下的盈利情况,如通货紧缩、恶性通货膨胀、极低利率或证券市场崩溃等。死亡率的突然降低或提高、传染性疾病的突然流行,这些都要在敏感度测试中考虑。

满足利润目标的费率,还可以增加一部分附加保费来保证费率的充足,如在市场可以接受的范围内增加保费或收费;将年度分红和终了分红考虑在费率中,以保证分红的稳定;在保险合同中增加保费调整条款,给公司提高保费的权利,尤其是长期健康险产品。

二、财险产品

利润测试模型可以用于财险产品,只是在设计利润目标时要考虑承保周期的影响,繁荣时期的高利润要能够弥补疲软年份的低利润。

短尾业务可以基于赔付率和综合赔付率来定价,短尾业务的赔付在不同年度间保持稳定的水平,实际使用的定价模型中通常只考虑可变费用、赔款和初期费用,假设投资收入可以弥补保单管理费用,且提供足够的利润。长尾业务只有赔付现金流稳定,或数据可靠时才能用赔付率的方法定价;否则,就要考虑折现率和赔付在事故发生后的可能变化。

三、定价过程

没有一个标准的定价过程,不同监管体系、公司实务和市场环境下的定价流程都不一样。

以下给出一个范例。[1]

步骤一：组建产品开发团队，给出产品的雏形，由高管或董事会设定利润目标和利润标准。

步骤二：使用模型，估计赔付成本、费用、资本成本等定价参数，使用公式法得到初始价格。

步骤三：对初始价格进行利润测试，对关键假设进行敏感度测试，调整费率，使之在最不利情形下仍能达到利润目标。这个过程需要多次重复，直到得到满足利润目标的一组费率。

步骤四：与销售部门沟通，或向产品团队中的销售人员咨询，将费率与市场上其他公司的同类产品比较。如果比竞争对手高，由产品经理决定是否用这组费率，或是修改保险金额、退保金、交费期限等产品特性，以降低费率。

步骤五：重复步骤二到步骤四，对修改后的产品重新确定费率，直到精算和销售部门能达成一致意见。

步骤六：估计产品的销售量和资本需求，向公司管理层提交产品报告。

步骤七：直到资本需求能够被公司管理层接受。

步骤八：检查保单条款，确认没有遗漏或不准确的事项，尤其是保险责任和除外责任。

以上是基于成本的定价过程，如果初始费率来自现存产品的价格或竞争对手的同类产品价格，这些是市场能够接受的价格，那么定价过程中着重关注的就应该是交费期限、退保金的调整及核保和核赔标准是否能达到利润目标。

第七节　精算师的法定职责

精算师对产品价格承担怎样的法定职责，取决于监管规定。有些国家要求精算师为产品定价，并且为价格的充足性和合规性承担法定职责。

有些国家将精算师定位为顾问的角色，他们向公司管理层或董事会提供给定费率下的财务结果。费率可能由监管机构、管理层给定，或来自竞争对手价格，或来自营销部门或产品经理的建议。精算师分析这些价格产生的利润和资本需求，以及外部环境改变时的利润变化，是否满足利润标准。最终由管理层和董事会对产品的定价承担法定职责。

阅读材料

保险公司总精算师管理办法

（中国保险监督管理委员会令2007年第3号）

第一章　总　则

第一条　为了完善保险精算监管制度，规范保险公司内部治理，防范经营风险，促进保险业健康发展，根据《中华人民共和国保险法》、《中华人民共和国外资保险公司管理条例》等法律、行政法规，制定本办法。

第二条　本办法所称总精算师，是指保险公司总公司负责精算以及相关事务的高级管理人员。

第三条　保险公司应当设立总精算师职位。

第四条　总精算师应当遵守法律、行政法规和中国保险监督管理委员会（以下简称中国保

---

① Clare Bellis, John W. Shepherd and Richard Lyon. *Understanding Actuarial Management: The Actuarial Control Cycle*. Sydney: Institute of Actuaries of Australia, 2005.

监会)的规定,遵守保险公司章程和职业准则,公正、客观地履行精算职责。

第五条 中国保监会依法审查总精算师任职资格,并对总精算师履职行为进行监督管理。

第二章 任职资格管理

(略)

第三章 总精算师职责

第十三条 总精算师对保险公司董事会和总经理负责,并应当向中国保监会及时报告保险公司的重大风险隐患。

第十四条 总精算师有权获得履行职责所需的数据、文件、资料等相关信息,保险公司有关部门和人员不得非法干预,不得隐瞒或者提供虚假信息。

第十五条 总精算师有权参加涉及其职责范围内相关事务的保险公司董事会会议,并发表专业意见。

第十六条 总精算师具体履行下列职责:

(一)分析、研究经验数据,参与制定保险产品开发策略,拟定保险产品费率,审核保险产品材料;

(二)负责或者参与偿付能力管理;

(三)制定或者参与制定再保险制度、审核或者参与审核再保险安排计划;

(四)评估各项准备金以及相关负债,参与预算管理;

(五)参与制定股东红利分配制度,制定分红保险等有关保险产品的红利分配方案;

(六)参与资产负债配置管理,参与决定投资方案或者参与拟定资产配置指引;

(七)参与制定业务营运规则和手续费、佣金等中介服务费用给付制度;

(八)根据中国保监会和国家有关部门规定,审核、签署公开披露的有关数据和报告;

(九)根据中国保监会规定,审核、签署精算报告、内含价值报告等有关文件;

(十)按照本办法规定,向保险公司和中国保监会报告重大风险隐患;

(十一)中国保监会或者保险公司章程规定的其他职责。

第十七条 保险公司有下列情形之一的,总精算师应当根据职责要求,向保险公司总经理提交重大风险提示报告,并提出改进措施:

(一)出现可能严重危害保险公司偿付能力状况的重大隐患的;

(二)在拟定分红保险红利分配方案等经营活动中,出现严重损害投保人、被保险人或者受益人合法权益的情形的。

总精算师应当将重大风险提示报告同时抄报保险公司董事会。

第十八条 总精算师提交重大风险提示报告的,保险公司应当及时采取措施防范或者化解风险,保险公司未及时采取有关措施的,总精算师应当向中国保监会报告。

第四章 监督管理

第十九条 保险公司应当按照本办法的规定,在保险公司章程中明确规定总精算师的职责。

第二十条 总精算师由保险公司董事会任命。

第二十一条 保险公司任命总精算师,应当在任命前与拟任总精算师签署《职务声明书》。《职务声明书》应当载明下列内容:

(一)总精算师工作职责;

(二)由拟任总精算师作出的、将按照本办法规定提交离职报告的承诺;

(三)拟任总精算师在审读前任总精算师离职报告后作出的有关声明；

(四)中国保监会要求载明的其他内容。

第二十二条　在同一保险公司内，董事长、总经理不得兼任总精算师。

第二十三条　除下列情形以外，总精算师不得在所任职保险公司以外的其他机构中兼职：

(一)兼职机构与总精算师所任职保险公司之间具有控股关系；

(二)总精算师在精算师专业组织中兼职从事不获取报酬的活动；

(三)中国保监会规定的其他情形。

第二十四条　总精算师因辞职、被免职或者被撤职等原因离职的，应当在辞职时或者在收到免职、撤职决定之日起 20 日以内独立完成离职报告，并向保险公司董事会和总经理提交。

离职报告应当对离职原因、任职期间的履职情况和精算工作移交进行说明。

离职报告应当一式两份，并由总精算师签字。

第二十五条　保险公司任命总精算师，应当在申请核准拟任总精算师任职资格以前，根据其要求，将前任总精算师离职报告送交其审读。

第二十六条　总精算师因辞职、被免职或者被撤职等原因离职的，保险公司应当自作出批准辞职或者免职、撤职等决定之日起 30 日以内，向中国保监会报告，并提交下列书面材料：

(一)总精算师被免职或者被撤职的原因说明；

(二)免职、撤职或者批准辞职等有关决定的复印件；

(三)总精算师作出的离职报告。

第五章　法律责任

第二十七条　总精算师违背精算职责，致使根据中国保监会规定应当由其签署的各项文件不符合中国保监会规定的，由中国保监会责令改正，对总精算师予以警告；情节严重的，并处 1 万元以下罚款。

第二十八条　保险公司未经核准擅自任命总精算师的，由中国保监会予以警告，并处 1 万元以下罚款。

第二十九条　总精算师未按照本办法规定及时向中国保监会报告有关事项的，由中国保监会责令改正，予以警告。

复习思考题

1. 请分析分红保单持有人的需求对分红保险产品定价的影响。
2. 投连产品与其他人寿保险产品的定价模型有哪些差异？
3. 利用再保险来管理资本有什么优势？
4. 请思考如何在财险业务的定价模型中反映承保周期的影响。

第七章 保险负债评估

学习目标

1. 理解保险负债对资产负债表和利润表的影响
2. 理解保险负债中风险边际与服务边际的作用和特性
3. 掌握现金流折现模型
4. 了解保险合同中的保证和选择权条款
5. 理解市场价值对保险负债的影响

第一节 保险负债的定义

负债是会计中的一个概念，它的定义是："企业过去的交易或者事项形成的、预期会导致经济利益流出企业的现时义务。"负债本质上是企业在一定时期之后必须偿还的经济债务，"到期必须偿还"和"经济债务"是会计"负债"的主要特征。保险负债是保险公司财务报表中的一项会计科目，是指保险公司签发保险合同、承担保险责任而产生的负债。

与其他负债不同的是，保险赔偿发生的时间和金额都不确定，如果用非常谨慎的标准评估保险负债，假设每张保单都可能发生保险事故，那么保险负债的价值就应该等于保险金额。但这样会给保险经营带来沉重的负担，因为保费根据出险概率计算，保险公司收取的保费比保险金额要小得多，为了维持经营保险公司，就必须投入大量的资本来支持负债，高昂的运营成本会使整个保险行业都无法生存。保险是社会的稳定器，保险的风险分担机制使人们可以联合起来共同抵御风险的冲击，没有保险的社会在经济上非常危险。所以不能用100%赔付的假设去评估保险负债，而应该依据保险经营的大数法则，假设大量保单的事故发生数量是稳定的，用比较谨慎的态度和概率统计模型去估计保险负债。

精算师为保险公司评估风险和管理风险，评估保险负债是精算师的主要职责之一。在计算机技术还没有成熟之前，负债评估只能依靠手工和简单的计算器，精算师只能用确定性模型得到负债的一个估计值，评估的谨慎程度用假设的保守程度来体现。在手工计算时代，为加快运算速度和减少计算错误，精算师设计了很多简化的公式、表格和计算方法，这些公式和方法是现代负债评估技术的基础。随着计算机技术的发展，数据处理能力和计算速度都有了极大的提高，精算师可以利用随机模型得到保险负债的概率分布，用更加直接的谨慎度标准去评估保险负债价值，评估结果就更科学了。

第二节　保险负债包含的信息

从保险的功能和保险经营的性质来看，保险负债是保险公司持有资产的最低标准，也是利润分配的依据。保险公司在确定分配多少利润给股东和分红保单持有人时，必须保证留下来的资产不低于保险负债。

保险负债是会计报表中的科目，在资产负债表和利润表中都会出现。资产负债表按照“资产＝负债＋所有者权益”这一等式来构造。资产负债表体现了资产在投保人、其他债权人和股东之间的分配比例。保险公司的大部分负债由保险负债构成，保险负债是保险公司对投保人承担的义务。资产与负债的差额为所有者权益，是资产中属于股东的部分。因为保险负债只是未来保险赔付的估计值，不可能100％地保证保险赔付不超过保险负债，如有超过，缺额部分将由所有者权益来补充，因此所有者权益是弥补损失的后备资金。对保险公司来说，所有者权益越多，抗风险能力越强，财务越稳定。保险负债与资产的比率，或保险负债与所有者权益的比率，体现了保险公司的财务实力。为了监管偿付能力，监管机构会要求保险公司按照专门的监管会计准则评估负债，监管会计准则在保险公司一年后不再接受新业务的假设下，采用非常保守的估计。而且还会要求保险公司测试在极端不利情形下保险负债的充足性。

利润表按照以下等式构造：

利润＝保费＋投资收益－费用－保险赔付－(年末保险负债－年初保险负债)

保险负债的变化会影响利润。如果用非常谨慎的假设评估保险负债，使得当年的保费收入无法支持保险负债的增量，那么每增加一份保单，保险负债的增量超过保费收入，当年利润就会越少。结果业务量越大，利润反而越少。随着保险合同的逐年延展，保险责任逐渐降低，保险负债也会减少。当实际的赔付和费用情况比谨慎的负债评估假设更好时，减少的保险责任不仅足以支付赔款和负债，还会带来利润。也就是说，谨慎的评估假设将利润推迟到保险期限的后面年份释放，当年的利润不能反映当年的经营状况。怎样才能使利润表真实地反映保险业务的利润，使财务报表表现的信息更加符合实际呢？会计界和精算界一直在努力探索，内含价值报告和保险国际会计准则都是为了这个目标所做的工作。

第三节　保险负债的组成

如上所述，谨慎的评估假设产生谨慎的保险负债评估结果，将利润的释放时间推迟，利润表无法表现当年的经营业绩。为了使利润表中的负债评估能体现更多有用的信息，国际会计准则确定保险负债分为三个部分：最优估计负债、风险边际和服务边际。

最优估计负债用现金流折现模型估计，假设采用参数的无偏估计或最优估计，不考虑不利偏差。

风险边际反映了保险风险的价值，可用的估计方法有分位数法、资本成本法或不利偏差法。无论采用何种方法，风险边际都应该具有以下特性：①最优估计和未来变化趋势的信息越少，风险边际越高。②发生频率低、损失金额高的负债比发生频率高、损失金额低的负债风险边际高。③保险风险特征相似的保险负债，期限长的比期限短的风险边际高。④负债的概率分布方差越大，风险边际越高。⑤新信息减少负债的不确定性，风险边际下降；新信息增加负债的不确定性，风险边际上升。

服务边际等于未来释放利润的折现值，其功能是为了让保险业务的利润在保险期限内逐年释放，从而与保险公司提供的服务相匹配，而不是在保单签发时刻、保险服务尚未开始时就一次性释放。

最优估计负债和风险边际可以分别估计，也可以用一个模型得到，这取决于估计方法。如果采用确定的现金流模型，最优估计负债是用参数的无偏估计和无风险利率后的折现值；风险边际可以用资本成本法估计，也可以在确定性模型中用增加不利偏差后的估计结果减去无偏估计得到。随机现金流模型得到的是负债的概率分布，概率分布的中位数或均值就是最优估计负债，分位数与最优估计负债的差就是风险边际。

如果保险产品的现金流结构简单，净现金流不会出现正负交替的现象。确定性模型还可以采用简化形式——精算公式法来计算负债值，如人寿保险精算中的纯保费法。

对于投连和万能保险，非单位账户的净现金流不规则，时正时负，就只能采用现金流折现法来预测未来的净现金流，从最远的负现金流逐年向前折现得到各年的保险负债①。

保险负债在精算术语中又称责任准备金，以下这两个名词交替使用，代表同一含义。

以下是用现金流折现法估计两全保险和投连险最优估计负债的例子。

［例 7—1］ 用现金流折现法估计两全保险的责任准备金

评估 5 年期两全产品第 1 年年末的责任准备金，保单数量为1 000份，保额均为10 000元，死亡赔款和生存金都等于保额。保险期限 5 年，保费交费期 5 年，年交保费2 132元。保费在保单年年初交纳，费用在保费交纳时发生，死亡赔付在保单年年末支付。退保时扣除手续费后返还已交保费，第一年退保手续费为 20%，以后各年为 5%，退保金在保单年年末支付。评估假设的无偏估计如下：

表 7—1 **评估假设的无偏估计**

参数	第 1 年	第 2 年	第 3 年	第 4 年	第 5 年
费用/保费	50%	5%	5%	5%	5%
死亡率	0.008	0.009	0.010	0.011	0.013
退保率	0.05	0.01	0.01	0.01	0
折现率	5%	5%	5%	5%	5%

注：此处死亡率的定义为死亡保单与 0 时刻保单数量之比，而人寿保险生命表中死亡率的定义为死亡保单除以年初保单，两者有所差异。退保率的定义相同，等于退保保单与 0 时刻保单数量之比。

步骤一：估计每年死亡保单数量、退保保单数量和年末有效保单数量。

表 7—2 **每年的保单情况**

	第 1 年	第 2 年	第 3 年	第 4 年	第 5 年
死亡保单	8	9	10	11	13
退保保单	50	10	10	10	0
年末有效保单	942	923	903	882	0

① 保险负债在精算术语中又称责任准备金，以下这两个名词交替使用，代表同一含义。

步骤二：估计现金流。

表 7—3　　每年的现金流　　单位：元

保单年	1	2	3	4	5
保费收入	2 132 000	2 008 344	1 967 836	1 925 196	1 880 424
费用	1 066 000	100 417	98 392	96 260	94 021
死亡赔付	80 000	90 000	100 000	110 000	130 000
生存金	0	0	0	0	8 690 000
退保金	85 280	40 508	60 762	81 016	0

步骤三：计算第 2 年及以后各年现金流在第 1 年年末的折现值

表 7—4　　两全保险现金流在第 1 年年末的折现值　　单位：元

保单年	2	3	4	5
保费收入	2 008 344	1 874 130	1 746 210	1 624 381
费用	100 417	93 706	87 310	81 219
死亡赔付	85 714	90 703	95 022	106 951
生存金	0	0	0	7 149 285
退保金	38 579	55 113	69 985	0
净现金流	1 783 633	1 634 607	1 493 892	−5 713 074

第一年年末的保险负债根据净现金流之和计算，为 800 941 元，每张有效保单的最优估计负债为 800.94 元。

本例中，两全保险的净现金流只有最后一年为现金流出，此前都为正的现金流入，可以直接用净现金流之和计算保单负债。如果净现金流不规则，用这种方法可能会低估负债，以下用投连险来说明。

投保人购买投连保险后，每年的投入分为两部分：一部分进入单位账户，按照开放式基金的形式管理，投保人可以随时要求将投资单位变现，提取现金；另一部分进入非单位账户，用于弥补费用和保障成本，定期从单位账户中收取的基金管理费、风险保障费或退保手续费等也进入非单位账户。投连险的保单负债分为两部分：一部分是单位账户或投资账户，按照单位基金的净值或资产价值计算；另一部分是为经营稳健、平滑非单位账户的现金流而提取的非单位账户责任准备金，按照现金流折现值模型计算。

[例 7—2]　投连保险的非单位账户责任准备金评估

某投连险有 1 000 份保单，非单位账户在每年年末的净现金流（忽略年初和年末现金流的折现值差异）评估假设下的估计值如表 7—5 所示。

表 7—5　　投连险非单位账户的净现金流　　单位：元

保单年	1	2	3	4	5
有效保单数量	942	923	903	882	869
净现金流	10 000	10 000	20 000	−40 000	10 000

如果按照现金流折现值之和来计算保单负债，最后一年的正现金流足以弥补第 4 年的负现金流，每年都不需要提取责任准备金。这种做法在财务上是不稳健的。其一，第 5 年的现金流产生前，第 4 年的亏空必须有资金弥补，如没有提取责任准备金，就要动用股东资金，以筹资成本来衡量，股东资金是最为昂贵的资本，显然不合算。其二，如将第 2 和第 3 年的净现金流直接算作利润，那么就必须分配给股东，第 4 年有亏损时再想筹集股东资金，筹资成本将会大幅度提高，而且也不一定能够筹到所需的金额。安全的做法是在亏损产生前做好准备，提取责任准备金。评估步骤如下(折现值每年均为 5%)：

步骤一：从最远处的负现金流开始，计算前一年需提取的责任准备金。

第 3 年年末需提取的责任准备金为 40 000/1.05=38 095(元)

步骤二：比较前一年的净现金流和责任准备金，如有不足，则再前一年也需提取责任准备金，依此方法向前回溯，计算各年的责任准备金。

第 3 年年末的净现金流为 20 000 元，需提取责任准备金 38 095 元，缺口为 18 095 元。第 2 年年末为此缺口提取准备金=18 095/1.05=17 234 元。

第 2 年年末净现金流为 10 000 元，需提取准备金 17 234 元，缺口为 7 234 元。

第 1 年年末净现金流为 10 000 元，提取准备金 7 234/1.05=6 890 元，无资金缺口，不需提取责任准备金。

也就是说，从第 1 年年末的净现金流中提取部分资金作为责任准备金，加上第 2 年和第 3 年的净现金流，就可以弥补第 4 年的资金缺口，财务上更稳健。提取责任准备金后的非单位账户每年的利润如表 7—6 所示。

表 7—6　　提取责任准备金后的非单位账户利润　　单位：元

保单年	1	2	3	4	5
有效保单数量	942	923	903	882	869
净现金流(提取前)	10 000	10 000	20 000	−40 000	10 000
责任准备金	6 890	17 234	38 095	0	0
利润*	3 110	0	0	0	10 000

注：* 利润=责任准备金提取前现金流+年初责任准备金×(1+折现率)−年末责任准备金。

有了责任准备金作为储备资金，利润比原始现金流平滑，波动更小，后期没有负利润产生，风险更小。

第四节　保证和选择权

很多长期保险合同都包含有保证条款，例如对最低退保金的承诺、对最低收益率的承诺。有些条款产生的保证或选择权在发行时很不明显，但很有可能给保险公司带来高额的成本，评估负债时必须考虑这些保证和选择权。这方面的例子有：

(1)有些保证没在保单条款中写明，但法规仍然会依照惯例要求保险公司执行，如销售承诺。很多国家要求保险公司对广告、销售资料或销售人员的产品宣传负责，即使这些产品特征没有写入保单，只是作为举例。例如，2010 年英国标准人寿在销售资料中宣称投保人的资金将全部投资在货币类资产上，但实际上公司将投资的80%以上用于购买高风险资产，约10万名投资人的资产因此缩水。英国金融服务局对标准人寿罚款245万英镑，以惩罚该公司疏于管理，以致销售材料不符合“清楚、公正和不误导”的要求。

(2)有些国家为了保护消费者，对保险产品设有最低标准。如寿险产品的最低退保金、个人养老金账户中的最低提取金额，这些规定要求保险产品必须提供相关保证。还有一些国家规定，即使客户主动放弃相关权利，公司也不能逃避产品设计失误产生的责任。

(3)保险公司要遵循已建立的操作实务，尤其是分红政策。例如，英国公平人寿就是因为没有遵循分红的惯例而被法庭判决必须接受损失，以至于破产。

(4)定价时似乎没有成本的选择权。有些产品附带的选择权，可能在定价时对投保人极其不合算，似乎完全不用考虑执行的可能性和成本，但从长期来看仍然会有风险。例如，定价时的市场利率为5%，在产品中给予2%的投资回报，尽管比当前的市场利率低得多，但考虑到全球的货币政策都动荡不安，2%的保证仍然有风险。

(5)保险责任和给付条件不能修改。重大疾病保险是以患有某种重大疾病为给付条件的，随着医学技术的发展，很多疾病能得到早期诊断，死亡率大幅度下降，或者新的治疗手段提高了医疗成本，这些都会增加赔付成本。但很多国家都规定，在保险期限内保险公司不能修改疾病的定义。所以，定价中要考虑这些风险。

有关投资收益的保证或选择权，如保证退保和最低收益率等，可以用期权定价模型来估算成本。保证续保或保证增加保额的成本可以用精算方法估算，如北美法根据选择权行使比例和行使保单的死亡率来估算成本。关于保险责任和给付条件的保证可以用增加不利偏差的方法来估计成本。

第五节 数据要求

数据的要求由模型决定，公式法对数据的要求最少，保单按险种、年龄、保险期限、剩余保险期限分组即可。如果数据量庞大，还可以将一些组合并，例如把所有年龄20～30岁的保单分为一组，用平均年龄25岁代替。

现金流折现模型需要更多的数据，复杂模型需要得到很多信息，通常不允许使用分组数据。如果用模型预测的参数或变量与保单特性没有太大关系，如估计投资回报率与退保率或索赔率的关系，这时候可以忽略个体保单的差异。

输入模型的数据必须是经过检验和筛选的，特别是涉及模型中重要参数的数据。例如，年龄和性别错误对定期人寿保险的负债会有严重影响，而对投资型产品不会造成太大偏差。

估计财险业务的大额索赔时，很多评估技术要根据历史经验来估计索赔发展模式，如果经验数据可信度不高，那么索赔发展模型的参数和模型本身都会出错，而且会对评估结果有显著的影响。

检测数据的方法有：

(1)检查比率和趋势是否稳定。如果某个变量比较稳定，不会随时间剧烈变化，例如索赔额度，那么检查不同年份的比率或趋势发展，可以发现异常数据。

(2)动态分析。验证年末的数据与年初数据和新增流量是否匹配，例如年末保单数量等于年初保单数量，加上新单，减去退保、满期和已结束保单。

(3)与预期相比较。数据与市场经验、经济环境和公司经营状况保持一致。

第六节 假 设

在使用评估模型时,要了解那些关键假设,关键假设要用更多的数据和更复杂、可靠的模型去估计。例如,如果负债评估的目的是为了估计利润,利润平均为负债的2%～5%,那么负债评估的1%差错,就会给利润带来50%～20%的差错。负债评估越谨慎,公司投入的资本越多。为了资本回报最大化,负债评估假设不允许有太大的误差。

最优估计假设是在对所有信息进行分析后,对现金流发生概率、发生时间和金额的无偏估计或最可能估计。估计假设有死亡率、保单持有人行为、通货膨胀率、投资收益等。用来推算最优估计的信息不仅仅来自待评估业务,也要收集相似业务的经验数据。信息包括过去的经验数据,也有当前信息,例如评估日当天新推出的政策、刚出现的医疗技术革新或大规模传染病等。每个评估假设可用合适的模型单独估计,但要考虑假设之间的关系,如市场利率提高会使退保率增加,选择性退保率上升会使赔付率恶化。

评估结果不敏感的假设可以采用近似方法,只要评估结果在合理的范围内,就可以接受。例如,假设死亡保单在一年中均匀分布,保险赔付发生在年中,退保金发生在年末。

评估假设的更新应至少每年一次,影响不大的假设的更新周期可以超过一年。每次假设更新后,都要比较同一批负债在新旧假设下的差异,并且重新对保险负债进行充足性测试。新的评估结果变动较大时,要分析产生变动的原因。可能的原因有:过去的评估假设因缺乏数据不可靠、法律法规改变使经验数据过时等。负债评估结果变化也有可能是因为过去的模型或数据不正确,如选错了概率分布类型,忽略了某个风险因素与评估假设之间的相关性等。

第七节 无风险利率

本节我们将介绍无风险利率的估计原则和方法。无风险利率来源于金融市场,是市场利率,它与保险负债的联系来源于保险负债的市场价值评估原则。

保持资产与负债的评估标准一致,是会计的基本原则。如果资产基于市场价值核算,那么负债也必须基于市场价值核算。资产与负债价值随市场利率同步波动,净资产不受市场利率的影响;反之,如果负债不按照市场价值评估,当资产与负债在现金流和期限上都能匹配时,市场利率升高可能会使资产价值降低,而负债价值保持不变,净资产的账面价值反而降低,保险公司的财务实力降低,但事实上资产和负债并没有改变,只是账面价值发生变化,这就造成了资产负债账面上的不匹配,财务报表中的信息失真。保险负债的三个组成部分中,有几个地方体现了市场价值:一是最优估计中的折现率,要求使用市场利率,而市场利率来自金融工具的市场价格,这些金融工具与保险负债的现金流在风险、期限和流动性上都相似。二是风险边际必须反映保险风险的市场价值。

长期保险负债评估中,市场利率对评估结果的影响特别大。对于非分红产品,保费收入、保险赔款和费用都可以看作与金融市场上的系统风险无关,与其匹配的市场利率是无风险利率。分红产品未来分红依赖于资产的投资收益,可以用无风险利率加上资产组合的风险溢价来估计未来的投资收益，负债价值也与无风险利率相关。无风险利率是负债评估中的关键假设。

金融经济学中，无风险利率中的“风险”通常是指信用风险。但保险负债的现金流可能与通货膨胀率联结，例如与通货膨胀率挂钩的年金，即使是无违约风险的固定收益国债，也无法与此类保险负债匹配。作为评估假设的无风险利率，“风险”的含义应该比信用风险更多。国际精算师协会认为，无风险利率中的风险至少应该包括：①金融市场中的系统风险；②通货膨胀风险；③政府信用风险和其他信用风险；④其他导致收益率不稳定的风险，如短期需求不平衡带来的价格波动。

欧盟认为，无风险利率应由无风险资产的市场价格计算，无风险资产应该满足以下标准：①无信用风险。AAA 级别的国债可以认为没有信用风险，但互换合约具有信用风险和流动性风险。信用风险和流动性风险都会带来变现损失。如果依据互换利率推得无风险利率，应扣除信用风险和流动性风险造成的风险溢价。②可实现。可实现是指该项资产的投资收益率是可以获得的。如果保险公司将资金投资于此类资产，收益率应该等于无风险利率。如果实际收益率比评估利率低，保险公司将面临责任准备金提取不足。③可靠。有可靠的方法和数据来估计无风险利率，这一标准在市场危机或动荡时期尤为重要。④没有流动性风险。无风险资产在一个高流动性、交易透明的市场中交易，没有变现损失和变现等待时间。这样的市场应该保证市场参与者可以快速实现大批量的交易，而且对资产的市场价格几乎不会有影响；交易数量和买卖价格实时公布，没有时间延迟。⑤无技术偏差。无技术偏差是指利率期限结构不会因为暂时的供给或需求不平衡而发生扭曲，例如 10 年期国债可能由于金融机构和养老基金的大量购买而价格大涨，收益率低于 9 年期或 11 年期的国债。又如，正常情况下互换利率一般高于国债收益率。而在金融危机时，英镑和欧元 20 年期的互换利率却低于同期的国债收益率。

国债、企业债和互换合约都可以用来计算无风险利率。国债是最适合的资产，几乎不含有信用风险，且免税，流动性高。国债的缺陷是：①超长期的国债数量有限，不能提供长期限的收益率曲线；②国债价格容易被供给和需求扭曲，例如政府大量发行国债，或保险基金、养老金基金等因政策限制和偏好而产生大量需求；③有政治风险。国债收益率消除市场价格扭曲后，才可以作为无风险利率。

企业债券要扣除信用风险溢价和流动性溢价。互换合约的流动性强、期限完整、数据多，也可以用来估计无风险利率。

当我们需要的期限比市场上已有的债券期限更长时，就需要用外推技术得到更长期限的利率。外推技术分为四类：①简单的外推技术。简单的外推技术不需要基本面分析或利率曲线的形状拟合，最简单的做法是假设超过现有期限的利率与目前得到的最长期限的利率相等。例如，依据目前的国债市场价格，只能得到 3 个月到 30 年的利率曲线，简单外推技术假设 30 年以上的利率与 30 年利率相等，于是超过 30 年的利率曲线为一条水平直线。②宏观经济方法。先要确认一个长期的均衡利率，均衡利率并不一定要利用经济分析得到，例如可以根据终极的远期利率得到，然后在已经得到的利率曲线和均衡利率之间作插值，得到更长期限的利率。③参数方法。这是目前使用最多的方法。该方法假设利率曲线服从某种函数，函数的参数由已知的利率曲线估计，或依据经济分析得到。目前已有许多种参数方法，如常数远期利率方法、单因素或 Vasicek 模型等。④变动价差方法。参考其他国家的利率曲线，用两国的收益率价差调整得到本国的收益率曲线。

第八节　市场利率变动对保险负债的影响

尽管理论上的市场利率可以利用金融产品的市场价格来估计，但事实上并不用于保险负债。因为保险合同的期限长达数十年，市场上很少有同样期限的金融产品。而且，保险合同的流动性差，除了退保，没有其他能够提早变现的方式，金融产品的流动性远远高于保险负债。由资本市场上金融产品的市场价格得到的市场利率，很难反映保险负债的特征，因此来自于资本市场的市场利率波动对保险产品实际上影响并不大。当会计准则要求用市场利率折现时，无论长期或短期的市场利率波动，都会使保险负债的价值波动。如何处理这种账面上出现，但实际上并不存在的价值变动呢？2010 年出台的国际会计准则没有考虑到这一问题，2013 年新版准则做了改善。

阅读材料　国际保险会计准则限制利率影响的原因分析

2013 年 7 月，在历时 16 年的讨论和多次修订后，国际会计准则委员会终于推出了《保险会计准则——保险合同》完整版（以下简称“2013 版”）。2013 版是在委员会 2010 年发布的会计准则草案（以下简称“2010 版”）的基础上，经过广泛征询意见后修订完成的。在修订过程中，委员会与各国会计团体，尤其是美国会计标准委员会不断协调和沟通，得到了普遍的支持。

与 2010 版相比，2013 版坚持使用三元素法，以市场价值评估保险负债，以使各类保险合同都能在统一的基础上被确认、计量和报告。但 2013 版更注重保持保险公司利润的稳定，将那些不对保险公司的财务状况产生本质影响的因素排除在利润表之外，对可能扭曲财务结果的会计项目加以限制。为此，2013 版的修改之处有：(1)2013 版将市场利率波动导致的负债变动计入其他综合收益，不放入当期利润，2010 版则要求任何因素导致的负债改变都要反映在当期的利润表中。举一个简单的例子，假设市场利率降低 1% 时，评估利率随之降低，保险负债的市场价值因此增加 100 万元，2010 版要求负债增加部分直接进入利润表，当期利润即刻减少 100 万元；2013 版则保持当期利润不变，将利率变动导致的负债变动计入除利润之外的其他综合收益中。两种做法下，总的综合收益都减少了 100 万元，不同之处是，2010 版将负债的变动直接引入利润表，使市场风险的变化直接影响利润，增大利润的波动。2013 版则将利率对负债市场价值的影响与其他因素分离，保持利润的稳定，同时将利率的影响在其他综合收益中反映，又能揭示负债的信息。(2)严格限制风险边际的大小。根据三元素法，保险负债等于未来现金流折现值、风险边际和服务边际三项之和。2013 版规定，风险边际只能反映保险风险和费用风险的大小，那些受到市场利率影响的风险，则不应该用风险边际度量。风险边际越高，利润越低。如过度谨慎，或考虑太多风险而导致风险边际过高，保险业务的大部分利润就会推迟到后期释放，无法反映真实的经营状况。

任何一家企业都希望保持财务稳定，保险企业尤其如此，只有稳定的利润才能给投保人安全的保障，给投资者带来平稳的回报。但 2013 版的做法显然不是为了迎合保险企业的这种需求。国际会计准则的修订必须经过严格的论证过程，每个细节都必须得到专家和业界的支持才能通过。如果核算方法违背了会计准则的目标，就不可能获得认可。因此，2013 版的诸多改变不应只是技术上的处理，而是有充分的理由和深刻的现实意义的。本文正是希望从这一问题出发，通过分析长期保险业务与银行业务在资产负债特征和风险管理方式上的差异，来解释2013版变更的原因，并对我国保险会计准则如何与国际接轨提出建议。

本文的结论是，对投保人而言，保险合同只能通过退保来变现，其流动性远远低于银行存款或其他在资本市场上交易的金融产品。因此，保险公司在配置资产时更多地考虑投资收益的稳定和安全，而非流动性。表现在财务报表上，保险公司的资产大部分归类为持有至到期或可供出售，市场利率变动导致的资产变化被计入其他综合收益，不影响利润。以2010版的做法，抛开保险业务和保险资产的非流动特性，片面要求将负债的变化计入利润，就会产生利润核算标准在资产和负债上的不一致，增大利润的波动。这给保险行业至少带来两种严重后果。其一，使保险公司承担了利率风险，提高风险资本要求，增加资本成本。保险公司为了降低利率风险和资本要求，就会减少销售，甚至不销售长期保险产品，转而开发能够随利率波动而调整保费的短期产品。如此一来，保险也就失去了分担风险的传统功能，成为纯粹的投资行业。而长期保险产品不仅保障保险风险，也给投保人带来了稳定的收益。保险公司除了通过资产管理来保持收益率的稳定外，还会利用基于长期利率趋势的定价和分红机制使利率风险在投保人代际间分摊，降低利率波动对投保人利益的影响。其二，不稳定的利润会使保险公司变成资本市场上炒卖的对象。资本市场上的投资者通常会对消息有过度反应，业绩好时疯狂高估公司价值，制造市场泡沫，业绩差时又将其打入谷底。市场的不理性会迫使保险公司不得不将大量的管理资源放在防范短期利率风险上，从而增加保险公司的经营成本。

为避免这些情况的发生，2013版将市场利率变化从利润表中移出，放入综合收益中，实际上就是允许核算利润不考虑市场利率的变动，锁定评估利率，保证利润表的稳定。此外，风险边际度量了保险负债的不确定程度，评估时应遵循会计的适度谨慎原则，但过高的风险边际会增加保险公司的资本需求，推迟利润释放，使财务信息无法反映保险公司的真实经营业绩。因此，2013版限制风险边际的功能，减少利润或其他与保险风险无关的因素对风险边际和利润的影响。

但保险合同并非完全不具备流动性，市场利率波动确实会对投保人的退保行为或交费模式产生影响，进而使保险合同的现金流发生变化。不同保险合同的退保特征不同，这种流动性的差异可以通过市场利率对保险负债价值的影响程度来反映。如何度量保险合同的流动性，并通过评估利率反映低流动性对负债价值的影响是非常困难的。2013版允许根据市场利率调整评估利率和负债价值，并将这部分信息放在综合收益中披露，没有违背市值评估原则。

以下内容分为三个部分：第一部分我们比较长期保险业务与银行业务在流动性上的差异，并进一步分析由此导致的资产特征和负债市场价值的不同。第二部分用一个简单的例子解释在市场利率变动时2010版和2013版处理利润的不同方式，以及风险边际与利润的关系，并回答本文提出的问题：为什么2013版会改变利润的核算方式，使利润不受短期市场利率波动的影响？第三部分是结论，对我国保险会计准则如何设定负债评估利率标准提出了建议。

一、长期保险业务与银行业务的差异

长期保险业务与银行业务的主要区别在于负债的流动性不同，进而导致资产特征和负债市场价值的不同。

长期保险业务包括人寿保险产品和年金，主要功能是提供长期的风险保障和稳定的投资收益。例如，非分红业务给投保人预定利率和退保金保证，分红业务的给付不低于基本保额，万能险等投资型业务虽然不对投资收益做任何承诺，但很多产品都保证最低收益率。这些保险业务的保险期限长达数十年，尤其是年金业务，其负债可能超过50年。只有资产与负债期限上匹配才能使净现金流不受利率波动的影响，然而金融市场上长期投资品种非常有限，即使国债的最长期限也不会超过50年。资产的短期性和保险负债长期性的矛盾始终存在，保险公司总是需要面对资产到期后的收益率不确定风险。此外，保险合同中的保证退保金条款，也会给保险公司带来流动性风险。市场利率上升时，预定利率不变的非分红产品不再具有吸引力，引发投保人退保，给保险公司的现金流带来压力。

保险公司无法改变资产期限小于保险负债期限的状况，也无法取消保证退保条款，只能通过资产管理和保险产品设计来降低风险。例如，为了减缓资产到期后的再投资风险，保险公司会基于长期的平均利率水平确定预定利率。利率下降时，历史收益、未来的收益都可以弥补当前较低的收益，利率风险得以在投保人代际间分摊；分红业务的基本保额基于保守的利率确定，实际收益超过保证利率的部分以保单红利的形式返还给投保人；当市场利率下降时，分红保单还可以利用过去的投保人、未来投保人与当前投保人的代际间互补来维持稳定的分红水平。对于利率上升引发的退保风险，保险公司会通过提供减额交清、保单贷款等方式缓解投保人因财务困难产生的退保行为，或在退保时收取手续费，或将退保金与市场利率联系，以遏制投保人的退保冲动，使投保人倾向于长期持有保单，并加强后续服务，减少投保人遗漏交费或不理智造成的保单失效或退保。所有这些措施都使保险产品成为长期金融合同，保单的变现能力减小，流动性降低。

银行业务与保险业务正好相反，资产期限总是比负债期限长且负债的流动性高。存款是银行的主要负债，社会大众通常将存款作为现金管理的工具，存款期限不会很长。但银行业务的资产为各类贷款，为获得息差收入，贷款期限总比存款期限长。而且，为满足储户的金融需求，大部分银行存款可随时提前支取。提取存款时除了利息损失，储户几乎没有变现的损失，所以银行存款的流动性很高。资产与负债的期限不匹配，以及存款的高流动性使银行时时面临利率变动引起的流动性风险：当市场利率上升时，银行存款的吸引力下降，储户提款增加，银行必须及时变现资产，否则就会面临挤兑，但此时银行固定收益投资的市场价值下降，增加了银行的变现损失；当市场利率下降时，银行必须及时调整存款利率，才能保证存贷款的息差不受影响。因此，如何管理资产的流动性、降低利率波动的影响是银行的主要管理环节。

负债流动性的差异导致保险公司和银行采用了不同的资产配置。保险公司为获得稳定的投资收益，通常投资于那些低流动性的资产并且长期持有，在财务报表上，这些金融资产归类为持有至到期或可供出售。而银行在选择投资品种或签订贷款合同时，必须先保证资产有足够高的变现能力，在任何利率情形下都能满足储户的提款需求，然后才能考虑如何提高收益率，银行多会投资于可随时买卖的金融资产，会计核算时归类为交易性金融资产。

负债的流动性差异也导致保险业务和银行业务的负债市场价值要用不同的假设评估。市场价值的本质是基于交易假设，将金融合同看成是一个可在市场中交易的产品。在一个无套利的市场上，任何金融产品的市场价值都由现金流的大小和风险决定，市场价值等于未来现金流的折现值，折现率反映现金流的时间价值、非流动性溢价和系统风险。既然银行业务与长期保险业务负债的流动性不同，两者市场价值的差异就在于非流动性溢价。

来自资本市场的实证研究表明，金融产品的流动性越差，到期收益率越高，非流动性溢价就是高流动性产品与低流动性产品的收益率之差。银行存款是高流动性的负债，几乎没有非流动性溢价，可以直接用金融市场上高流动性的金融产品收益率来确定，如国债、高级别公司债或互换利率。而长期保险业务则不同，其流动性非常低，为估计保单负债的非流动性溢价，必须找到与其流动性相同的金融产品。金融产品的非流动性指标有买卖差价、交易费用、交易规模或换手率等，这些指标以变现损失和变现所需的时间来度量流动性。但这些指标都无法用于保险产品。因为现实生活中不存在一个可以自由买卖保单的市场，即使有一些小规模的保单二级市场，其交易量也不够大，不能保证投保人可以随时向其他投资者售出保单。用来自金融市场上的非流动性溢价来确定保险负债的市场价值，需要在假设和模型上做较大的调整，比较复杂。

由于流动性的差异，保险业务与银行业务的现金流对短期利率波动的敏感程度也有较大差别。市场化利率环境下，银行必须随时关注短期利率的波动，调整存贷利率及有关利差，才能维持现金流正常运转，否则，短期利率波动对存款与贷款的不对称影响，将引起现金流的波动。银行存款的利息随市场利率调整，即负债现金流随市场利率变动，折现率也应与市场利率保持同步变动。

不过，利率波动只有在合同随时可以变现的前提下才会影响银行负债。如果银行存款不允许提前提取，即使市场利率提高，储户也无法提取存款，负债对利率的敏感度会大大降低。保险产品就是如此，投保人购买了长期保险合同，除了退保之外，无法将其提前变现，即使退保，保险公司也会收取退保手续费，市场利率上升的收益不足以弥补投保人退保的损失。利率下降时，保险公司也不必立即调整保险给付或分红，而是利用不同代投保人的风险分摊和盈余互补保持保险合同现金流的稳定。保险合同的这种低流动性使保险公司能够将关注重点放在较长时间内的平均利率水平上，而不是短期利率变动上。

长期利率与通货膨胀率、GDP 增长率、财政赤字等宏观经济指标有密切关系，而短期利率不仅与货币的时间价值有关，还受到短期资金供求关系、其他金融资产价格等因素的影响，非常不稳定，两者要用不同的数学模型来描述。因此，银行负债与保险负债的评估利率假设是不同的。

二、2010 版和 2013 版利润核算方式的比较

（一）评估保险负债的三元素法

2010 版采用三元素法评估负债价值，2013 版继续使用这一方法。三元素法下，保险负债由以下三个部分组成。

第一部分等于未来平均现金流的折现值。平均现金流是与负债有关的现金流，如保费、赔付和费用在考虑各种情形后的平均值，如死亡率上升及下降、费用变动等情形。折现率反映了金融市场上系统风险对期望现金流的影响。非分红业务的保险赔付金额确定，不确定性来源于死亡或疾病等保险风险，较少受到金融市场的影响，用无风险利率作为折现率。分红业务或其他投资型业务，基本保额用无风险利率折现；红利给付基于资产的投资收益确定，用重置资产的市场价值来度量。嵌有保证条款的保险合同，除现金流平均值外，还要加上保证条款的成本，用衍生产品的定价模型来评估价值。

第二部分的风险边际度量了保险风险的价值，是保险人因承担了保险风险而要求的补偿。

第三部分的服务边际则来源于收入支出匹配原则。当保单未来收入大于费用和赔付成本时，初始时刻的保单负债价值小于 0，也就是未来即将产生的利润。但此时保险公司尚未开始承担保险责任和提供保险服务，提早确认利润不符合会计的匹配原则。为了使利润的分配速度与保险服务匹配，必须设立一项虚的负债，即服务边际，来延迟利润的分配。随着保单的逐年推进，服务边际逐年减少，减少的部分才能作为利润进入利润表中。

以下我们用一个简单的例子来说明如何应用这一方法来评估保险负债。

保险公司有一批三年期保单，保险赔付只在第三年年末发生，保险赔付10 000元，无退保金。保费一次性交纳，保费按照保险成本加5%的利润率计算，定价时预期三年期利率为年利

率 5%，忽略费用，收取的保费为9 070元$\left(\frac{10\,000}{1.05^3}\times 1.05\right)$。

三元素法要求在保单生效的首日按预期利润估计服务边际，其中预期利润等于保单首日保费减去未来现金流折现值与风险边际之和。假设保单首日三年期市场利率提高到 6%，加上 1% 的非流动性溢价，评估利率为 7%，未来现金流折现值等于8 162元$\left(\frac{10\,000}{1.07^3}\right)$，风险边际假设为现金流折现值的 2%，为 163 元$\left(\frac{10\,000}{1.07^3}\times 2\right)$，预期利润为 745 元(9 070－8 162－163)。服务边际在保单首日确认为负债的一部分，以后年度在保险有效期限内随保险服务的实现速度逐年摊销而确认为利润。我们假设保险服务的实现速度与保险金额成正比，本例中保险金额三年不变，于是每年的摊销金额相等，按评估利率 7% 计算，每年摊销的服务边际为 284 元$\left(\frac{745}{\frac{1}{1.07}+\frac{1}{1.07^2}+\frac{1}{1.07^3}}\right)$。

忽略其他费用，第一年年末和第二年年末的保险负债如表 7—7 所示。

表 7—7　　第一年年末和第二年年末的保险负债　　单位：元

	现金流折现值	风险边际	服务边际	合　计
第一年	$\frac{10\,000}{1.07^2}=8\,734$	$\frac{10\,000}{1.07^2}\times 2\%=175$	745×1.07－284=513	9 422
第二年	$\frac{10\,000}{1.07}=9\,345$	$\frac{10\,000}{1.07}\times 2\%=187$	513×1.07－284=265	9 797

(二)短期利率变动时 2010 版和 2013 版的利润比较

为核算利润，假设保险公司将保费投资于流动性较低的资产，每年付息，三年后收回本金。由于资产的流动性较低，到期收益率超过市场利率，可达到 6.5%，年投资收益 590 元(9 070×6.5%)。资产持有至到期，以实际利率法核算，每年的账面价值都等于初始投资9 070元(见表 7—8)。

表 7—8　　年末资产和投资收益率　　单位：元

	0 时刻	第一年	第二年	第三年
资产	9 070	9 660	10 250	10 839
长期投资	9 070	9 070	9 070	0
现金	0	590	1 180	10 839
投资收益		590	590	590
投资收益率		590/9 070=6.50%	590/9 660=6.10%	590/10 250=5.75%

第一年保险公司实现利润①＝9 070－(9 421－0)＋9 070×6.5%＝239(元)

这些利润产生后即转入股东账户，保险账户中剩余的资产价值恰好等于第一年年末的保险负债 9 421 元(9 660－239)。

① 利润＝保费收入－赔付＋年初负债－年末负债＋投资收益。

第二年保险公司实现利润＝0－(9 796－9 421)＋9 421×6.10％＝200(元)

第三年保险公司实现利润＝0－10 000－(0－9 796)＋9 796×5.75％＝359(元)

以下我们考察短期市场利率变动时，按 2010 版核算的利润和综合收益。设想这样一种情形：第一年年末一年期市场利率降低到 4％，一年后的远期一年期利率恢复到 6％，非流动性溢价不变，则第一年年末的负债评估年利率变为 6％($[(1+5\%)\times(1+7\%)]^{0.5}-1$)。

按照 2010 版，年末保险负债为：

表 7－9　　短期利率变动后按 2010 版核算的保险负债　　单位：元

	现金流折现值	风险边际	服务边际	合计
第一年	$\frac{10\ 000}{1.06^2}=8\ 900$	$\frac{10\ 000}{1.06^2}\times2\%=178$	$284\times\left(\frac{1}{1.06}+\frac{1}{1.06^2}\right)=520^*$	9 598
第二年	$\frac{10\ 000}{1.07}=9\ 345$	$\frac{10\ 00}{1.07}\times2\%=187$	$284\times\frac{1}{1.07}=264$	9 796

注：* 2010 版规定，服务边际在保单初始时刻确定后不再调整，每年摊销的服务边际保持不变，仍为 284 元。

由表 7－9，评估利率下降使第一年年末的保险负债增加了 177 元(9 598－9 421)，第二年年末负债则保持不变。

为核算利润，先要计算投资收益。在本例的假设中，第二年保险赔付为 0，退保金为 0，尽管保险负债评估值增加到9 598元，保险公司并不需要变现资产，因此现有的资产组合和投资收益率都不会发生变化。2010 版要求，因市场利率改变而产生的负债变动要反映在当年的利润表中，第一年年末保险负债增加 177 元，第一年的利润降低到 62 元，第二年的利润增加到 387 元，第三年不变。

第一年利润＝9 070－0－(9 598－0)＋9 070×6.5％＝62(元)

第二年利润＝0－0－(9 796－9 598)＋8 598×6.1％＝387(元)

第三年利润＝0－10 000－(0－9 796)＋9 796×5.75％＝359(元)

短期利率不变和短期利率变动两种情形下保险账户的资产、负债及利润如表 7－10 所示。

表 7－10　　两种情形下保险账户的资产、负债及利润　　单位：元

	情形一：短期利率不变			情形二：短期利率变动		
	第一年	第二年	第三年	第一年	第二年	第三年
年末资产	9 421	9 796	0	9 598	9 796	0
年末负债	9 421	9 796	0	9 598	9 796	0
利润	239	200	359	62	387	359

比较两种情形，短期市场利率降低使第一年年末保险负债值提高，压低了第一年利润，提高了第二年的利润。第一年的利润降低 177 元(239－62)，累计值恰好等于第二年利润的增加值 187 元[177×(1＋6.10％)]。评估利率的变动只是改变了利润的分布，没有改变总额。

之所以产生这一结果，就是因为本例中的保险合同没有流动性，不会因短期市场利率变动而发生现金流的改变。虽然第一年年末保险负债提高，保险账户中资产随之增加，但增加的资产金额 177 元只是账面上的数字，保险公司无须变卖资产，实际资产仍然以既定的策略投资，取得预定的投资收益率。这部分增加的资产到第二年年末释放进入利润，增加了第二年的利润。

事实上,负债变动不改变利润总额,这不是本例的特殊之处。即使保险合同提供退保金,具有一定的变现能力,保险公司通常也能够可靠地预测保单现金流,并通过合理配置资产使支持长期业务的资产持有至到期,且资产的现金流和到期收回投资能满足赔付、费用和退保金的要求,短期市场利率的变动对资产价值和投资收益率产生的影响很小。在本文的例子中,保险公司会在第一年年初就配置好资产,使每年年末的资产价值恰好等于保险负债价值,即第一年年末9 421元,第二年年末9 796元。以 2010 版的做法,在短期利率变动时就改变评估利率,增加保险负债,那么第一年年末保险公司就必须从股东账户中借入 177 元,才能保证资能抵债。即使这笔借来的资金并不需要用来支持任何现金流,只是为了满足会计核算的要求,第二年年末又返还给股东账户。短期利率受到很多因素的影响,变化非常频繁,2010 版把这些根本不影响保险业务的因素引入负债评估值中,使保险负债变动频繁,加大了利润的波动。

如果负债不受短期利率影响,那么 2010 版将市场利率波动引入利润的原因又是什么呢?2010 版做法的理由是,当资产和负债都采用市场价值评估时,资产和负债将随市场利率同步变动,资产和负债现金流的期限和风险匹配程度越高,两者随市场利率的变动越能保持一致,利润和净资产受市场利率的影响越小。因此,将利率波动带来的负债改变引入利润表可以完全体现保险公司的资产负债匹配状况。本例中,负债方的现金流只有第三年年末的保险赔付,资产的期限也是三年,三年的累计利息加本金足以支持保险赔付,资产与负债的现金流达到匹配,当资产采用市场价值核算时,资产与负债价值同步变动,利润和净资产都不受影响。以计算结果来说明,如果资产采用市场价值核算,又假设资产的收益率始终比市场利率高 0.5%,第一年年末长期投资的市场价值将增加 174 元$\left(\frac{590}{1+4.5\%}+\frac{590+9\ 070}{(1+4.5\%)\times(1+6.5\%)}-9\ 070\right)$,与负债的增加金额 177 元抵消,净资产几乎不受影响。同时,增加的价值视为资本利得,计入投资收益,第一年的利润为:9 070−0−(9 598−0)+590+174=236(元)。

与表 7—10 中利率不变情形下的利润比较,短期利率的变动对利润也不产生实质的影响。

然而,这种做法显然忽略了保险负债的不流动性和保险资产的长期性。由于大部分保险合同的变现能力差,正常情况下保险公司不会面临变现的压力,保险公司会将保费投资于流动性差的资产,持有至到期而非频繁买卖。这些资产在会计报表上被归类为“持有至到期”或“可供出售”,市场利率波动导致的资产价值变动不进入利润表而是被计入其他综合收益。当资产价值变动不影响利润表,2010 版单方面要求负债价值变动计入利润,造成了资产负债在计量标准上的不匹配,就导致了财务报表扭曲信息。事实上,要求负债市场价值波动进入利润表的做法对银行更为适用。银行负债的流动性高,与之匹配的资产大部分是交易性金融资产,资产的市场价值变动全部体现在利润表中,为保持一致,负债的市场价值变动也应进入利润表。

为了减缓负债价值波动对利润的影响,2013 版在没有改变三元素法的前提下做了适当调整,允许将因市场利率波动而产生的负债改变计入综合收益,而不是当期利润,缓和了利率对利润的冲击。我们仍以上例来说明。第一年年末保险负债的三个部分分别为,现金流折现值8 900元,风险边际 178 元,服务边际 512 元①,合计9 590元。短期利率变动使负债增加 169 元

① 2013 版认为,锁定服务边际无法真实反映未来利润,当现金流估计值发生变化时,未来利润也会变化,这时应调整服务边际来反映利润的最新值。但服务边际不受短期市场利率变动影响,因为短期利率变动只改变利润分布,不改变利润总额。本例中,假设现金流的估计值不变,仍为10 000元,所以服务边际也保持不变,第一年年末等于 512 元,第二年年末为264 元。

(9 590－9 421)。核算利润时,保险负债因短期利率变动而增加的部分计入其他综合收益,利润仍为 239 元,其他综合收益为－169 元,综合收益总计 70 元。

第二年年末的保险负债和利润分别为9 796元和 200 元,但年初保险负债改变产生的影响要计入综合收益,年初保险负债由9 421元增加到9 590元,增加部分到年末的累计值为 169×(1＋6.10%)＝179(元),综合收益总计为 179＋200＝379(元)。

2013 版第一年年末的服务边际为 512 元,比 2010 版低 8 元,调整这一差异,2013 版第一年年末的综合收益总计 62 元(70－8),恰好等于 2010 版第一年利润。第二年综合收益总计为 379＋8×(1＋6.10%)＝387(元),等于 2010 版的第二年利润。由此可见,2013 版只是将 2010 版的利润分成了两部分:一部分是不受利率影响的利润,另一部分是利率变动导致的负债变动。虽然综合收益与 2010 版相同,但利润表的结果更稳定了,给读者传递了财务稳健的信息,更符合保险业务的长期性特征。

(三)风险边际与利润的关系

为消除短期利率变动的影响,2013 版对风险边际也作了特别规定。要求风险边际只能反映保险风险和费用风险,不能被市场利率影响。为说明 2013 版强调风险边际的原因,有必要解释风险边际与利润的关系。为此,我们将利润分解为现金流变动、释放的风险边际和摊销的服务边际三部分,具体过程如下:

记利润为 Pr,保费收入为 P,赔付为 C,现金流折现值为 CF,风险边际为 RM,服务边际为 SM,投资收益为 I,资产为 A,投资收益率为 j,评估利率为 i,则第 t 年的利润为:

$$Pr_t = P_t - C_t + (CF_{t-1} + RM_{t-1} + SM_{t-1}) - (CF_t + RM_t + SM_t) + I_t$$
$$= P_t - C_t + (CF_{t-1} + RM_{t-1} + SM_{t-1}) - (CF_t + RM_t + SM_t) + A_{t-1} \cdot j \qquad (1)$$

每年年初保险账户中的资产等于上年年末的保险负债,即:

$$A_{t-1} = CF_{t-1} + RM_{t-1} + SM_{t-1} \qquad (2)$$

(2)式代入(1)式中:

$$Pr_t = CF_{t-1}(1+j) + P_t - C_t - CF_t + RM_{t-1}(1+j) - RM_t + SM_{t-1}(1+j) - SM_t \qquad (3)$$

根据现金流折现值的定义:

$$CF_{t-1}(1+i) + M_t - C_t = CF_t \qquad (4)$$

(4)式代入利润公式(3)中,有:

$$P_t = CF_{t-1}(j-i) + RM_{t-1}(1+j) - RM_t + SM_{t-1}(1+j) - SM_t \qquad (5)$$

由(5)式,利润被分为三个部分:

现金流变动　$CF_{t-1}(j-i)$

释放的风险边际　$RM_{t-1}(1+j) - RM_t$

摊销的服务边际　$SM_{t-1}(1+j) - SM_t$

按此方法,在短期利率不变的情形下,按 2013 版核算的利润分解结果如表 7－11 所示。

表 7－11　　短期利率不变情形下的利润分解结果　　单位:元

	现金流变动	释放风险边际	摊销服务边际	利润
第一年	8 162×(6.5%－7%)＝－40	163×(1＋6.5%)－175＝－1	744×(1＋6.5%)－512＝280	239
第二年	8 734×(6.1%－7%)＝－78	175×(1＋6.1%)－187＝－1	512×(1＋6.1%)－264＝279	200
第三年	9 345×(5.75%－7%)＝－117	187×(1＋5.75%)＝197	264×(1＋5.75%) ＝279	359

三年中最后一年的利润最高，第二年最低。按照本例的假设，保险赔付与定价预期相同，保险利润为0，利润来源于定价时预期的利润和投资收益。三年投资收益率分别为6.5%、6.1%和5.75%，按投资收益率计算，利润应逐年下降，似乎与表7—11的计算结果矛盾。仔细分析利润来源，可以看到第三年释放的风险边际远远高于前两年，第一年和第二年风险边际几乎不变，第三年全部释放。如果扣除风险边际的影响，三年利润分别为240元、201元和162元，与逐年下降的投资收益率保持一致。这个例子说明了，负债价值中考虑风险边际虽然符合会计中的谨慎性原则，但会推迟利润的实现。过度谨慎的风险边际产生不真实的利润数据，使财务报表信息扭曲。

2010版没有限制风险边际的属性，实施过程中有可能产生风险边际过高的情况。例如，本例中直接按现金流折现值的比例计算，就导致了过高的风险边际。过高的风险边际不仅带来不真实的财务数据，还会增加保险负债，提高保险公司的资本要求。如果保险公司的资本达不到要求，就只能低价出售保单或上市筹资，成为资本市场炒作的对象，这将给保险行业的平稳发展带来极大的阻碍。为避免这些情况发生，2013版强调了风险边际的功能，风险边际是为了度量与保险和费用有关的风险，如保险风险和费用风险，这些风险的不确定程度在现金流的估计值中反映。而那些受市场利率影响的风险，如投资风险、资产负债不匹配风险或操作风险，不是保险合同固有的风险，不应该在风险边际中反映。2013版的这些约束既可以防止风险边际过高，也可以使其不受市场利率变动的影响，保持保险负债的稳定。

三、结论与建议

如果完全忽略保险合同的变现可能，将保险合同看成持有至到期，评估利率应该在整个保险期限内锁定，负债和利润不受市场利率变动的影响。保险合同可以自由买卖或变现则是另一个极端，评估利率与市场利率一致。大部分长期人寿保险业务都有退保价值，其流动性介于两者之间。2010版和2013版都允许在负债评估利率中考虑非流动性溢价，但如何评估保险合同的这种流动性溢价，并没有完善的模型或理论，而且保险合同的流动性与保险合同的特征有关，不可能对所有公司给出统一的标准。将非流动性溢价引入负债评估利率，不仅给评估带来困难，还使保险公司的财务信息变得更加不透明。2013版用分离利润的办法回避了这一问题，在利润表中锁定负债评估利率，保持了利润表的稳定，把不容易准确度量的非流动性部分放入综合收益，又向读者传递了利率影响程度的相关信息。

我国的通用保险会计准则依据2010版制定，表现在两个方面：一是评估利率采用750天国债平均收益率加非流动性溢价确定，负债的变动直接记入利润表。与长达数十年的保险合同相比，750天的时间并不长，即使采用了平均利率，也会使负债和净资产受到短期市场利率波动的影响。二是风险边际用不利情形与预期情形之差异来度量，但并未强调何为不利情形。如果不利情形中考虑了资本市场低迷、资产期限远远小于负债这些市场因素，就有可能得到较高的风险边际，增加保险公司的经营负担。我国保险监管会计准则尚未完成，通用会计准则也面临修改与调整，在此过程中，2010版可能带来的诸多不利后果不可不引起重视，而2013版暗含的思想也是必须深刻领会的。

（资料来源：杨步青、任志辉、李晓洁：《减小利率波动对利润的影响——解读2013版IFRS4》，《精算通讯》，2014年第8卷第3期。）

复习思考题

1. 如果负债评估假设过于乐观，对产品利润和股东权益有什么影响？

2. 在例 7—1 中，假设加上不利偏差后，费用率是无偏估计的 120%，死亡率和退保率分别是最优估计的 110%，用现金流模型计算风险边际。

3. 对于投连保险业务，投保人可以选择投资账户的类型，如保守型、中庸型和激进型，如果保险公司将保守型账户中的资金投资于股票和基金等高风险资产，会有什么不利后果？怎样在保险负债评估中考虑这些不利影响？

4. 解释保险负债的流动性，并说明为什么保险负债的流动性会比较低。

第八章 偿付能力管理

学习目标

1. 理解偿付能力的法律标准和偿付能力管理的含义
2. 了解影响保险公司偿付能力的风险
3. 理解风险资本方法和实际资本的含义
4. 了解偿付能力监管体系的构成和分类监管原则
5. 理解保险保障基金的功能

金融机构的偿付能力是指偿还负债的可能性。金融机构的主要债权人是存款人、投保人和养老金成员这些客户。金融机构的偿付能力越强，客户权益的保障程度越高。金融机构的偿付能力对维持整个金融系统和经济系统的稳定非常重要。客户的信任和信心是金融机构维持正常经营的保证，当某家金融机构因偿付能力不足而无法履行对某些客户的合同责任时，就会引发其他客户的恐慌。市场恐慌造成大批客户同时要求提款或退保，银行或保险公司不得不低价抛售资产以减轻巨大的现金流压力，资本市场受到冲击，一家金融机构的危机很快蔓延至整个金融行业，金融系统无法保持稳定的状态。

为防止少数金融机构破产对金融系统的冲击，大多数国家通过法律、法规和监管机构来监控金融机构的偿付能力。如果有金融机构出现偿付能力不足的可能，监管机构会及时采取措施，制止事态的蔓延，将客户和金融系统的损失控制在一定范围内。

金融机构和金融体系的稳健运行涉及很多人的利益，不只是监管机构和客户，税务局和其他债权人、投资者、管理层及公司雇员、其他金融机构，都非常关注金融机构的偿付能力，虽然他们要求的偿付能力程度不一定相同。

本章我们将介绍偿付能力的度量标准、偿付能力的监管措施，以及保险公司如何评估和管理风险，以提高偿付能力。

第一节 偿付能力的法律标准

偿付能力根据资产和负债来度量。所有基于公司法经营的公司都必须保证资产足以支持负债。以信托行为建立的养老金计划受信托法和信托合同的约束，资能抵债是最基本的偿付能力要求。

除公司法或信托法以外，监管机构对金融机构还有更高的偿付能力要求。保险行业的偿付能力标准的依据是最低风险资本要求，保险公司以监管会计准则评估资产、负债和净资产，最低风险资本要求根据监管会计报表计算，净资产与最低资本要求的比值度量了保险公司的偿付能力。

如果公司的偿付能力不满足监管的最低标准，监管者有权力采取监管措施，要求金融机构缩小业务规模、监管机构直接接管或强迫其停止运营。

必须注意的是，最低风险资本要求只是财务指标上对保险公司的净资产提出要求，并不能覆盖保险公司所有的风险。即使偿付能力满足了监管机构的要求，也可能存在风险，尤其是那些无法定量评估的风险。而且，监管标准给出的只是最低标准。过于严格的风险资本要求提高了保险公司的资本成本，使保险行业在与其他行业竞争时处于不利的地位，监管标准不可能设置得非常严格，也不一定符合公司自身的风险状况。公司不应该满足于法定最低要求，保持较高的偿付能力能够增强客户和投资者的信心。

也有可能监管标准过于严格，超出保险公司所需的资本，即便如此，公司也必须遵守法定要求，时刻都要避免资本水平低于最低要求。

第二节　偿付能力的含义

净资产满足法定的最低风险资本要求是偿付能力的法律标准。偿付能力管理，是要保证保险公司能够在任何不利情形下都能履行保单责任。资本充足是偿付能力的一个方面，偿付能力还有其他的含义：①资本是昂贵的资金来源，资本是抵御风险的最后一道防线。在此之前，公司应采用其他成本更低的方法管理和控制风险。②资产产生的现金流入能及时满足保险赔付，因为流动性风险也会影响偿付能力，导致金融机构破产。③资产不仅要满足当前的负债要求，还要在公司持续发展的假设下，满足未来的保单负债要求。有时监管机构也会对动态的偿付能力给出度量标准和要求，公司在指定的假设下预测未来的资产负债状况，评估资本能否持续高于最低风险资本。

需要强调的是，偿付能力监管的目的是为了促进保险公司对风险进行管理和控制，如果没有风险管理，再充足的资本都是不够的。

第三节　停止新业务假设

为评估偿付能力而进行的会计核算，应该对公司经营采用何种假设，这个问题值得讨论。破产清算和持续经营是两种极端情形，介于两者之间的是准清算假设：保险公司不再接受新的业务，现有保单继续提供服务直到所有保单结束。

先考虑破产清算假设。由于保险行业涉及大众民生，是维持社会经济稳定的基础，保险公司即使停止所有业务，也不能与投保人解除合同，退还退保金或保费，而是要将保险合同转移给其他公司，保单继续有效。假设公司现在就停止经营，所有资产变现，资产及保单全部转移给另一家公司，那么偿付能力的要求可以设置为所有资产变现后的价值不能小于监管会计准则下的保单负债价值和最低风险资本要求之和，否则接受业务的公司就要拿出额外的资本来支持转入保单，支付资本成本。所有资产同时变现，会有较高的变现损失，而且不是所有的资产都有交易市场，非通用的软件和管理信息系统不一定能卖掉，裁员的员工补偿也是一笔不小的开支，这些都增加了破产成本，导致清算假设下的偿付能力要求比较高。

另一个极端是持续经营假设，这种假设的要求低一些。原因在于：持续经营假设下，新业务和现有业务的保费收入都可以用来弥补固定成本；公司可以持有较长期限的资产，没有变现压力，资产按照市场价值或账面价值评估，没有变现损失。持续经营考虑了新业务对资本的贡献，实际上是假设新业务的利润可以用来弥补现有业务的风险。但当公司面临重大风险，可能出现现金流危机或资产不足以支付赔款时，公司很难获得新的业务，所以持续经营假设作为偿付能力要求，是不够谨慎的。

停止新业务假设，介于两者之间。假设公司不再接受新的业务，但继续为现有业务提供服务，直到所有保单满期。资产不需要一次性变现，按照负债现金流的需求逐步出售，偿还负债。停止新业务假设对保险公司的冲击最小，又保持了一定的谨慎程度，很多国家都采用这一假设评估偿付能力。

一、认可资产与非认可资产

按照通用会计准则核算的资产价值是编制监管会计报表的起点，资产的账面价值用市场价值调整后记入监管报表。监管会计准则允许记入监管报表的资产称为认可资产，不能记入的称为非认可资产。

在以市值为基础的国际会计准则推行以前，很多国家允许用账面价值核算资产，例如以购买成本入账。账面价值不等于市场价值，账面价值容易引起误导，掩盖风险。20 世纪 90 年代日本多家保险公司破产，这些公司破产前以账面价值衡量，很多都达到了监管要求。80 年代美国大批存贷款机构倒闭，也是因为错误地使用账面价值评估，未能及早发现风险。

即使以市场价值来衡量也不能完全反映停止新业务假设下的资产价值，有些资产在公司缩减业务后无法变现，那么就不应该计入认可资产，在监管会计准则中此类资产称为非认可资产。非认可资产的例子有：

(1)无法转让的无形资产，如信誉、非专利技术等。我国监管会计准则中，只有土地使用权是认可资产，其余无形资产都是非认可资产。

(2)价值依赖于公司持续经营的资产，例如可以用来减少未来应税利润的往年度亏损。

(3)破产时很难收回的资产，如被冻结的存款。

(4)子公司的锁定资本不能作为母公司的资产。例如，A 公司拥有子公司 B，B 公司净资产 100 万元，风险资本要求 80 万元，那么 B 公司的净资产只有 20 万元可以自由支配，80 万元作为风险资本为现有业务提供保护，B 公司的保单持有人有优先索赔权，A 公司不能随意使用。那么，A 公司在计算自己的资本时，只能计入 B 公司的 20 万元。

(5)风险高或风险集中的资产，认可价值会有限制，以鼓励保险公司分散投资，降低风险。例如，监管标准可能会规定资产的认可价值不能超过总资产的 5%。

[例 8—1] HIH 公司破产前是澳大利亚第二大保险公司，2000 年公司总资产 80 亿澳元，负债 71 亿澳元，净资产 9 亿澳元。2001 年 3 月 15 日，NSW 法院宣布公司破产进入清算状态，清算后的负债估计值超过资产 53 亿澳元。为什么破产前后的财务报表差异如此之大呢？仔细检查其财务报表，就会发现该公司的很多资产在准清算假设下根本没有价值。

在公司 2000 年 6 月 30 日的报表中，可以注意到以下的资产项目：

表 8—1

单位：澳元

商誉	476 000 000
未弥补亏损	138 000 000
递延获得成本	304 000 000
总　计	918 000 000

这些无形资产能够产生未来的收入或减少所得税，但如果公司停止营业，这些资产就没有价值了。除了这些项目之外，HIH 公司的某些资产已经用作抵押，公司破产时银行对抵押资产有优先索赔权，也不能用来支付保险赔付。

二、认可负债

为了准确地反映资产与负债匹配的状况，监管会计准则中的负债应采用与资产同样的评估标准，也就是说，也应反映市场风险对负债价值的影响。持续经营假设下的负债公允价值，是监管会计评估的起点，在此基础上，再根据偿付能力评估的假设进行调整。例如：

(1)人寿保险行业在遭受偿付能力危机时，会出现类似银行挤兑的大批保单同时申请退保，如果保险合同条款中有最低退保金的保证，那么保险负债就不能小于所有保单的退保金之和。保险条款中允许保险公司根据资产市场价值的变现损失调整退保金时，也应按照相关的法律法规的要求，根据估计的退保金金额设置负债的下限。

(2)停止新业务假设下的负债评估要考虑选择性退保的风险。当保险公司处于挤兑状态时，好的风险更容易退保而转向其他财务健康的公司，留下来的保单风险等级较高，赔付成本会上升。不论是人寿保险还是财产保险，选择性退保都有可能出现。

(3)养老金计划中，在雇主面临破产，养老金计划停止继续接受新成员时，会有大量裁员，提前退休率也会突然增加，离职员工有权利将已获得的养老金转走，提前退休的职工马上就可以领取养老金，这些都会使保单负债的价值增加。

(4)分红保单中的未来年度红利和终了红利。分红保单只有已分配的红利是确定承担的负债，未来红利和终了红利保险公司都不做保证。但是，公司在产品宣传资料中的分红演示、过去的分红惯例、公司的分红政策，都会使保单持有人对不保证的红利部分形成合理预期。而且，分红产品通常已经通过谨慎定价将年度红利和终了红利考虑在费率中。即使公司停止新业务，未保证的红利也不应该完全没收。英国的做法是必须在偿付能力负债评估中考虑保单持有人对未来分红的合理预期，否则政府会干涉。

三、监管报表的审核

公司面临财务困境时，大多数公司的管理层会低估风险，乐观地评估资产，低估负债，没有为可能到来的风险做好充分准备。使监管报表失去真实性的原因有：

1. 管理层的欺骗行为

公司停止营业，利益受影响最大的是公司高级管理层，他们为了维持高收入和业界的地位，会选择以欺诈或隐瞒的手段掩盖风险和损失。财务欺诈是很多公司破产的主要原因。

2. 不可靠的市场价值

如果资产的价值由主观判断，而不是利用客观的数据和模型评估，那么很有可能出错。使资产的市场价值不可靠的原因有：资产的市场价格下滑，而公司没有资产的市场价格数据；对未来租金和变现价值的假设不符合实际，过分乐观；评估人不能保持独立，与公司管理层有良好的关系，或评估费根据评估价值确定。

3. 不安全的分支机构交易

母公司可能为了帮助子公司摆脱财务困境，安排另一家子公司与其交易，交易条件不公平，且不透明，不容易被市场察觉。例如，困境公司直接向其他子公司借款，但不提供足够抵押；困境公司能够申请到非常宽松的欠款政策；财务健康公司为困境公司担保；财务困境公司高价出售资产或收取高于市场水平的服务费用；财务困境公司利用再保险转移风险和损失。母公司如有财务困难，可能会强迫子公司高比例分红。由于关联交易的风险高，监管会计准则可能会将子公司投资列为不认可资产；或对关联交易进行更为细致的审计，检查每一笔交易是否合理与公平。

4. 坏账

无法回收的贷款应预留准备金，准备金冲减贷款资产的评估价值。《巴塞尔协议》要求银行业为有可能无法收回或基本无法收回的贷款提取坏账准备金。坏账准备金的金额需要根据借款人未来的经营状况或市场价值估计。过去对可能损失的估计通常依赖主观判断，不一定可靠。现在，银行逐渐采用多元统计模型来评估准备金。

贷款无法收回时，也会影响到抵押资产的价值。例如，一项以1 000万元资产作为抵押的贷款，如果借款人违约，抵押资产被查封，资产的实际价值很难高于1 000万元。

保险公司有可能故意隐瞒资产的信用风险。20 世纪 80 年代，美国的 Executive Life 人寿保险公司将资金大量投资于垃圾债券。其中一笔债券发行人到期无法支付利息，按照监管要求必须下调债券的评估价值，为保持偿付能力不变，寿险公司在财务上做假，用该发行人的新发行债券来冒充未付利息，掩盖了风险。

5. 再保险

再保险赔付可以处理为资产，也可以降低负债，前提是再保险合同能够正常执行，保险公司能够得到全额赔付。即使没有违约风险，再保险公司也可能以保险公司未能准确表述保险风险或违反最大诚信原则，而拒绝大额索赔。

财务再保险安排也会被用来掩盖真实财务状况。Executive Life 人寿保险公司和 HIH 公司都曾利用财务再保险合约粉饰财务报表，欺骗监管者。

6. 责任准备金评估不足

责任准备金不足是财产保险公司破产的主要原因。负债的评估价值很大程度上取决于数据。如果负债交由外部精算师评估，而公司没有提供完整的数据记录，保险负债就很难得到准确估计。例如，HIH 公司的很多索赔记录就没有及时地输入电脑系统。有些财产保险公司刻意低估未决赔款，以降低负债，提高偿付能力。

养老金计划也常常被低估负债，评估者使用较高的折现率低估负债，因为养老金负债的期限长，对折现率的微小变化非常敏感。

为防止这些漏洞，提高监管报表的信息质量，监管机构和会计组织在制定监管会计准则时，要对资产和负债给出清晰的定义。会计标准的弹性越大，夸大偿付能力的机会就越多。

要求监管报表接受外部审计师审计也可以控制财务报表的质量，重要的是要保证审计人员的独立性和有敢于质疑公司不正当行为的勇气。监管机构应该赋予审计师足够的权力，例如获得公司内部数据，进入公司的内部管理系统，必要时可以赋予审计师“吹警哨”的角色。

第四节　保险公司的风险

保险公司的风险可以分为资产风险、负债风险、资产负债匹配风险和经营风险。银行的风险主要来源于资产风险，例如贷款违约风险和资本市场的波动风险。保险公司既有资产风险，也有赔付成本变化的负债风险。

一、资产风险

1. 违约风险

违约风险是指合同另一方违反约定，导致合同无法履行的风险。例如，投资者无法取得预期回报，甚至丧失本金；再保险合同或者金融衍生合约的违约。

2. 市场波动风险

财务报告中的资产价值基于市场价值估计，市场价值可能发生剧烈波动，造成公司账面上的损失。

3. 集中投资风险

集中投资风险是指投资集中于一家公司或业务集中于一家客户。集中投资无法分散风险，不论是系统风险还是非系统风险都会带来投资损失。

4. 无价值的资产

会计报表中有些资产的价值依赖于公司的经营状态，如公司经营状况不佳，这些资产可能不具有价值。例如，给合作公司的贷款，如果金融集团破产，这些贷款全部都会损失；商誉在破产时价值也为零。

二、负债风险

1. 定价风险

保险产品的价格在出售之前就已确定，但保险赔付是不确定的，即使分红保单能够转移部分风险，保险公司自身也会承担损失。每年更新的财险合同，保险公司有权力按照赔付经验调整保费，但已经出售的产品定价不能更改，保险公司仍然要承担定价不足的损失。

2. 责任准备金不足风险

责任准备金是对保险负债的估计，未来不可能准确预测，实际损失超过责任准备金的可能性总是存在的。例如，市场利率、通货膨胀率、投资回报率、死亡率、疾病发生率、赔付通涨率、法庭判决以及费用等，实际情况都有可能超过评估假设。

市场利率变动时，财险公司的长尾业务比短尾业务的风险更大，年金业务比定期寿险业务受到的影响更大。

3. 负债集中风险

保险公司如果将所有保险业务都集中在某一个大客户，或某类客户上，就会面临负债集中风险。例如，财险公司的大部分房屋保险和汽车保险都集中在某一地区，这一地区的自然灾害事件，就可能对保险公司造成致命打击。

4. 巨灾风险

保险公司为巨灾会提取专门的准备金，以应付可能的巨灾风险。但总有一些造成巨大损失的意外事件超出公司的预期,例如政策和法庭判决的变化,恐怖袭击和金融危机等。

三、资产负债匹配风险

1. 流动性风险

投资收益是保险公司重要的利润来源,为获得高的投资收益,保险资金必须投入中长期的投资项目中。但是,保险公司又要保留一定数额的现金应付日常的现金需求和突然的现金流支出。市场利率上升或公司被媒体负面报道时,人寿保险保单的退保率会增加,投资型险种的赎回率也会上升,保险公司需要更多的现金支付退保金。发生了巨灾或严重事故,保险赔付也会突然增加。这些不确定的因素都会给保险公司带来流动性风险,如果没有足够的现金应对这些需求,保险公司就必须在很短的时间内变现资产,不仅要承担较高的变现损失,有些资产还不一定能马上出售,现金短缺对保险公司的影响如同银行遭遇挤兑,严重时甚至会造成公司破产。

对于流动性风险,保险公司要在投资收益与现金需求之间找到平衡。保留多少现金来应对流动性风险,与公司管理层的风险偏好有关。现金越少,流动性风险越大。

2. 市场风险

资产与负债在期限上没有完全匹配时,市场利率的变化会给资产和负债的账面价值带来不同的影响。例如,保险公司的负债期限通常比资产期限长,市场利率下降时,资产价值上升的幅度比负债价值上升的幅度小,净资产减小,偿付能力状况恶化。

根据负债的期限和现金需求选择资产在很大程度上能够减少风险。如有可能,也可以使用金融衍生产品去对冲市场风险。

人寿保险业务和养老金业务产生超长期的保险负债,市场上往往找不到匹配的资产。此时,进行动态的资产负债管理,运用多种金融工具和筹资工具调节资产和负债的期限及现金流尤为重要。

四、操作风险

操作风险是指公司内部管理或实际操作过程中的失误、犯罪行为或外部环境变化而造成损失的风险。

内部管理失误的例子有:业务管理或买卖交易中的失误,如支付金额出错;计算机系统的故障造成暂时停止营业,损害了公司的信誉,削弱了客户对公司的信任;诈骗行为;违反法律法规,如销售误导;销售或核赔管理不善带来的定价不足;金融集团内各子公司相互的影响等等。应对操作风险的主要措施是加强内部风险控制和自律机制。

外部环境变化是指不利的法庭判决、新的法律法规或新的竞争对手。外部环境变化会带来新的风险。国家政策越不稳定,风险越大。

阅读材料　　两次投连风波所引发的思考

2003年,对中国保险业的某些公司来说,是一个无法承受之重年,一个投资连结产品所引发的震动和风波时至今日仍历历在目。2001～2003年某公司依仗投资连结产品这一"新产品策略",业务快速发展,确立了在许多大城市的领先优势,使行业内其他主体备感压力。随着资本市场的波动,形势发生了大逆转。2003年《南方周末》一篇报道,投资连结产品的群体性退保风波在全国蔓延引起了业界、社会的高度关注,如果不是相关部门的强力介入,后果难以想象。

2008年，投资连结保险的诅咒似乎又一次地轮回，2006至2007年资本市场的冲高让许多寿险公司忘却了数年前发生在投资连结产品上的危机，利用高比例投资权益类资产，一时体现在账户价值上的高收益，似乎也可将业务规模狂飙突进。更有甚者，有些银行的分支机构也声称非投资连结产品不代理，加上某些媒体的大肆渲染，被标为创新的投资连结产品再次随着资本市场的逆转，退保风波又一次不期而至，天津等地发生冲击银行柜面的事件与2003年某寿险公司的分支机构受到冲击的场景何其相似，虽然在相关部门快速、果断的措施下没有蔓延为全国性事件，但历史为什么这么快就重新上演？在欧洲、澳大利亚等保险市场上流行的投资连结产品为什么在中国寿险市场上水土不服？是否还会出现第三次风波？这不得不引起我们的深思。

从两次投资连结保险退保风波看，引发退保风波之罪不在产品本身。

1. 从产品的性质来看，投资连结保险是指包含保险保障功能并至少在一个投资账户拥有一定资产价值的人身保险产品。一般设置了几个不同类型的投资账户（相当于不同的开放式基金）供客户自由选择，同时为每张保单设立个人账户，记录客户所选投资账户的投资单位数，个人账户价值增长取决于投资账户的投资收益情况。因多数投资连结产品的投资策略较激进，配置权益类投资较高，加之未来现金流难以预测，盈利稳定性较差。投资连结产品没有保底利率，也不提供最低保证收益，投资账户价值随投资收益而变化，投资风险完全由客户承担。就理财功能而言，投资连结保险与开放式基金有一定的可比性。不同于分红保险、万能保险都有最低保证利率，分红险每年的分红率、万能保险每月的结算利率一经宣布，利益即为锁定不变。分红保险有保底收益，红利来源于三差（利差、死差和费差）收益，被保险人仅分担红利金额不确定风险；万能保险也有保底利率，结算利息来源于投资收益，被保险人仅分担结算利率超过保底利率的部分的不确定风险，其他风险均由保险公司承担。这是其同投资连结产品的重要区别。

投资连结产品偿付能力额度要求低（1%×准备金+0.3%×风险保额），单位资本金对应的盈利也具有吸引力，且公司不用承担投资风险。在资本市场向好的情况下，投资连结产品由于投资政策宽松，易于取得更好的投资回报，进而获得较好的盈利，导致某些寿险公司偏好销售投资连结产品。

投资连结保险在交费期间，如果个人账户价值足够保单管理费和风险保障费的扣取也可以不交费。像万能保险一样，投资连结保险可以提供给客户很多种交费模式，客户完全可以根据自己的经济收入状况来选择交费的时间和金额。这是分红保险无法比拟的。分红保险在交费期间内必须交费，否则宽限期间结束后即失效。

在提供保障的方式上，投资连结保险、万能保险均可以允许客户根据自己的需要进行调整，富有弹性，只要个人账户价值足够保单管理费和风险保障费的扣取就一直有效，同时还可以附带意外、高残、重大疾病等多种保障功能，实现保险产品的保障功能，产品更加灵活。如果个人账户价值偏低，客户还可以降低自己的保险金额以使保单持续更长的时间，这种灵活交费提供给客户一种根据自己当时经济能力高低来决定交费多少和保障高低的解决方案。而分红保险的保障责任一般是固定不变的，缺乏弹性。

销售投资连结产品，信息全面真实披露最为重要，要让保险消费者知道投资连结保险风险的不确定性高，投资风险由消费者承担。让消费者根据自己的心理承受能力和经济承受能力做出评估，决定是否购买。从产品的性质看，投资连结保险在中国不应是大众化的保险消费产品。

2. 从销售的对象来看，我国是发展中国家，解决温饱后的居民个人财富正在积累中，客户心理上、经济上抗风险能力较弱，而且传统文化观念导致保险消费者求安全远远大于冒投资风险。在中国保险市场上寿险公司不能把投资连结产品当作主要业务来源。投资连结产品只适合少数文化程度较高、经济条件较好、风险承受力较强的中高端客户群体。但是，某些保险主体为了发展业务，把高端产品推向了大众化市场，把复杂产品简单化地推销给了中低经济收入群体，造成消化不良，引发投资连结产品的退保风险。在西方畅销的投资连结产品，在中国成不了大众化保险消费产品。

投连保险一般都设有多个投资账户（包括债券型、股票型、混合型等）供客户选择，但各账户没有保底收益，投资收益归客户所有，投资风险完全由客户承担，这样的特性决定了投连产品只适合具有理性及长期投资理念、有较高风险承受能力和经济能力的中高端客户群体。以股票型投资账户为例，由于允许高比例权益类投资，使得账户价值同资本市场密切关联。当资本市场一片飘红时，纸面财富随着资本市场水涨船高。但多数投资连结产品的消费者对该保险产品的了解不全面，每天公布的账户价值随投资收益而变化。当资本市场的泡沫瞬息间破裂、账户价值急剧缩水并出现浮亏之时，经济实力差、风险承受能力较差的中低收入保险消费者，难以接受收益破灭、本金亏损，极易出现过激行为。

3. 从销售的主体来看，保险公司和销售人员一定要避免误导。某些保险公司大力推动投资连结产品的动因在于认为此产品无风险，保险公司将所有投资风险都转嫁由保险消费者承担，保险公司不承担任何投资风险，殊不知该承担风险的寿险公司简单地把风险转嫁给保险消费者本身就是最大风险。只立足于自身无风险，是对保险消费者极大的不负责任。对于普通客户而言，保险既是承担风险，购买投资连结产品也正是看重“保险”二字，寻求到了投资保值增值。如果客户一开始不清楚投资风险没有“保险”，当账户“不保险”、出现损失时，难以像购买基金等投资产品那样客观对待。因此，销售时一定要将投连产品的特点、投资收益的不确定性等向客户解释清楚。我们看到，尽管也有些寿险公司不遗余力地在宣导产品的透明度，但实际情况是投资连结产品在销售环节还存在不透明性，在管理环节还不到位，销售环节的信息披露出现选择性披露，销售人员选择那些有利于销售的话术来引导客户购买。当投资结果与宣导的状况发生较大的偏差时，客户出现受骗上当的感觉就难以避免了。

投资连结产品不适合所有渠道、所有销售人员一哄而上进行销售，而应甄选和培养高素质的专业理财师队伍进行销售。2001～2003 年投连风波主要源于营销队伍的误导，而此次投连风波主要集中表现在银行代理保险渠道。寿险公司不能指望经过简单培训，就让银行的柜员把复杂的投资连结产品短时间里宣导清楚，客户多是凭着对银行的信任而购买了投资连结产品。因此，客户在账户出现亏损时极易将之前对银行的信任转化为怨气和愤怒，甚至导致过激行为的发生。

投资连结产品的销售要由经过严格培训的专业化的理财队伍去宣导销售，不能是所有营销员都销售的产品，更不能通过非专职中介销售。要避免误导需要更规范科学的销售行为，真正选择具有消费能力、风险识别能力和风险承受能力的人群作为销售对象。销售环节的不成熟、不规范也是投资连结产品退保风波的成因之一。

4. 从监管方面来看，我们很高兴地看到，监管部门历来重视维护投保人和被保险人的合法权益，在加强投资连结保险销售管理、打击销售误导方面采取了一系列措施。比如制定技术标准，出台专门针对投资连结保险的精算规定；要求保险公司加强产品管理，强化信息披露，制定了《投资连结保险管理暂行办法》、《新型产品信息披露管理办法》；同时加强了对消费者的风险提示，发布投保新型人身保险产品风险提示公告和《加强投资连结保险销售管理有关事项的通知》等多项规范性文件。但我们也看到，在促进保险公司采用更规范科学的销售行为方面还有些欠缺。“入市有风险，投资需谨慎”，这是基金公司在过去基金销售中对证券市场风险的提示，目前这种风险提示已经上升至“强制”层面，多家基金公司新添了投资者风险测评平台，以供投资者了解自己的风险承受能力，从而选择适合自己的基金产品。如何尽快建立适合保险行业投资连结产品的风险测评制度，帮助指导客户尽可能选择与自身风险承受能力匹配的投资账户，做到理性投资，应该是全行业共同努力的方向。

2008年的投连风波主要来自中小寿险公司。虽然市场的主体日益增多，但是市场还是集中把控在几家大型保险公司手中。为了加快发展、迅速形成规模、夺取一定的市场话语权，一些中小保险公司不得不通过银行渠道销售投连产品来拓展自己的生存空间。但是在各种条件并不具备，尤其是一些中小公司连自己的专业资产管理公司都没有的情况下，投资业绩难以支撑，进而导致退保风波出现是必然的。2月2日，保监会在《关于进一步加强投资连结保险销售管理的通知》中要求投资连结保险将严格限制在银行理财中心和理财柜台销售，不得通过银行储蓄柜台销售。在防止银行代理环节误导的同时，也应考虑保险公司是否具备销售高风险投资理财产品的资质。只有当消费者、销售队伍、监管环境和公司理念四个环节条件都具备时，才可能将合适的产品卖给合适的客户，否则，应该审慎对待，以避免风波的再次发生。

从上面的分析可以看出，两次投连风波均是因不专业的销售人员，向不适合的保险消费群体，推销了客户不了解的产品，所以说市场主体的理性非常重要。同样是销售投资连结保险但结果不一样，不良的投资管理，造成账户价值缩水，引发投连风波，说明保险主体的资质非常重要，但保险业不应该因噎废食。投资连结保险不提供保底收益，投资风险由保险消费者承担，只适合具有理性及长期投资理念、具有较高风险承受能力的中高端客户。在经济欠发达地区大部分客户对投资连结产品的接受尚需时日，正确引导保险消费很重要。中国人保寿险虽然早已具备了销售投资连结保险产品的所有条件和资质，但不急于投放投资连结产品的主要原因是认为目前的市场条件尚不成熟，公司的产品定位仍是传统保险产品、分红保险产品和万能保险产品。分红保险和万能保险除提供保障外，类似于有保底收益的固定收益类产品，适合风险承受能力较低的风险厌恶型客户，才是各主体发展的大众化保险消费产品。

（资料来源：李良温，《中国保险报》，2009年2月17日。）

第五节　最低风险资本要求

最低风险资本要求需要回答的问题是：在不利情形下，为了保证资产支持负债的可能性足够高，净资产的最低水平是多少？

回答这个问题之前需要明确两点：一是不利情形是什么；二是可能性用什么标准度量，需要达到多高。

评估认可负债时采用的停止新业务假设是不利情形的一个方面，但还不够谨慎，不足以给保单提供充足的保障，监管机构可能还会设定资本市场崩溃、自然灾害频繁等更不利的情形，要求资产在这些更不利的情形下仍能支持保险业务。而且，从评估时刻到停业发生之间的这段时间，也有可能发生不利事件，必须留出额外的资本来应对风险。

监管报表中的资产价值和负债价值都不能准确代表实际价值，尤其是保险赔付或给付，不确定性非常高。用来衡量可能性的最常用标准是概率，例如偿付能力监管体系会要求，在考虑了所有不利情形后，在规定的时期内，认可资产大于认可负债的概率高于99.99%。

公式法是一种设定最低风险资本要求的简单做法。选择几个资产或负债项目作为计算基础，将净资产的波动风险表示为这些会计项目的一定比例，最低风险资本要求根据作为计算基础的会计项目在监管报表中的数值和设定的比例系数计算。例如，财产保险的最低风险资本按照保费的一定比例和未决赔款准备金乘以各自的比例系数确定。

造成资产与负债波动的风险因素有很多，简单的公式法将这些风险综合在一起，用几个会计科目和比例来表示，这种做法没有考虑到不同公司的风险差异。两家公司可能都面临证券市场波动风险，证券类资产占比大的公司受影响程度更大，比例系数应该更高。而且，新的金融产品不断出现，资产和负债的种类也越来越多，单一的比例系数无法反映各类资产的风险。

风险资本方法(risk based capital，简称RBC)对风险作了细致的分类，以评估各类风险的相关性和可能造成的损失，这些损失表示成保费、不同类型的资产或负债的比例，比例系数称为风险因子。最低资本要求由保费、各类资产和负债乘以对应的风险因子，并经过风险相关性调整得到。RBC公式已经被部分国家采用，如美国、加拿大、日本和新加坡等国。

设计RBC体系的步骤如下：

第一步：识别引起保险公司破产的主要风险。这一步基于破产案例分析和经验分析。

第二步：确定RBC公式中考虑哪些风险。能够量化损失的风险才能进入RBC公式，如果有适当的风险控制措施，如再保险，可以减少资本要求；如果管理不善而加重风险，如资产负债不匹配，则增加资本要求。难以量化的风险无法用RBC公式计算，可以在风险资本之上再增加额外的资本要求，或通过现场监管、强化内部风险管理等方式来监管。风险资本应该设置固定的最低要求，以强迫保险公司有足够的资金消除一些影响不大的经营损失。

第三步：选择能度量风险大小的会计项目。风险的大小通常用某一会计科目乘以风险因子来表示。用会计项目来计算风险的原因是会计报表经过审计，比较客观，而且容易得到，成本低；缺点是财务报表容易被操纵。有些风险很难选择合适的会计科目，如定价不足风险。如果用保费来计算定价不足的风险，保费收入低的公司定价风险较低，但通常打折销售的公司保费收入少，定价风险应该更高，所需的资本应该更多。保费不是一个很好的选择，不过，如果低价销售给公司带来了更多的保单，总的保费收入因此而增加，那么保费收入还是可以衡量风险大小的。

RBC要求应该能够鼓励保险公司积极管理风险，例如公司安排的再保险计划合适，就可以减少风险要求，或业务分散化程度越高，风险要求越低。

RBC公式对同样的风险做同样的处理，例如所有人寿保险保单的死亡风险都按照风险保额的一定比例计算。如果对不同业务的处理方法不同，保险公司就会增加低资本要求的业务，减少高风险要求的业务，但风险规模并没有降低。

RBC方法要考虑到责任准备金的充足程度，如果责任准备金非常谨慎，资本要求可以降低。有些国家用负债的百分比来计算保险风险资本，结果评估越谨慎的公司风险资本要求越高，鼓励了责任准备金提取不足的行为。因此，设定风险资本时，要将责任准备金与风险资本综合在一起考虑。

第四步：估计风险因子。风险因子可由历史数据得到。如果经济环境或市场环境变化，要调整历史经验后再应用。风险因子应定期复查和更新，以反映最新的经验。实际使用的风险因子不一定是理论值，要顾及综合的影响。如果资本要求太高，增加资本成本，有些公司就会被迫退出或缩减保险业务，不利于保险行业的发展。新的体系实施前通常都会在不同公司测试，如果资本要求大幅度提升，那就要重新修订。

第五步：估计风险的相关性。风险之间有相关性。如果风险之间高度相关，一种风险增加也会带来另一种风险的增加，总的风险要求就是所有风险的资本之和。如果风险相互独立，同时发生的可能性很小，那么直接相加就高估了风险要求。实际操作中，很难估计风险之间的相关性，美国 RBC 体系中的平方根公式是一种粗略的估计。

第六步：选择内部模型还是统一的计算公式。保险公司使用内部模型，能够更加准确、全面地评估风险。内部模型的数据来源于本公司，风险描述更符合业务特征，比统一的计算公式更准确；允许保险公司开发内部模型，可以促使公司提高风险管理水平；使用内部模型可以节省费用。许多大型保险公司已经建立了自己的风险管理体系，直接采用已有系统的信息节省了信息收集和报告的成本。如果内部模型评估的风险资本比公式法更低，公司会有动力去建立这样一个系统。

内部模型的缺陷是：存在利益冲突，监管者必须检查公司内部模型数据的准确性、客观性；模型中需考虑所有重要的风险因素，并且经过实际的检验。

内部模型的另一个问题是各家公司的结果不具有可比性，因为比较的标准不一致。

第六节　实际资本

偿付能力充足率用实际资本与最低风险资本比较得到。实际资本是监管报表净资产中的部分或全部项目。在确定哪些净资产项目能够用于计算实际资本时，要从资本的本质出发。资本是没有投资期限的、能够永久使用的投资，公司没有支付利息的责任，清算时资本提供者——股东的顺序在所有的债权人之后。股本和留存净利润符合资本的定义，但通过其他工具筹集的资金，也具有资本的一部分特征。例如，可转换债券只有在转为股票后才是资本；有期限的次级债券破产时的清算顺序在其他债权人之后，但有使用期限。RBC 体系中必须明确列出可计入实际资本的项目。

阅读材料

我国偿付能力监管体系中对认可资产、认可负债和实际资本的规定

第一条　为规范保险公司认可资产、认可负债和实际资本评估，明确资本分级标准，制定本规则。

第二条　本规则所称保险公司，是指经中国保险监督管理委员会（以下简称保监会）批准，依法设立的保险公司和外国保险公司分公司。

第三条　本规则所称非寿险业务，是指保险公司经营的财产保险以及短期意外险、短期健康险和短期寿险。本规则所称寿险业务，是指保险公司经营的以人身为保险标的的保险，但不包括短期意外险、短期健康险和短期寿险。

第四条　本规则所称实际资本，是指保险公司在持续经营或破产清算状态下可以吸收损失的财务资源。实际资本等于认可资产减去认可负债后的余额。

第五条　实际资本的评估应当遵循以下原则：（一）遵循企业会计准则的确认、计量原则，保监会根据偿付能力监管的目的对资产、负债的评估标准进行调整的除外；（二）实际资本的评

估应适时、恰当地反映保险公司的资产、负债在保险公司的商业模式和市场环境中的价值及其变化;(三)实际资本的评估应当以母公司财务报表而不以合并财务报表为基础;(四)资产与负债的评估原则应当一致;(五)不同类型的保险公司经营相同的保险业务,其资产、负债应适用相同的评估原则。

第六条　保监会根据资本吸收损失的性质和能力,对实际资本实行分级监管。保险公司应当准确计量各级资本,优化资本结构,提高资本质量。

第七条　本规则所称账面价值,包括资产的账面价值和负债的账面价值。资产的账面价值是指保险公司根据企业会计准则确认、计量的资产账面余额扣除资产减值、摊销或折旧后的金额;负债的账面价值是指根据企业会计准则确认、计量的负债的账面余额。保监会认为资产减值计提不恰当的,可要求保险公司对资产减值进行调整。

第八条　在偿付能力监管目的下,保险公司的资产分为认可资产和非认可资产。认可资产是指处置不受限制,并可用于履行对保单持有人赔付义务的资产。不符合前述条件的资产,为非认可资产。

第九条　认可资产包括以下类别:(一)现金及流动性管理工具,是指保险公司持有的现金以及通常可用于现金管理的金融工具。其中,现金包括库存现金、活期存款等,流动性管理工具包括货币市场基金、短期融资券、买入返售证券、央行票据、商业银行票据和拆出资金等;(二)投资资产,是指保险公司资金运用形成的资产,包括定期存款、协议存款、政府债券、金融债券、企业债券、资产证券化产品、信托资产、基础设施投资、权益投资、投资性房地产、衍生金融资产、其他投资资产等;(三)长期股权投资,是指保险公司对被投资单位实施控制、重大影响的权益性投资,以及对其合营企业的权益性投资;(四)再保险资产,包括应收分保准备金、应收分保账款和存出分保保证金等;(五)应收及预付款项,包括应收保费、应收利息、保单质押贷款、应收股利、预付赔款、存出保证金、其他应收和暂付款项等;(六)固定资产,包括自用房屋、机器设备、交通运输设备、在建工程、办公家具等;(七)独立账户资产,是指投资连结保险等各投资账户中的投资资产;(八)其他认可资产,包括递延所得税资产(由经营性亏损引起的递延所得税资产除外)、应急资本等。

第十条　保险公司的下列资产为非认可资产:(一)无形资产(土地使用权除外);(二)由经营性亏损引起的递延所得税资产;(三)长期待摊费用;(四)有迹象表明保险公司到期不能处置或者对其处置受到限制的资产;(五)保监会规定的其他非认可资产。

第十一条　有迹象表明保险公司到期不能处置或者对其处置受到限制的资产,包括:(一)被依法冻结的资产;(二)为他人担保而被质押或抵押的资产(为自身担保的抵押物和质押物除外);(三)由于交易对手出现财务危机、被接管、被宣告破产等事项而导致保险公司对其处置受到限制的资产;(四)由于当地的管制、政治动乱、战争、金融危机等原因导致保险公司对其处置受到限制的境外资产;(五)其他到期不能处置或处置受限的资产。

第十二条　除下列项目外,保险公司各项认可资产以账面价值作为认可价值:(一)对子公司的长期股权投资;(二)寿险业务的应收分保准备金;(三)保监会规定的其他项目。

第十三条　保险公司对子公司的长期股权投资,应当按照权益法确定其认可价值。

第十四条　保险公司非寿险业务应收分保准备金以账面价值作为其认可价值;寿险业务应收分保准备金应当按照《保险公司偿付能力监管规则第 3 号:寿险合同负债评估》计算的分保前寿险合同负债与分保后寿险合同负债之间的差额作为其认可价值。

第十五条　保险公司根据保监会有关规定发行的应急资本,属于认可资产。认可标准由保监会另行规定。

第十六条　在偿付能力监管目的下，保险公司的负债分为认可负债和非认可负债。认可负债是指保险公司无论在持续经营状态还是破产清算状态下均需要偿还的债务，以及超过监管限额的资本工具。不符合前述条件的负债，为非认可负债。

第十七条　认可负债包括以下类别：(一)保险合同负债，包括未到期责任准备金和未决赔款责任准备金；(二)金融负债，包括卖出回购证券、应付返售证券、保户储金及投资款、衍生金融负债等；(三)应付及预收款项，包括应付保单红利、应付赔付款、预收保费、应付分保账款、应付手续费及佣金、应付职工薪酬、应交税费、存入分保保证金等；(四)预计负债，指按照企业会计准则确认、计量的或有事项的有关负债；(五)独立账户负债，包括保险公司对投资连结保险等提取的投资账户负债；(六)资本性负债，指保险公司发行的资本工具按照保监会有关规定不能计入资本的部分；(七)其他认可负债，包括递延所得税负债、现金价值保证、所得税准备等。

第十八条　保险公司的下列负债为非认可负债：(一)保险公司根据财政部有关规定对农业保险业务提取的大灾风险保费准备金；(二)保险公司发行的符合核心资本或附属资本标准、用于补充实际资本且符合计入资本相关条件的长期债务，包括次级定期债务、资本补充债券、次级可转换债券等；(三)保监会规定的其他非认可负债。

第十九条　保险公司非寿险业务的保险合同负债以账面价值作为其认可价值；寿险业务保险合同负债的认可价值根据《保险公司偿付能力监管规则第 3 号：寿险合同负债评估》确定。

第二十条　保险公司的金融负债、应付及预收款项、预计负债、独立账户负债、递延所得税负债以账面价值作为其认可价值。

第二十一条　保险公司寿险业务的保险合同负债的认可价值与公司最低资本之和大于或等于公司全部寿险业务的现金价值时，不确认现金价值保证负债。保险公司寿险业务的保险合同负债的认可价值与公司最低资本之和小于公司全部寿险业务的现金价值时，应确认现金价值保证负债。现金价值保证的认可价值$=\max(CV-PL-MC,0)$其中：CV是保险公司全部寿险业务的现金价值；PL是保险公司按照《保险公司偿付能力监管规则第 3 号：寿险合同负债评估》计算的全部寿险业务的保险合同负债；MC是保险公司的最低资本。

第二十二条　当有证据表明，保险公司的企业所得税应纳税所得额预期在未来持续大于零时，保险公司应当在认可负债中确认所得税准备，即保险公司寿险业务的有效业务价值所对应的所得税义务。保险公司一旦满足所得税准备的确认条件，即应在满足条件的当期确认所得税准备，并且只有当充分的证据显示，公司的所得税应纳税所得额持续大于零的趋势发生根本性的、长期性的逆转，方可终止确认所得税准备。保险公司应当以财务报表的寿险合同负债的剩余边际为基础分析计算所得税准备。具体标准由保监会另行规定。保监会认为保险公司对所得税准备的确认和计量不合理时，保险公司应按照监管要求进行调整。

第二十三条　保险公司发行的次级可转换债券以及没有赎回条款的次级定期债务和资本补充债券，按照下列标准确定认可价值：(一)剩余期限在 2 年以上(含 2 年)的，认可价值为 0；(二)剩余期限在 1 年以上(含 1 年)、2 年以内的，以账面价值的 50%作为其认可价值；(三)剩余期限在 1 年以内的，以账面价值的 80%作为其认可价值。

第二十四条　保险公司发行的具有赎回条款的次级定期债务和资本补充债券，按照下列标准确定认可价值：(一)剩余期限在 4 年以上(含 4 年)的，认可价值为 0；(二)剩余期限在 3 年以上(含 3 年)、4 年以内的，以账面价值的 20%作为其认可价值；(三)剩余期限在 2 年以上(含 2 年)、3 年以内的，以账面价值的 40%作为其认可价值；(四)剩余期限在 1 年以上(含 1

年)、2年以内的,以账面价值的60%作为其认可价值;(五)剩余期限在1年以内的,以账面价值的80%作为其认可价值。赎回日之前和赎回日之后的票面利率差额超过100BP,或者有证据表明保险公司会提前赎回的,剩余期限按赎回日计算,否则按到期日计算。赎回日未赎回的,剩余期限按到期日计算。

第二十五条　保险公司的其他资本性负债的认可标准,由保监会另行规定。

第二十六条　保险公司的资本应当符合以下特性:(一)存在性,即保险公司的资本应当是实缴的资本,保监会另有规定的除外;(二)永续性,即保险公司的资本应当没有到期日或具有保监会规定的较长期限;(三)次级性,即保险公司资本在破产清算时的受偿顺序应当在保险合同负债和一般债务之后;(四)非强制性,即本金的返还和利息(股息)的支付不是保险公司的强制义务,或者在特定条件下可以返还或支付。

第二十七条　根据资本吸收损失的性质和能力,保险公司资本分为核心资本和附属资本。(一)核心资本是指在持续经营状态下和破产清算状态下均可以吸收损失的资本。核心资本分为核心一级资本和核心二级资本。(二)附属资本是指在破产清算状态下可以吸收损失的资本。附属资本分为附属一级资本和附属二级资本。

第二十八条　核心一级资本应当符合下列标准:(一)在存在性方面,应当是实缴的;(二)在永续性方面,应当没有到期日,且发行时不应产生该工具将被回购、赎回或取消的预期;(三)在次级性方面,应当能吸收经营损失和破产损失,破产清算时的受偿顺序排在最后,发行人或其关联方不得提供抵押或保证,也不得通过其他安排使其在法律或经济上享有优先受偿权;(四)在非强制性方面,任何情况下本金返还和收益分配都不是保险公司的强制义务,且不分配收益不被视为违约。

第二十九条　核心二级资本应当符合下列标准:(一)在存在性方面,应当是实缴的;(二)在永续性方面,应当没有到期日或者期限不低于10年,发行5年后方可赎回并且不得含有利率跳升机制及其他赎回激励;(三)在次级性方面,应当能吸收经营损失和破产损失,破产清算时的受偿顺序列于保单持有人和一般债权人之后,先于核心一级资本,发行人或其关联方不得提供抵押或保证,也不得通过其他安排使其在法律或经济上享有优先受偿权,有到期日的,应当含有减记或转股条款,当触发事件发生时,该资本工具能立即减记或者转为普通股;(四)在非强制性方面,有到期日的,支付本金或利息后偿付能力充足率不达标时,不能支付本金或利息,可以设定递延支付条款或取消支付条款。减记或转股条款触发事件的具体标准由保监会另行规定。

第三十条　附属一级资本应当符合下列标准:(一)在存在性方面,应当是实缴的;(二)在永续性方面,期限不低于5年;(三)在次级性方面,应当能吸收破产损失,破产清算时的受偿顺序列于保单持有人和一般债权人之后,先于核心资本;(四)在非强制性方面,可以设定本息递延条款,发行人无法如约支付本息时,该资本工具的权益人无权向法院申请对保险公司实施破产。

第三十一条　附属二级资本应当符合下列标准:(一)在存在性方面,应当是实缴的或符合保监会规定的形式;(二)在永续性方面,期限可以低于5年;(三)在次级性方面,应当能吸收破产损失,破产清算的受偿顺序列于保单持有人和一般债权人之后,先于附属一级资本;(四)在非强制性方面,可以不设定本息支付的约束条件。

第三十二条　保监会有权根据审慎监管原则,指定某项资本工具所属的资本类别。

第三十三条　保险公司应当以财务报表净资产为基础,分析以下项目对实际资本的影响方向，通过调增或调减净资产计算得到核心一级资本：(一)保险公司持有的子公司长期股权投资按照权益法确定的认可价值与其财务报表账面价值的差额；(二)寿险业务应收分保准备金财务报表账面价值与其认可价值的差额；(三)本规则第十条所列的各项非认可资产的账面价值；(四)以公允价值计量的投资性房地产(包括保险公司以物权方式和通过子公司等方式持有的投资性房地产)的公允价值增值(扣除评估增值的所得税影响)；(五)自用房地产中曾以公允价值计量的房地产(包括保险公司以物权方式和通过子公司等方式持有的房地产)的累计评估增值(扣除评估增值的所得税影响)；(六)对农业保险业务提取的大灾风险保费准备金；(七)财务报表下寿险责任准备金负债的账面价值与偿付能力报告下对应的保险合同负债认可价值和所得税准备认可价值之和的差额；(八)按照本规则第二十一条计算的现金价值保证的认可价值；(九)保险公司发行的符合核心一级资本标准的负债类资本工具按规定可计入核心一级资本的金额；(十)保监会规定的其他调整项目。上述(四)、(五)项为附属一级资本。

第三十四条　保险公司各级资本应当符合以下限额标准：(一)附属资本不得超过核心资本的100%；(二)核心二级资本不得超过核心资本的30%；(三)附属二级资本不得超过核心资本的25%。各级资本工具余额超过上述限额的，应当确认为资本性负债，以其超过限额的金额作为认可价值。

(资料来源：摘自《保险公司偿付能力监管规则第1号：实际资本》。)

第七节　保险监管体系

偿付能力充足率反映了公司停止新业务假设下某一时点的财务状况，是一种静态的方法，而且只能用来监管那些能够定量评估的风险。一个完整的监管体系，还要监查保险公司持续经营状态下的财务状况，监控那些无法定量评估的风险，及早干预。禁止或限制某些可能产生风险的行为是最简单的监管方法，例如限制投资渠道、价格管制、限制产品类型或强制再保。单纯的限制束缚了保险公司的经营，压制了创新，也不能提高公司的风险管理水平。现代的监管体系在放松限制的同时，增加了很多灵活的风险管理措施。例如，要求保险公司建立内部风险控制体系，使用适当的风险管理技术，聘用外部专家监控风险，如独立精算师或审计师；聘用专家制订风险管理方案，如设置指定精算师岗位、建立早期预警体系和报告要求。强化市场的监督作用，要求公司充分披露信息。

一、报告和预警系统

许多国家要求保险公司定期提供各种报告，如年报、审计后的财务报告、分类资产报告等。监管机构会仔细分析这些报告，根据报告中的信息计算预警系统中的各种财务指标，及早发现风险。例如，美国的保险监管信息系统(IRIS)和财务分析与偿付能力跟踪系统(FAST)。IRIS系统根据财务比率评估保险公司的财务状况，这些比率描述了责任准备金水平、责任准备金发展趋势、赢利能力、再保险合同的信用、业务结构的变化、投资收益率和流动性。基于破产公司和财务困境公司的研究，每个比率都有安全的范围。对于安全范围以外的比率都要检查，偏离最大的公司要详细调查。

二、信息披露和评级

信息披露的目的是为了给市场提供充分的信息，利用资本市场的监督机制促使保险公司谨慎经营。资本市场上有很多行业研究员，他们利用各种信息分析上市公司的经营状况和赢利能力，对公司的股票价格给出建议。当公司遇到问题时，他们通常会第一个发现问题，并在评论或研究报告中表达自己的观点，公司的股价随之下跌，不利的新闻报告也不断出现。市场上还有很多评级机构，对保险公司给出信用评级，评级下降也会造成公司股价下跌。股价下跌不仅影响保险公司的声誉和投保人对公司的信赖，还会增加公司的筹资成本。任何一家公司的管理层都不愿意见到股价的下滑。股价反映了市场对保险公司的预期，资本市场的监督机制就是通过影响股价来实现的。为了形成正确的预期，让市场的监督机制发挥作用，保险公司必须充分、准确地披露信息。

三、专业人员的监管职责

监管者的资源有限，他们必须依赖专业人员，如精算师和审计师对可能发生的风险进行早期预警，如英国的指定精算师制度。

四、财务状况报告和动态偿付能力测试

许多国家要求保险公司提供精算师出具的财务状况报告和动态偿付能力报告。报告中分析保险公司的财务实力和弱项，用现金流测试或偿付能力测试等技术分析保险公司在指定情形下的财务状况和偿付能力。

例如，美国的寿险公司必须任命评估精算师，评估精算师向董事会和监管者提交精算意见报告。精算意见报告在不同的假设下对公司进行压力测试和现金流测试，详细分析风险状况，报告中要重点突出关键风险的影响程度。

动态偿付能力测试采用随机模型，评估外部环境变化时公司若干年内的偿付能力。动态偿付能力模型不仅要预测财务数据，还要结合公司的管理策略和对变化的反应来评估偿付能力。例如，利率上涨时，资产市场价格会下降，负债价值也会随市场利率提高而降低，退保率可能增加，传统业务的新单减少。动态偿付能力模型中要考虑：这种情况下公司会采取什么样的措施来应对变化，会修改费率吗？会提高红利来增加产品竞争力吗？会改变资产配置吗？股票价格影响资本成本和新业务量，所以模型中还要考虑公司股票价格的变动。

阅读材料　　我国的偿付能力风险管理要求(部分)

第三条　保险公司偿付能力风险由固有风险和控制风险组成。固有风险是指在现有的、正常的保险行业物质技术条件和生产组织方式下，保险公司在经营和管理活动中必然存在的客观的偿付能力相关风险。固有风险由可量化为最低资本的风险(简称量化风险)和难以量化为最低资本的风险(简称难以量化风险)组成。量化风险包括保险风险、市场风险和信用风险，难以量化风险包括操作风险、战略风险、声誉风险和流动性风险。控制风险是指因保险公司内部管理和控制不完善或无效，导致固有风险未被及时识别和控制的偿付能力相关风险。

第四条　保监会根据保险公司的固有风险和控制风险水平综合确定公司的偿付能力风险状况。控制风险及可量化的固有风险通过最低资本进行计量，难以量化的固有风险纳入风险综合评级进行评估。保监会定期对保险公司偿付能力风险管理能力进行评估，确定保险公司

控制风险水平及相应的最低资本。

第五条　保监会根据保险公司的发展阶段、业务规模、风险特征等，将保险公司分为Ⅰ类保险公司和Ⅱ类保险公司，分别提出偿付能力风险管理要求。

第六条　满足下列任意两个标准的保险公司为Ⅰ类保险公司：(一)公司成立超过5年。(二)财产保险公司、再保险公司最近会计年度签单保费超过50亿元或总资产超过200亿元，人身保险公司最近会计年度签单保费超过200亿元或总资产超过300亿元。签单保费是指保险公司按照保险合同约定，向投保人收取的保费。(三)省级分支机构数量超过15家。外国保险公司分公司及不满足上述条件的保险公司为Ⅱ类保险公司。保监会可根据监管需要调整保险公司所属类别。

第七条　保险公司应当根据本规则要求，结合自身业务和风险特征，建立健全偿付能力和风险管理体系，加强对固有风险的管理，提高偿付能力和风险管理能力，降低控制风险。

第八条　保险公司应当建立良好的偿付能力风险管理基础和环境，包括偿付能力风险管理的组织架构、管理制度、考核机制等。

第九条　董事会对保险公司偿付能力风险管理体系的完整性和有效性承担最终责任。具体职责包括：(一)审批公司偿付能力风险管理的总体目标、风险偏好、风险容忍度和风险管理政策；(二)审批公司偿付能力风险管理组织架构和职责；(三)持续关注公司偿付能力风险状况；(四)监督管理层对偿付能力风险进行有效的管理和控制；(五)审批公司偿付能力报告；(六)其他相关事项。

第十条　保险公司应当在董事会下设立风险管理委员会。风险管理委员会在董事会的授权下履行偿付能力风险管理职责。具体职责包括：(一)审议公司偿付能力风险管理的总体目标、风险偏好、风险容忍度和风险管理政策；(二)审议公司偿付能力风险管理组织架构及职责；(三)评估公司重大经营管理事项的风险，持续关注公司面临的各类风险及其管理状况；(四)评估偿付能力风险管理体系运行的有效性；(五)审议重大偿付能力风险事件解决方案；(六)董事会安排的其他事项。

第十一条　满足下列条件的保险集团(控股)公司下属的保险子公司，可以不设立风险管理委员会：(一)保险集团(控股)公司对风险管理采取集中管理模式，在集团层面统筹管理；(二)保险集团(控股)公司在集团层面设置了风险管理委员会；(三)集团层面的风险管理委员会对保险子公司的风险管理实质上满足本规则要求。

第十二条　没有设置董事会的外国保险公司分公司，应由高级管理层履行董事会的风险管理职责并承担相应责任。

第十三条　Ⅱ类保险公司可以不设立风险管理委员会，未设立风险管理委员会的，由审计委员会履行相应职责。

第十四条　风险管理委员会主任应当由具有风险管理经验的董事担任。

第十五条　保险公司高级管理层负责组织实施偿付能力风险管理工作，履行以下职责：(一)研究搭建偿付能力风险管理组织架构；(二)按照偿付能力风险管理总体目标和风险偏好要求，制定并组织执行偿付能力风险管理政策和流程；(三)定期评估偿付能力风险状况；(四)编制偿付能力报告；(五)研究制定偿付能力风险事件解决方案；(六)组织风险管理信息系统的开发和应用；(七)董事会授权的其他风险管理职责。高级管理层应当至少每年向风险管理委员会汇报一次公司偿付能力风险水平以及风险管理状况。

第十六条　保险公司应当指定一名高级管理人员作为首席风险官负责风险管理工作，并将任命情况报告保监会。首席风险官不得同时负责与风险管理有利益冲突的工作。首席风险官应当参加或列席风险管理委员会，了解公司的重大决策、重大风险、重要系统及重要业务流程，参与各项决策的风险评估及审批。

第十七条　Ⅰ类保险公司应当设立独立的风险管理部门，配备至少8名具有风险管理、财会、精算、投资、法律或相关专业背景的风险管理人员，且至少5人应具有3年以上相关工作经验。Ⅱ类保险公司可以根据公司实际情况决定是否设立独立的风险管理部门。未设立独立风险管理部门的，应指定适当的部门牵头负责风险管理工作，该部门至少应有两名具有3年以上风险管理、财会、精算、投资、法律或相关工作经验的专业人员。

第十八条　保险公司原则上应当至少在省级分支机构设立风险管理部门或风险管理岗。分支机构风险管理部门负责人的任命、考核、薪酬由总公司统一管理。

第十九条　保险公司应当明确由风险管理部门牵头风险管理工作，并明确风险管理、销售、承保、财会、精算、投资等部门的职责分工，各相关部门应当积极配合。未设立独立风险管理部门的保险公司应指定适当的部门牵头负责风险管理工作。

第二十条　保险公司内部审计部门每年至少应当检查、评估一次公司偿付能力风险管理体系运行情况和运行效果，监督风险管理政策的执行情况，并向董事会报告。

第二十一条　与偿付能力风险管理体系运行或偿付能力风险管理事项相关的重大分歧或事项应当提交风险管理委员会解决。

第二十二条　保险公司应当制定完善的偿付能力风险管理制度，明确风险管理战略、风险偏好、风险管理组织架构、风险管理机制等事项，以及对保险风险、市场风险、信用风险、操作风险、战略风险、声誉风险和流动性风险的管理要求，并至少每年对偿付能力风险管理制度进行审阅和必要的更新。偿付能力风险管理制度清单和更新记录应留档备查。

第二十三条　保险公司应当在偿付能力风险管理制度中明确偿付能力风险管理考核评价方法，将风险管理制度健全性和遵循有效性纳入对部门及高级管理人员的绩效考核体系，增强各级管理人员的风险意识和责任。其中，Ⅰ类保险公司风险管理制度健全性、遵循有效性相关指标的权重应当符合以下要求：（一）在产品销售、产品管理等业务部门及分管该部门的公司高级管理人员的考核指标中，风险管理制度健全性、遵循有效性相关指标的权重不应低于20%；（二）在财会、投资、精算等职能部门及分管该部门的公司高级管理人员的考核指标中，风险管理制度健全性、遵循有效性相关指标的权重不应低于30%；（三）在风险管理部门及分管该部门的公司高级管理人员的考核指标中，风险管理制度健全性、遵循有效性相关指标的权重不应低于60%；（四）其他与风险管理有关的职能部门及分管该部门的公司高级管理人员的考核指标中，风险管理制度健全性、遵循有效性相关指标的权重不应低于15%。保险公司应当以本规则第十一章所规定的偿付能力风险管理的监管评分，作为风险管理制度健全性和遵循有效性的重要衡量指标。Ⅱ类保险公司可根据本条原则，结合公司自身管理实际情况设置风险指标考核权重，但不得为零。

第二十四条　保险公司应当建立风险管理培训制度，至少符合以下要求：（一）首席风险官和风险管理相关部门负责人每年至少参加一次由保监会组织或认可的风险管理相关培训；（二）保险公司每年至少组织一次针对各级分支机构、各职能部门的偿付能力风险管理培训。

第二十五条　保险公司应当建立偿付能力风险偏好体系，明确公司在实现其战略目标过程中愿意并能够承担的风险水平，确定风险管理目标，运用各类有效的风险管理工具，将风险管理要求嵌入公司经营管理流程中。

第二十六条　保险公司应当制定偿付能力风险偏好管理政策，明确风险偏好管理机制，包括：（一）结合公司的业务发展战略和当前的风险状况，制定风险偏好，采用定性、定量相结合的方式，确定各类风险的风险容忍度和风险限额；（二）建立并不断完善风险偏好传导机制，将风险偏好体系融入公司经营决策中；（三）建立超限额处置机制，并及时监控和报告风险容忍度和风险限额的执行情况；（四）每年对风险偏好体系进行评估和必要的更新。

第二十七条　保险公司应当运用恰当的风险管理工具，管理各类风险。风险管理工具包括但不限于：（一）全面预算；（二）资产负债管理；（三）资本规划与配置；（四）压力测试；（五）风险管理信息系统。

第二十八条　保险公司风险管理部门应当对业务规划和全面预算进行独立的风险评估，确保其符合公司既定风险偏好。业务规划和全面预算在提交董事会审批之前，需经首席风险官审批。

第二十九条　保险公司制定业务规划与全面预算时，应当结合压力测试结果，分析不利情景下公司面临的重要风险及其影响，并相应调整业务规划与全面预算，相关分析底稿和调整方案应留档备查。

第三十条　保险公司应当将偿付能力风险管理目标嵌入资产负债管理流程中，在资产负债管理计划、决策中考虑偿付能力因素。

第三十一条　保险公司应当健全资产负债管理机制，建立资产负债管理重大事项审议制度，确保资产和负债的互动在风险偏好约束之下。

第三十二条　保险公司应当建立资本管理体系，根据公司未来发展战略，每年制定三年滚动资本规划，并报保监会。

第三十三条　Ⅰ类人身保险公司应当根据自身业务模式、风险特征和风险偏好，开发和使用等多种资本管理工具（例如符合偿二代监管原则的经济资本模型），辅助评估公司资本充足状况。Ⅱ类人身保险公司可根据公司实际需要，选择是否使用多种资本计量和管理工具。

第三十四条　保险公司应当根据《保险公司偿付能力监管规则第9号：压力测试》，建立压力测试制度，明确压力测试的管理架构、职责分工、流程、方法和结果的应用。

第三十五条　保险公司应当根据压力测试结果，分析偿付能力风险点和管理中存在的问题，提出相应的管理措施。分析结果和采取的管理措施应留档备查。

第三十六条　保险公司应当建立满足自身风险管理要求的风险管理信息系统，至少应当实现以下功能：（一）与业务、财务等相关系统对接，实现风险管理相关数据的采集、加工，关键风险指标的计算、存储、查询和导出；（二）以关键风险指标为基础，对保险风险、市场风险、信用风险、操作风险、战略风险、声誉风险和流动性风险的风险状况进行列示、分析和预警；（三）支持在系统中进行压力测试；（四）风险管理报表与报告的生成和传递，并留档备查；（五）风险管理信息在各级分支机构、各职能部门之间的汇总和共享，并能够按照不同访问权限区分风险信息列示的内容。

第三十七条　风险管理信息系统的数据应当符合时效性、准确性、一致性和完整性的要求。

第三十八条　保险公司应当定期评估风险管理信息系统的有效性，并根据风险管理以及内部控制的变化做适当的调整。

第三十九条　鼓励保险公司聘请符合《保险公司偿付能力监管规则第15号：保险公司信用评级》规定的外部信用评级机构进行信用评级，并公开披露评级结果。

第四十条　保险公司应当建立偿付能力风险应急管理机制，明确重大突发风险事件的定义和分类、应急管理组织架构、应急预案内容、应急预案启动触发点、应急处置方法和措施、应急预案责任人以及应急事件报告等。保险公司应当对有必要进行应急演练的风险和处置环节，定期开展应急演练，根据演练中发现的问题改善相关制度，并将演练情况和总结留档备查。

第九十条　偿付能力风险管理评估是指保监会对保险公司偿付能力风险的管理能力进行评估，确定保险公司的控制风险水平的监管行为。

第九十一条　偿付能力风险管理评估包括以下内容：（一）偿付能力风险管理的制度健全性，即保险公司的偿付能力风险管理基础、环境、目标和工具等是否科学、全面、合规；（二）偿付能力风险管理的遵循有效性，即保险公司的偿付能力风险管理制度、机制是否得到持续的、有效的实施。

第九十二条　各项风险管理要求的制度健全性和遵循有效性的评估结果分为“完全符合”“大部分符合”“部分符合”和“不符合”四类。保监会根据四类评估结果给予监管评分。

第九十三条　保监会每年对保险公司偿付能力风险管理能力进行一次评估，于4月至10月之间组织实施。评估结束后一年之内，若保险公司偿付能力风险管理能力发生重大变化，保监会可以进行重新评估。

第九十四条　保监会自行或组织保监局对保险公司偿付能力风险管理能力进行评估，必要时可以委托独立第三方机构进行评估。

第九十五条　保监会可以根据需要采用材料调阅、现场查验、问卷调查、质询谈话、穿行测试等方式，对保险公司偿付能力风险管理能力进行评估。

第九十六条　保监会对保险公司偿付能力风险管理能力进行评估时，涉及分支机构的，应当抽取必要数量的分支机构进行符合性测试。

第九十七条　保监会对保险公司偿付能力风险管理能力进行评估，必要时应对保险公司集中核算、委托投资、信息技术服务、销售、理赔等外包业务的受托方进行延伸评估，根据延伸评估的结果综合确定保险公司的风险管理能力。

第九十八条　偿付能力风险管理评估采用百分制，评估标准见附件。

第九十九条　偿付能力风险管理评估结束后，保监会向保险公司通报评估结果。

第一百条　保险公司应当根据偿付能力风险管理评估结果和量化风险最低资本计算控制风险最低资本，计算公式如下：

$$MC_{控制风险}=Q\cdot MC_{量化风险}$$

其中：

$MC_{控制风险}$为控制风险最低资本；

$MC_{量化风险}$为量化风险最低资本总和；

Q为风险因子，$Q=-0.005S+0.4$，S为保监会对保险公司偿付能力风险管理能力给出的评估分数。

第一百〇一条　根据评估结果，保监会可以要求保险公司对偿付能力风险管理中的重大缺陷进行整改，整改无效的可采取必要的监管措施。

（资料来源：摘自《保险公司偿付能力报告编报规则第11号：偿付能力风险管理要求与评估》。）

第八节 偿付能力监管措施

监管机构根据实际资本与最低风险资本要求的比值判断保险公司的偿付能力，偿付能力未达到监管要求的公司，监管机构将采取不同程度的监管措施。这种多层次的方法不仅对实际资本低于最低风险资本要求的公司进行监管，对那些偿付能力不够好、可能面临风险的公司监管机构也会进行早期干预，防止风险发生。例如，我国保监会将保险公司分为四个监管类别：①A类公司。偿付能力充足率达标，且操作风险、战略风险、声誉风险和流动性风险小的公司。②B类公司。偿付能力充足率达标，且操作风险、战略风险、声誉风险和流动性风险较小的公司。③C类公司。偿付能力充足率不达标，或者偿付能力充足率虽然达标，但操作风险、战略风险、声誉风险和流动性风险中某一类或几类风险较大的公司。④D类公司。偿付能力充足率不达标，或者偿付能力充足率虽然达标，但操作风险、战略风险、声誉风险和流动性风险中某一类或几类风险严重的公司。B类公司的监管措施包括风险提示、监管谈话、要求限期整改存在的问题、进行专项现场检查、要求提交和实施预防偿付能力充足率不达标或完善风险管理的计划。C类公司，除采用针对B类公司的监管行为外，监管措施还包括责令调整业务结构，限制业务和资产增长速度，限制增设分支机构，限制商业性广告；限制业务范围，责令转让保险业务或者责令办理分出业务；责令调整资产结构或交易对手，限制投资形式或比例；责令增加资本金，限制向股东分红；限制董事和高级管理人员的薪酬水平；责令调整公司负责人及有关管理人员。此外，对操作风险、战略风险、声誉风险、流动性风险中某一类或某几类风险较大的C类公司，除采取B类公司的监管措施外，保监会还会根据公司的风险状况，采取针对性的监管措施。D类公司，除可采取对C类公司的监管措施外，还可能视情况采取整顿、责令停止部分或全部新业务、接管以及保监会认为必要的其他监管措施。

以下着重讨论对偿付能力不足的公司，即破产公司的监管措施。

偿付能力监管体系不能防止公司破产，当破产发生时，监管机构要及时采取措施减少对社会的负面影响。监管者可以选择用严格的标准衡量偿付能力，在发现问题时马上采取监管措施，要求公司立即对风险给出管理政策。可是，很多时候监管者可能会迫于政治压力而不得不放松监管，大公司也可能会游说政客们对监管者施加压力。即便如此，数次金融危机都表明监管者延迟处理是非常危险的。一家公司的困境有可能蔓延到其他公司，甚至整个金融体系。

当监管者决定采取行动时，应综合考虑对公众的影响和监管成本。一旦保险公司偿付能力不足，首先要求保险公司补足资本，随后要详细调查资本不足的原因，并要求保险公司及时补救。如果只是某些方面忽略了风险，可以要求保险公司立即建立对应的风险管控体系。但是，如果破产的原因是公司整个管理体系都有问题，那么监管机构就有权接管或请求其他保险公司的财务援助。一家公司破产会给市场带来恐慌，整个行业都会受到牵连，其他公司提供一定的援助是值得的。但是，如果损失巨大超过了承受能力，其他公司就会非常犹豫。监管者也会安排某家财务雄厚的公司接管所有保险业务，以减少对公众利益的影响。转让价格基于公平的原则制定。考虑到很多破产公司会隐瞒真实的财务状况，许多公司在接管后都会变成偿付能力不足，进而破产。所以，借助于其他公司来挽救破产者也不是最好的办法。可能的话，让公司继续经营带来的损失最小。

第九节　保险保障基金

建立保险保障基金是风险发生后的补救措施，破产公司的损失可以通过保险保障基金分配到行业内所有的公司去承担。银行也有类似的保障体系，称为存款保险制度。

保险保障基金用于弥补保险公司破产对投保人和第三方造成的损失，例如保险公司破产，健康保险的投保人可能无法得到满意的、足额的赔付。保险保障基金维护了保险公司客户的权益。其缺点是可能会产生道德风险。由于有保险保障基金托底，保险公司可能会更加冒险。行业中财务实力强、风险控制严格的公司通常会反对建立保障基金制度，理由是保障基金实际上只是给弱小的公司提供支持，可能会刺激这些公司的冒险经营行为，例如恶性价格竞争；投保人也不会仔细比较各家保险公司的财务实力，只选择那些价格便宜的公司；有了保险保障基金作为后备措施，监管机构对那些可能偿付能力不足的公司处理会更宽松。

建立行业保障体系要考虑的问题有：①提供补偿的条件。哪些风险造成的损失可以得到行业援助。②谁有资格获得援助，只限于本国居民还是所有的投保人。所有保单补偿是否都相同。③补偿的比例。补偿的比例越高，道德风险越大。例如，投保人能得到全额赔款时，购买保险时就不必关心偿付能力了。如果只能补偿80%，投保人自己要承担20%的损失，他们就会谨慎选择保险公司，而不是只看价格。④资金是预先筹集，还是需要时才筹集。⑤每年筹集资金按照什么标准确定。以资产的固定比例计算，还是根据偿付能力确定，对那些偿付能力不够强的公司征收更多的收费。基于风险的征收费用方法，能够促进财务实力弱的公司改善风险管理系统，提高偿付能力，但风险度量标准较难确定。

每年征收的费用应加以限制，因为一家公司破产可能带来连锁反应，给整个行业带来不可估量的损失，超过了所有公司的承受能力。这时应安排其他的补偿措施。

保险保障基金和其他的监管措施是一个整体，如果有预警或早期干预计划，将会极大地降低援助成本。

阅读材料　　保险保障基金管理办法(部分)

第四条　保险保障基金分为财产保险保障基金和人身保险保障基金。

财产保险保障基金由财产保险公司缴纳形成。

人身保险保障基金由人身保险公司缴纳形成。

第五条　保险保障基金以保障保单持有人利益、维护保险业稳健经营为使用原则，依法集中管理，统筹使用。

第六条　设立国有独资的中国保险保障基金有限责任公司(以下简称保险保障基金公司)，依法负责保险保障基金的筹集、管理和使用。保险保障基金公司依法独立运作，其董事会对保险保障基金的合法使用以及安全负责。

第七条　保险保障基金公司依法建立健全公司治理结构、内部控制制度和风险管理制度，依法运营，独立核算。

第八条　保险保障基金公司依法从事下列业务：

(一)筹集、管理、运作保险保障基金；

(二)监测保险业风险，发现保险公司经营管理中出现可能危及保单持有人和保险行业的重大风险时，向中国保险监督管理委员会（以下简称中国保监会）提出监管处置建议；

（三）对保单持有人、保单受让公司等个人和机构提供救助或者参与对保险业的风险处置工作；

（四）在保险公司被依法撤销或者依法实施破产等情形下，参与保险公司的清算工作；

（五）管理和处分受偿资产；

（六）国务院批准的其他业务。

保险保障基金公司按照前款第（二）项规定向中国保监会提出监管处置建议的，应当及时将有关情况同时抄报财政部、中国人民银行。

第九条　保险保障基金公司设立董事会，董事会成员由中国保监会、财政部、中国人民银行、国家税务总局、国务院法制办推荐。董事长为公司法定代表人，由中国保监会推荐，报国务院批准。

保险保障基金公司应当按照《中华人民共和国公司法》的规定设立有关组织机构，完善公司治理。

第十条　为依法救助保单持有人和保单受让公司、处置保险业风险的需要，经中国保监会商有关部门制订融资方案并报国务院批准后，保险保障基金公司可以多种形式融资。

第十一条　保险保障基金公司应当与中国保监会建立保险公司信息共享机制。

中国保监会定期向保险保障基金公司提供保险公司财务、业务等经营管理信息。中国保监会认定存在风险隐患的保险公司，由中国保监会向保险保障基金公司提供该保险公司财务、业务等专项数据和资料。

保险保障基金公司对所获悉的保险公司各项数据和资料负有保密义务。

第十二条　保险保障基金公司解散须经国务院批准。

第十三条　保险保障基金的来源：

（一）境内保险公司依法缴纳的保险保障基金；

（二）保险保障基金公司依法从破产保险公司清算财产中获得的受偿收入；

（三）捐赠；

（四）上述资金的投资收益；

（五）其他合法收入。

第十四条　保险公司应当按照下列规定，对经营的财产保险业务或者人身保险业务缴纳保险保障基金，缴纳保险保障基金的保险业务纳入保险保障基金救助范围：

（一）非投资型财产保险按照保费收入的0.8%缴纳，投资型财产保险，有保证收益的，按照业务收入的0.08%缴纳，无保证收益的，按照业务收入的0.05%缴纳；

（二）有保证收益的人寿保险按照业务收入的0.15%缴纳，无保证收益的人寿保险按照业务收入的0.05%缴纳；

（三）短期健康保险按照保费收入的0.8%缴纳，长期健康保险按照保费收入的0.15%缴纳；

（四）非投资型意外伤害保险按照保费收入的0.8%缴纳，投资型意外伤害保险，有保证收益的，按照业务收入的0.08%缴纳，无保证收益的，按照业务收入的0.05%缴纳。

本办法所称业务收入，是指投保人按照保险合同约定，为购买相应的保险产品支付给保险公司的全部金额。

第十五条　保险公司应当及时、足额将保险保障基金缴纳到保险保障基金公司的专门账户，有下列情形之一的，可以暂停缴纳：

（一）财产保险公司的保险保障基金余额达到公司总资产6%的；

（二）人身保险公司的保险保障基金余额达到公司总资产1%的。

保险公司的保险保障基金余额减少或者总资产增加，其保险保障基金余额占总资产比例不能满足前款要求的，应当自动恢复缴纳保险保障基金。

保险保障基金公司应当对每一保险公司缴纳的保险保障基金及其变动情况进行单独核算。

保险公司的保险保障基金余额，是指该公司累计缴纳的保险保障基金金额加上分摊的投资收益，扣除各项分摊的费用支出和使用额以后的金额。

第十六条　有下列情形之一的，可以动用保险保障基金：

（一）保险公司被依法撤销或者依法实施破产，其清算财产不足以偿付保单利益的；

（二）中国保监会经商有关部门认定，保险公司存在重大风险，可能严重危及社会公共利益和金融稳定的。

第十七条　动用保险保障基金，由中国保监会拟定风险处置方案和使用办法，与有关部门协商后，报经国务院批准。

保险保障基金公司按照风险处置方案和使用办法的规定，负责办理登记、发放、资金划拨等具体事宜。

第十八条　保险保障基金公司应当对财产保险保障基金和人身保险保障基金分账管理、分别使用。

财产保险保障基金仅用于向财产保险公司的保单持有人提供救助，以及在根据本办法第十六条第（二）项认定存在重大风险的情形下，对财产保险公司进行风险处置。

人身保险保障基金仅用于向人身保险公司的保单持有人和接受人寿保险合同的保单受让公司提供救助，以及在根据本办法第十六条第（二）项认定存在重大风险的情形下，对人身保险公司进行风险处置。

第十九条　保险公司被依法撤销或者依法实施破产，其清算财产不足以偿付保单利益的，保险保障基金按照下列规则对非人寿保险合同的保单持有人提供救助：

（一）保单持有人的损失在人民币5万元以内的部分，保险保障基金予以全额救助；

（二）保单持有人为个人的，对其损失超过人民币5万元的部分，保险保障基金的救助金额为超过部分金额的90%，保单持有人为机构的，对其损失超过人民币5万元的部分，保险保障基金的救助金额为超过部分金额的80%。

前款所称保单持有人的损失，是指保单持有人的保单利益与其从清算财产中获得的清偿金额之间的差额。

第二十条　经营有人寿保险业务的保险公司被依法撤销或者依法实施破产的，其持有的人寿保险合同，必须依法转让给其他经营有人寿保险业务的保险公司；不能同其他保险公司达成转让协议的，由中国保监会指定经营有人寿保险业务的保险公司接收。

第二十一条　被依法撤销或者依法实施破产的保险公司的清算资产不足以偿付人寿保险合同保单利益的，保险保障基金可以按照下列规则向保单受让公司提供救助：

（一）保单持有人为个人的，救助金额以转让后保单利益不超过转让前保单利益的90%为限；

（二）保单持有人为机构的，救助金额以转让后保单利益不超过转让前保单利益的80%为限。

保险保障基金依照前款规定向保单受让公司提供救助的，救助金额应以保护中小保单持有人权益以维护保险市场稳定，并根据保险保障基金资金状况为原则确定。

第二十二条　为保障保单持有人的合法权益，根据社会经济发展的实际情况，经国务院批准，中国保监会可会同有关部门适时调整保险保障基金的救助金额和比例。

第二十三条　保险公司被依法撤销或者依法实施破产，保险保障基金对保单持有人或者保单受让公司予以救助的，按照下列顺序从保险保障基金中扣减：

（一）被依法撤销或者依法实施破产的保险公司保险保障基金余额；

（二）其他保险公司保险保障基金余额。

其他保险公司保险保障基金余额的扣减金额，按照各保险公司上一年度市场份额计算。

第二十四条　保险公司被依法撤销或者依法实施破产的，在撤销决定作出后或者在破产申请依法向人民法院提出前，保单持有人可以与保险保障基金公司签订债权转让协议，保险保障基金公司以保险保障基金向其支付救助款，并获得保单持有人对保险公司的债权。

清算结束后，保险保障基金获得的清偿金额多于支付的救助款的，保险保障基金应当将差额部分返还给保单持有人。

第二十五条　下列业务不属于保险保障基金的救助范围，不缴纳保险保障基金：

（一）保险公司承保的境外直接保险业务；

（二）保险公司的再保险分入业务；

（三）由国务院确定的国家财政承担最终风险的政策性保险业务；

（四）保险公司从事的企业年金受托人、账户管理人等企业年金管理业务；

（五）中国保监会会同有关部门认定的其他不属于保险保障基金救助范围的业务。

保险公司被依法撤销或者依法实施破产，其董事、高级管理人员或者股东因违反法律、行政法规或者国家有关规定，对公司被依法撤销或者依法实施破产负有直接责任的，对该董事、高级管理人员在该保险公司持有的保单利益、该股东在该保险公司持有的财产损失保险的保单利益，保险保障基金不予救助。

第二十六条　中国保监会依法对保险保障基金公司的业务和保险保障基金的筹集、管理、运作进行监管。

第二十七条　财政部负责保险保障基金公司的国有资产管理和财务监督。

保险保障基金公司预算、决算方案由保险保障基金公司董事会制定，报财政部审批。

第二十八条　保险保障基金公司应当建立科学的业绩考评制度，并将考核结果定期报送中国保监会、财政部等有关部门。

第二十九条　保险保障基金的资金运用应当遵循安全性、流动性和收益性原则，在确保资产安全的前提下实现保值增值。

保险保障基金的资金运用限于银行存款，买卖政府债券、中央银行票据、中央企业债券、中央级金融机构发行的金融债券，以及国务院批准的其他资金运用形式。

第三十条　保险保障基金公司可以委托专业的投资管理机构对保险保障基金进行投资管理，并对委托投资管理的保险保障基金实行第三方托管。

第三十一条　保险保障基金公司应当按照下列规定提交有关报告：

（一）按月向中国保监会、财政部、中国人民银行等有关部门报送保险保障基金筹集、运用、使用情况；

（二）按照有关规定，向中国保监会、财政部、中国人民银行等有关部门报送经审计的公司年度财务报告；

（三）应当依法提交的其他报告。

保险保障基金公司未按照本办法规定及时向国家有关部门提交有关报告的，由国家有关部门责令改正。

第三十二条　保险保障基金公司应当定期向保险公司披露保险保障基金的相关财务信息。

（资料来源：中国保险监督管理委员会、中华人民共和国财政部、中国人民银行令 2008 年第 2 号。）

复习思考题

1. 请详细解释偿付能力管理的含义。

2. 公司面临偿付能力危机时，负债的评估价值与持续经营假设下的负债价值有哪些不同？

3. 定价风险和责任准备金不足的风险将如何影响保险公司的偿付能力？

4. 根据我国的偿付能力监管规定，分析实际资本项目必须具有的特征。

5. 结合保监会颁布的保险保障基金管理办法，分析建立行业保障体系中需要考虑的问题。

第九章 资产管理

学习目标

1. 理解投资目标的含义
2. 了解投资过程中的风险
3. 了解单期均值方差模型的特征和缺陷
4. 理解资产负债管理模型的原理
5. 了解投资绩效评价指标

承保和投资是保险公司的两大利润来源，当市场面临激烈的竞争时，承保利润会越来越薄，保险公司依靠投资收益来维持正常经营，因此投资是保险的核心业务。与基金或其他金融行业不同的是，保险投资受到保险赔付的约束，保险投资的目的是在满足保险负债的前提下达到利益最大化，风险控制和匹配负债是保险投资最为显著的特征。本章将讨论保险公司的资产管理，管理的重点是如何构造与负债匹配的投资组合，并监控投资业绩。

第一节 投资目标

投资是保险公司经营活动的一部分，投资目标与保险公司的经营目标是一致的，股份保险公司以股东价值最大化为目标，相互保险公司以投保人利益最大化为目标。在最大化利益的同时，投资活动又不能给保险公司带来更多的风险，保险公司能承受的最高风险限额构成了资产管理的约束条件。资产管理的目标可以描述为在满足约束条件的前提下，股东或投保人利益最大化。按照保险经营的特点，保险资产可以分为三部分：一部分用于支持保险负债，即保险责任准备金。另一部分用于支持风险资本，满足超过负债评估假设之外的风险。除此而外，还必须保留一部分资产作为自由资本，使公司能够迅速对出现的商机做出反应，如宏观政策的变化、竞争对手的失败、市场的壮大以及新产品的开发等事件带来的新的发展机遇。资产的不同部分，其投资目标会有所差异。

实务中将投资目标分解为三个部分：投资政策，即投资组合的总体目标；投资战略，即采用什么机制来满足投资政策；投资策略，即如何实施投资战略。这三个部分从基本原则逐步过渡到具体的实施办法，使投资目标具有可操作性。投资目标中三个部分的划分不是一成不变的，要随着投资环境和保险业务的变化不断地复查和调整。一般情况下，投资政策至少每五年审核一次，但市场出现重大事件时需及时考察投资政策，这些重大事件包括某类产品的保费收入明显过高或过低、公司赢利能力或现金流出现大的变化、失业率和离婚率等个人行为突然改变。市场上某类资产突然减少或增加时，也需要考察投资政策是否合适，例如政府为调整负债结构，决定大量发行长期债券以取代短期债券。投资战略每两年审核一次，以保证与市场信息和实际的投资收益率保持一致。经济形势和市场行为频繁变化时，甚至需要天天调整投资策略。

一、投资政策

投资政策描述了谁来负责管理投资、资产管理的财务目标、将资金配置于哪一类资产，以及投资原则。为了监督整个投资过程，总经理应提供一份书面的投资政策说明，由董事会批准执行，必要时定期向董事会报告投资业绩和投资限额遵守情况。

1. 董事会的职责

公司的管理架构由董事会或总经理决定，董事会下设的投资管理委员会提供建议，董事会决定资产管理交由第三方管理，还是内部人员与外部人员共同管理。

2. 经理人风险

资产管理的风险部分来自投资经理的行为偏离投资政策，称为经理人风险。如果资产管理只是由少数几个投资经理负责，比如公司内部的投资部门，一个投资经理的失误就会造成较大的损失。经理人风险比较大，要严格控制。投资经理人数多，风险能够得到一定程度的分散，但管理费用要增加。

投资经理的业绩评估通常要参照某个参照量。某类资产的投资绩效通常参照市场水平，如参照市场指数衡量股票投资的业绩。投资综合业绩评估时，假设资产按照一定的比例分配到不同资产中，再根据不同资产的参照指标计算综合业绩的参照标准。实际的投资回报率与参照基准之间差异的标准差称为跟踪误差，用于评估经理人风险。

3. 流动性风险

投资政策要考虑负债的性质，来自资产的现金流要满足负债现金流的需求。负债现金流包括保险赔付、满期给付、保费收入和退保金。负债的现金流是不确定的，可以由精算部门按照保险风险特征和退保行为估算出现金流的平均值和可能的偏差。资产的现金流不仅要满足平均现金流，还要为可能的偏差做准备。为减小流动性风险，投资政策中应要求业务管理部门或精算部门提前向投资部门报告大额的现金流出。

4. 其他约束条件

除风险外，对资产管理的其他约束来自监管规定、税收政策和会计标准。很多情况下，最低风险资本要求基于资本种类计算，高风险资产的风险因子更高，认可的比例更少，投资政策中要根据偿付能力要求控制高风险资产的配置比例。

会计标准要求投资收入满足一定的条件才能予以确认，那么在投资政策中要说明这些要求。投资政策中还应说明对税收的影响，例如延迟确认投资回报可以获得资本利得税低于投资收益税的那部分税收优惠，也需要在投资政策中说明。

5. 对经理人的约束

投资政策中对经理人的投资行为约束可以采取多种形式，例如，允许投资的资产类别、风险的度量标准和上限、各类资产的投资比例、交易次数的限制。

二、投资战略

投资战略是指实现投资目标的方案和安排。投资战略应该由公司高级管理层负责执行，并定期向董事会报告执行情况。投资战略的内容有：

界定激进、中性和保守投资战略的含义。给出中性资产配置的资产比例，作为资产投资组合的度量基准。

允许随时根据资产和负债的价值调整资产组合，一种简单的做法是股票的投资金额等于净资产的某个比例。

说明何种情况下，以何种原因才可以偏离中性投资策略。如果投资经理认为某一类资产的市场价值相对于其投资风险很便宜，那么可以增加该资产的投资比例。积极的资产配置管理可以交给外部的专业经理人进行。

各类资产的管理方法。是严格遵守投资比例还是允许经理根据市场和经济环境的判断采取积极的买卖决策。

决定日常的资产管理由什么人负责。

三、投资策略

投资策略是指投资经理短期的买卖行为。积极主动的投资管理会频繁地调整投资结构；被动的投资管理，如盯住指数的投资策略，只有市场指数成分改变时才调整投资结构，否则就一直保持不变。

投资策略不仅指大类资产的结构调整，还包括各类资产中具体券种的调整。允许投资策略调整的幅度限制在投资战略中规定，要在给投资经理的书面要求中详细说明。

阅读材料 保险公司投资的组织架构与职责（部分）

第二十八条 保险资金运用实行董事会负责制。保险公司董事会应当对资产配置和投资政策、风险控制、合规管理承担最终责任，主要履行下列职责：

（一）审定保险资金运用管理制度；

（二）确定保险资金运用的管理方式；

（三）审定投资决策程序和授权机制；

（四）审定资产战略配置规划、年度投资计划和投资指引及相关调整方案；

（五）决定重大投资事项；

（六）审定新投资品种的投资策略和运作方案；

（七）建立资金运用绩效考核制度；

（八）其他相关职责。

董事会应当设立资产负债管理委员会（投资决策委员会）和风险管理委员会。

第二十九条 保险集团（控股）公司、保险公司决定委托投资，以及投资无担保债券、股票、股权和不动产等重大保险资金运用事项，应当经董事会审议通过。

第三十条 保险集团（控股）公司、保险公司经营管理层根据董事会授权，应当履行下列职责：

（一）负责保险资金运用的日常运营和管理工作；

（二）建立保险资金运用与财务、精算、产品和风控等部门之间的协商机制；

（三）审议资产管理部门拟定的保险资产战略配置规划和年度资产配置策略，并提交董事会审定；

（四）控制和管理保险资金运用风险；

（五）执行经董事会审定的资产配置规划和年度资产配置策略；

（六）提出调整资产战略配置调整方案；

（七）其他职责。

第三十一条　保险集团（控股）公司、保险公司应当设置专门的保险资产管理部门，并独立于财务、精算、风险控制等其他业务部门，履行下列职责：

（一）拟定保险资金运用管理制度；

（二）拟定资产战略配置规划和年度资产配置策略；

（三）拟定资产战略配置调整方案；

（四）执行年度资产配置计划；

（五）实施保险资金运用风险管理措施；

（六）其他职责。

保险集团（控股）公司、保险公司自行投资的，保险资产管理部门应当负责日常投资和交易管理；委托投资的，保险资产管理部门应当履行委托人职责，监督投资行为和评估投资业绩等职责。

第三十二条　保险集团（控股）公司、保险公司的资产管理部门应当在投资研究、资产清算、风险控制、业绩评估、相关保障等环节设置岗位，建立防火墙体系，实现专业化、规范化、程序化运作。

保险集团（控股）公司、保险公司自行投资的，资产管理部门应当设置投资、交易等与资金运用业务直接相关的岗位。

第三十三条　保险集团（控股）公司、保险公司风险管理部门以及具有相应管理职能的部门，应当履行下列职责：

（一）拟定保险资金运用风险管理制度；

（二）审核和监控保险资金运用合法合规性；

（三）识别、评估、跟踪、控制和管理保险资金运用风险；

（四）定期报告资金运用风险管理状况；

（五）其他职责。

第三十四条　保险资产管理机构应当设立首席风险管理执行官。

首席风险管理执行官为公司高级管理人员，负责组织和指导保险资产管理机构风险管理，履职范围应当包括保险资产管理机构运作的所有业务环节，独立向董事会、中国保监会报告有关情况，提出防范和化解重大风险建议。

（资料来源：摘自《保险资金运用管理暂行办法》——保监会令 2014 年第 3 号。）

第二节　均值方差模型

上节我们介绍了如何在实务操作中将投资目标分为三部分来逐步实现，本节和下一节我们将构造最优投资组合的理论模型和方法。以股份保险公司为例，构造最优投资组合是指在给定的风险约束下，选择合适的投资项目，确定各类资产的投资比例，以达到股东利益最大化。

构造最优投资组合可以用一个最优化的数学模型来描述，目标函数是股东利益，约束条件是风险限额，控制变量是各类资产的投资比例、再投资方案和不同经济环境下的公司决策，例如分红决策、新业务规模和遭遇流动性危机时的资产变现方案。

最优投资组合模型的复杂程度由保险负债决定。如果没有保险负债的约束，例如投连保险的投资基金部分，资产的收益率描述是模型的核心，用均值方差的分析框架就能找到比较理想的最优投资组合。

考虑保险负债的约束时，以盈余作为核心变量，盈余等于资产减去负债：

盈余＝期初资产－期末资产－（期初负债－期末负债）＋当期净现金流

净现金流指 t 时刻到 $t+1$ 时刻的保费收入、费用、赔款和退保金。

在简化的假设下，（期初资产－期末资产）和当期净现金流－（期初负债－期末负债）都可以用布朗运动描述，取目标函数为各期盈余之和或累计盈余最大，于是模型就可以直接采用均值方差的分析框架得到最优解。

但保险产品不仅负债受到保险风险和外部经济因素的影响，净现金流还与投保人的行为及保险公司的管理行为相关，例如不同经济环境下投保人的退保和缴费水平等行为、保险公司的分红政策等，这些因素在不同的时期互相关联，其随机特征也无法用正态分布描述，必须为负债建立更复杂的模型，增加投保人行为和公司管理行为的假设，用随机模拟等方法选择最优的投资组合。

一、均值方差框架下的最优投资组合模型

没有保险负债的约束和简化假设下的盈余模型可以采用均值方差的分析框架，投资目标简化为在方差不高于限额的条件下，资产或盈余最大。单期模型有四项假设：各类资产投资收益率的期望和方差、不同资产收益率的相关系数、投资收益率的分布类型、当期净现金流－（期初负债－期末负债）的分布特征。控制变量是投资组合中各类资产的投资收益率及其在投资组合中所占的权重。

每类资产的投资收益率由两部分组成：该类资产的基准绩效和投资经理获得的超额回报，超额回报可能为正也可能为负。

为描述投资组合的收益率，先建立基准组合，作为投资业绩的评价基准，投资组合的收益率用基准组合的收益率和实际权重与基准组合的偏离表示。投资组合的收益率方差由三个参数决定：基准组合的方差、各类资产的权重和经理人的跟踪误差。

1. 投资收益率的分布

单期的均值方差模型是最简单的模型，该模型假设是投资收益率服从多元正态分布，用方差度量风险，尽管这种处理风险的方法比较简单，但在数学和计算上都容易处理，现在仍然是最流行的方法。实际的投资收益率往往是有偏分布，正态分布不是一个很好的假设，其他的选择有：分布的标准差为随机过程的随机波动模型；自由度较小的学生氏分布，自由度为 3 或者 5；经验分布。

各类资产的相关性描述也很重要，特别是在负债是长尾或大额损失的可能性特别高时，这时仅仅用线性相关系数不足以描述各类资产投资收益率之间的关系，只是依赖均值、方差和相关系数的模型可能严重低估风险，要考虑构造更复杂的联合分布。

2. 投资收益率的时间序列特征

投资收益率的波动率、相关性和各期收益率的独立性可能会随时间变化。股票资产各期

的投资收益率可以假设为独立，波动率随时间而变化。债券类资产的投资收益率则有很强的自相关性，要用更复杂的随机过程描述。

3. 投资收益率的估计误差

投资收益率的均值和方差估计来源于历史数据，再长期的经验数据也不能避免误差。误差有三个来源：统计误差、估计误差和模型误差。

统计误差是指实际值偏离期望值的误差。例如，假设投资收益率服从正态分布，期望值均值为 6%，标准为 15%，那么实际的投资收益率有 85%的可能性在[6%－15%，6%＋15%]之间波动。

估计误差是指参数估计错误产生的误差。例如，正态分布有期望值 μ 和方差σ^2两个参数。用过去 N 年经验数据的样本均值估计期望值，用样本方差估计方差，样本均值的估计误差为$\frac{\sigma}{\sqrt{N}}$，样本方差的估计误差为$\frac{\sigma^2\sqrt{2}}{\sqrt{N-1}}$。

这是最简单的模型，如果用计量经济模型，需要估计的参数更多，每个参数都有估计误差。回归是最常用的计量模型，其他都很少用到。

以上讨论都是基于正态分布，如果实际分布是对数正态，或者各年度收益率之间不独立，或者投资收益率的分布尾部过厚而不存在标准差，就产生了模型误差。度量模型误差的最简单方法是比较几种模型的估计结果。

模型误差对衍生产品或对冲组合影响较大，对长尾负债的影响大。

4. 假设的一致性

用历史数据估计参数值，暗含的假设是经济环境和市场没有发生改变，但假设不成立时，未来收益率不能简单地用历史数据去估计。

参数之间要与支持模型的理论一致，例如，如果模型假设高回报率伴随高的波动率，那么估计参数时也要考虑这一关系。

二、风险的度量

方差用双边的波动来度量风险，但投资者更在意的是损失而非收益，只考虑单边损失的风险度量方法更合适。Markowitz 提出用半方差度量风险，定义为：

$$T=E[(\min(0,r-r_p))^2]$$

式中：r_p表示目标收益率，与资产及投资组合不相关的常数；r 表示投资组合的投资收益率。

更一般的定义是用一个指数反映风险厌恶程度：

$$T=E[(\min(0,r-r_p))^n]$$

式中，指数 n 描述了投资者的风险厌恶程度。n 为 0 时，风险值与投资收益率无关，表示投资者对低于目标收益的风险无动于衷，是风险中性的。n 越大，投资者的风险厌恶程度越高。

三、单期模型的缺点

单期的均值方差模型得到的最优投资组合对参数值非常敏感，参数值的微小误差在投资组合中会被放大。由于参数值也是估计值，我们并不了解其真实值，所以敏感性不容易引起注意。但实务中发现，最优投资组合中有很多资产的权重为 0，但经验数据的微小变化，例如新加入一个月的数据，最优投资组合就会发生较大的变动。这种敏感性给动态投资管理带来很多麻烦。因为最优组合的权重依赖于各类资产收益率的期望值、方差和相关系数。对那些收益率的期望值较高或方差较低的资产，最优投资组合会赋予更高的权重。当估计误差使得某些资产的收益率被高估或方差被低估时，估计误差的影响会扩大，导致这些资产被赋予过高的权重，于是投资组合的期望收益被过高估计。而且，投资组合的分散程度不够，风险被低估。

最优投资组合对参数的敏感性使得简单的期望一方差模型无法用于实务，除非做大量的修正。有三种技术可用来克服敏感性：一是限制各类资产的权重；二是采用收缩估计量；三是重复抽样。

限制资产权重是普遍的做法，但没有理论依据。常见的做法是参照行业惯例来设置限制。

收缩估计量使用其他的补充信息来估计参数。例如，预期收益可以用全球股票的投资收益率作为补充信息，一个简单的估计量为：

$$E[r]=q\cdot\bar{r}+(1-q)\overline{r_w}$$

式中，$\overline{r_w}$是近期全球股票的平均投资收益率，$\bar{r}$是本国市场上股票的平均投资收益率，参数q在0到1之间变化。

重复抽样技术利用经验数据产生大量的投资收益率组，计算每组数据对应的最优资产组合，再计算平均的资产组合。虽然每组的投资组合都有较大的误差，平均的投资组合误差就会小得多。

四、多期的均值方差模型

多期模型的目标函数与每期的现金流或盈余都相关，例如生命周期的多期模型以每期消费效用的现值之和为目标函数。累积盈余的变化用随机微分方程描述，模型的解决要借助于动态规划或随机规划等数学工具。

五、衍生工具

衍生工具可以用来对冲风险，给投资组合带来一些保障。常用的衍生工具是风险资产的期权。如果股票市场大幅度下降，造成投资组合的收益率低于期望水平，可以购买资产的看跌期权来对冲风险。对冲需要支付期权的购买成本，可以避免股价下跌的冲击。这种方法的缺点是期权可能非常昂贵，原因在于：期权定价依据资产收益率的波动率，波动率不确定性较大，因此定价的假设非常保守；期权价格中有附加利润；投资组合中需要保障的资产面值较大，期权提供者必须有较高的风险承受能力；许多公司都用期权对冲风险，大量需求推高价格。

期权的执行价格和到期日，通常使用情景分析来确定。用计算机模拟产生大量的情形，在每种情形下计算购买期权后的投资组合收益率，找到风险最小、收益率最大的期权执行价格和到期日。

如果情景分析表明购买期权是合理的，那么可以动态地改变资产组合来复制期权，这样的成本比直接从投资银行购买期权低。但缺点是复制成本无法事先确定，如果资产未来的波动率高，复制成本也高。而且，当资产市场价值突然下跌时，大批投资者都会立即调整头寸，造成流动性缺乏，这时就无法实施动态资产配置了。另外一个缺陷是，监管规定中可能不认可复制的期权。

第三节　资产负债管理模型

大部分保险产品的盈余回报率无法用正态分布描述，更合适的方法是直接建立负债模型，将股东价值引入目标函数，测试不同资产配置下的目标函数取值，选择最优的资产组合。

一、目标函数

股份保险公司的经营目标是股东价值最大化，这也是投资管理模型的目标。保险公司的股东价值可以有多种定义方法，现金流匹配模型用净现金流的累计值来衡量股东价值，内含价值用净资产加上有效业务价值来定义股东价值，也可以用资产的市场价值减去负债的市场价值来定义股东价值。如果公司希望经营目标能与会计准则保持一致，还可以用会计报表中的净资产来度量股东价值。

除了股东利益之外，保险公司的经营还要考虑市场的约束和相关者的利益。例如，产品费率、分红率或回报率要有竞争力，才能获得足够的新业务量和新业务价值。公司的投资策略要符合公司的风格，如稳健型，创新型等。这些因素都会反映在资产负债管理模型的目标函数或约束条件中。

二、投保人行为和管理层行为假设

无论是累计净现金流、内含价值、负债的市场价值还是新会计准则下的负债价值，都需要考虑负债现金流的随机特征。负债现金流包括保费、费用、赔付或给付和退保金。这些现金流的不确定性既来自保险风险，又受外部经济环境的影响。外部经济环境的变化可以通过投保人行为和管理层行为影响负债现金流。例如，当市场利率下降时，带有保证退保金条款或最低回报率的产品退保率会增加。当费率降低时，新业务量会增加。管理层行为的例子有：不同经济环境下的投资策略，根据投资收益确定的分红政策，遭遇大面积退保时资产变现的顺序。管理层的行为也会改变投保人的行为，减少分红水平会增加退保率或减少新业务量。当市场利率下降时，管理层将新业务与有效业务放入同一账户中管理，会降低有效业务的投资回报率，进而减少有效业务的分红水平，导致退保率增加。

三、资产负债管理模型

现金流匹配模型用累计净现金流来衡量股东价值，不受会计准则的约束，曾经在实务中得到广泛使用。

如果负债和资产的现金流都能够比较可靠地估计，例如传统人寿保险业务负债和债券类资产，可以根据预期的现金流选择合适的资产。理想情况下，负债与资产的现金流可以达到逐月匹配。现金流有些不确定时，可以要求每季度或每年匹配。

以一个简单的例子来说明如何匹配现金流。假设用现金和无风险的国债或公司债匹配非分红保险产品的负债，资产和资产的现金流都可以可靠估计。记负债流为l_t，资产现金流为a_t。

由于很难保证资产与负债现金流在每期都完全匹配，如果资产现金流大于负债现金流，盈余将以短期利率r_t积累到下一期；资产现金流小于负债现金流，缺口会用借贷资金来弥补，借款利率d_t。为了避免套利机会，r_t低于当前收益率曲线决定的远期利率水平，d_t高于远期利率水平。

选择合适的资产组合，使初始总投资最小，最后一期的累积盈余不小于0。也可以要求中间某些时期的累积盈余不小于0，以减少再投资和借贷的风险。考虑到资产的流动性和信用风险，可以限制一些低级别债券的投资数量。例如，投资组合中最多只能有10%的BBB级债券。

负债现金流不确定，尤其是对利率的变动非常敏感时，就需要用随机模拟的方法，考察在假设利率的变动范围内负债和资产的现金流以及每期累积盈余的变化。如果负债现金流不太复杂，可以计算负债的久期和凸性等衡量负债对利率敏感程度的指标，根据这些指标选择匹配的资产组合（Hiller and Schaack（1990）详细阐述了这种方法）。负债现金流很复杂，无法直接用一些指标来衡量其不确定性时，就要用随机模拟的方法，预测资产、负债现金流、利率曲线的不同结果。最优化方法是不断调整资产配置，直到满足约束条件且目标函数最优。

保险公司的投资管理是经营计划的一部分，要符合公司的整体目标，因此投资模型不可能回避负债价值，将负债价值引入目标函数或约束条件，就得到了更复杂的资产负债管理模型。模型的运行原理与现金流模型是一样的，即估计不同投资策略下的股东价值，调整资产配置，直到找到最优的资产组合。

第四节　监控投资组合

监控投资组合的工作内容是：判断是否已经达到最初设定的目标，目标是否仍然适用，投资策略是否已按要求实施，实施过程中遇到哪些问题，如何解决这些问题。

监控工作的着眼点是对每位投资经理的绩效考核。首先，负责监控的人员要清楚投资经理提出的目标和投资策略，接着参照投资基准对投资经理的投资绩效进行评估，需要分析现有的投资绩效是因为运气还是投资技巧、投资经理做得好和做得不好的地方在哪里、有哪些投资风险。

（1）投资经理的投资目标由两部分组成：风险限制和收益率要求。风险限制中对不利结果发生的频率和损失金额给出了上限；收益率是相对于某个基准收益的差异，或明确的目标投资收益率。监控的主要任务是判断预期的投资目标是否已实现。监控还有一个任务是判断预期的投资目标是否合理，能否通过现有资产的合理运用而得以实现。不能实现的目标是没有意义的。

（2）投资战略的监控是判断投资经理是否按计划实施了投资战略。投资战略中除了资产配置的策略，还包括投资委托人的各种要求，如对衍生工具的使用、各类资产的限额、交易风险的限制。

（3）绩效评估的合理与否依赖于绩效标准，包括单项投资和总投资组合的标准。合理的标准设定对监控过程非常重要。

一、绩效标准

绩效标准是评价投资绩效时使用的基准，以判断投资业绩是否达到要求。例如，可以参照市场指数设定股票组合的绩效标准：三年的时间内，年均收益率要高出指数收益率 2%。

绩效标准的基本要求是：与投资经理的投资风格和委托人的限制要求相一致；考虑没有包含在绩效标准中的预期交易费用；绩效的要求与委托人的风险承受能力一致；时间区间反映委托人的基本要求和对监控的需求，以及资产的性质；绩效标准不应鼓励投资经理用事先没有计划好的投资方式进行投资。

1. 绩效标准与投资经理的投资风格一致

例如，某投资经理的主要投资对象是中小市值的股票，这时以基于大公司股价构造的指数来衡量投资业绩就很不合适。

2. 交易费用

不论是积极还是被动的资产管理，都会涉及资产的买卖或再投资，这些过程中发生的交易费用会减少投资收益，因此指数基金的预期收益率应低于相关指数的收益率。一般情况下，绩效标准应当低于参照的指数收益率。

3. 风险的考虑

投资业绩比绩效标准越高，意味着风险越大，收益率低于绩效标准的风险也越大，设立绩效标准时，要考虑投资风险。

4. 恰当的时间区间

投资经理需要一定的时间去实现投资收益。跟踪指数的消极投资组合通常能够在较短的时间内达到绩效标准，积极的投资组合需要一段很长的时间才能达到预期的收益。例如，私募股权基金主要投资于那些扩建或转型的项目，可能在三五年或是更长的时间内都无法看到收益，三个月内的时间区间显然是没有意义的。

5. 鼓励正确的投资方法

过高的业绩要求会迫使投资经理追逐高风险的项目，过短的投资区间使投资经理只注重短期收益。

6. 实际投资的报告间隔

投资人要求投资经理每隔一段时间报告投资收益情况，报告间隔可能短至一个月，那些有着长期投资目标的投资组合，报告间隔一般都是一至三年。

报告间隔小于绩效标准中的时间区间，因为投资者希望了解收益的实现过程，以及时发现风险，保证最终的投资收益达到目标，这种过程监管非常重要。

有两种计算投资收益的方法：时间加权法和资本加权法。将各个时期的投资收益率相乘，得到累积收益率即为时间加权收益率。时间加权收益率不考虑每个时期实际投入的资金金额，只计算投资收益率。资本加权收益率考虑了实际的投资金额，根据总的资产价值、初始资产价值和其间投入的资金，计算内部收益率。

资本收益率是投资者实际获得的平均收益率，在投资报告中应使用资本加权收益率。但每期投入的资金金额不是投资经理能够控制的，运气好的经理可能在收益率高的时候恰好获得大笔资金，时间加权收益率消除了现金流的影响，能够更为客观地评价投资业绩。

7. 投资收益率

对于庞大的投资组合来说，每天都有交易发生，如果用每小时或每天的收益率计算时间加权收益率，计算量很大，要耗费大量的时间和资源。一个解决办法是先计算标准时段的资本加权收益率，然后再相乘得到时间加权收益率。标准时段一般大于一个月，如计算机系统允许，标准时段可以等于一天。

用于计算投资收益率的资产价格也要仔细选择。如果用最近的交易价格评估，那些交易量小的股票价格会受到小笔交易的影响，未上市的证券评估也会对一两次的小笔交易和评估时间特别敏感，例如不动产和基础设施。

衍生工具的价值在于它给资产组合提供的保护，只有在合同到期时才能体现，当前市场价值不能反映它对于投资组合的价值。为了避免实际价值与市场价值的差异，投资经理有时会特意选择到期时间与财务报告时间一致的衍生工具进行投资。那些在场外交易的衍生合同没有公开的市场价格，同样也存在评估问题。

计算收益率时要考虑投资费用。投资管理中可能发生的费用有:资产买卖的交易费用;将部分资金交给其他投资经理支付的管理费用,例如将部分资金交给海外投资基金管理;投资资产的托管费用;直接的资产管理费用,如不动产的管理费用。

如果需要计算投资者获得的收益,这些费用必须考虑在投资收益率中。如果只是监控投资经理的投资业绩,作为参考的资产组合,如市场指数并不含有费用和成本,那么也可以不考虑投资费用。

如果在设计绩效标准时,已经考虑了投资费用,那么在计算时间加权收益率时,应当包括费用。

二、费用的监控

监控投资费用是否合理也是投资管理工作的一部分,尤其是那些外包的工作。在考察国际投资费用的合理性时,要注意汇率,如果本币坚挺,外包给国外基金公司是个不错的选择。

费用监控还包括分析费用发生的原因。对于代理费用,不仅要控制在合理的水平上,还要看其是否集中于某一两个代理人,过度集中于某几个人,获得的市场信息就不够充分。为了评价交易是否有效,需要将证券的成交价格与当天的价格变化比较。代理费率一般与交易价格关联,较低的代理费率可能使代理人特意选择高价格成交,提高代理费率可以减轻代理人的选择性行为。

三、分析投资绩效

分析投资执行情况时,不仅要关注最终的收益率,还要分析收益率的波动和随时间的变化趋势,以此来考察投资经理的风险控制情况和实际的投资效果。

1. 标准差

用标准差度量投资组合的风险,适用于正态分布,但当投资目标是减小负收益的概率时用标准差度量风险就不合适了。对于场外交易的投资,如风险投资和基础设施投资,这类投资要经过较长的一段时间,收益才能由负转正,最后在投资出售时获得巨额收益。

正态分布假设下,分位数等于标准差的固定倍数,使用标准差作为风险度量标准,实际上就是监控者希望确认收益率是否在可接受的范围内波动。如果标准差小,那么收益率偏离目标的可能性不大,否则目标实现的可能性就很小。

投资组合的收益标准差由单项投资标准差和各项投资的相关系数决定。单项投资的标准差可用来判断该项资产对整个投资组合的收益标准差贡献是否与预期一致。如果某项资产的标准差占投资组合总标准差的比例过高,说明该项资产对投资组合的影响很大,要注意控制风险。

标准差将收益率上升和下降同样对待,也不能提供关于收益率分布的任何信息。积极的投资管理大部分时间段的投资收益率都高于平均收益率,小部分时间段的投资收益率很低,对应的概率分布是厚尾有偏分布。尽管投资策略最终的投资收益率比平均值高,但市场突然震荡时,下跌的幅度也更大。标准差无法衡量有偏分布的风险特征,还需要其他的信息,如偏度和峰度、半方差等。

2. 夏普比率

夏普比率是一种风险调整的收益率估计指标,等于实际收益率超过无风险收益率的部分除以标准差,它衡量了投资收益是否与风险成比例。

夏普比率的绝对值不能说明问题，只有相对值才能提供信息，例如用夏普比率去比较两个投资经理的投资绩效，他们有同样的投资领域和同样的投资规模，风险都在可接受范围内。

夏普比率的分子项投资收益率不稳定，很大程度上依赖于时间区间。

3. 历史收益率的局限性

标准差和其他风险度量都是依据历史数据，衡量了投资组合过去的风险，但监控人员需要判断的是投资策略正在承受的风险是否与预期目标一致，也就是说，希望了解的是现在的标准差，而不是过去的。基于历史数据得到的标准差估计量，需要大量样本才能达到满意的可信度，但监控报告不可能经过那么长的时间间隔，而且外部环境和市场都在不断变化，间隔时间越长，收益率分布函数的变化越大。所有的风险度量指标在解释和分析时都需要恰当的判断。

4. 投资组合的风险分析

投资组合的风险来源于外部经济环境和资本市场的风险因素，通过分析风险度量指标与经济变量的关系，可以估计外部环境对投资组合的收益率和风险的影响，常用的模型是多因子模型，很多软件可以用来完成这项工作。

多因子模型估计了收益率与各个经济变量的相关性，基于历史收益率数据，预测的前提是过去的假设未来仍旧有效。多因子模型与标准差的估计一样，如果公司发生了重大改变，如兼并或收购，基于历史数据的分析就没有意义了。不过，多因子模型还是能够发现那些长期稳定的风险特征。将风险的跟踪分析与模型结果比较，检查这些风险状况是否与预期一致也是很有意义的工作。

多因子模型的另一个缺点是不适用于所有类型的资产，如固定收益证券。大部分情况下，多因子模型用于分析股票。

5. 收益来源分析

对于那些复杂的投资组合，监控者希望了解投资收益的来源，找到提高投资业绩的有效措施。总收益率可以分为四个部分：长期战略性资产配置的基准收益率；适当偏离长期战略获得的收益率；凭借投资技巧选择优质证券产生的超额收益率；投资策略和证券选择的相互作用产生的超额收益。

收益来源分析不仅可以用来分析一个投资经理的收益来源，还可以用来分析总收益的各个组成部分中每位投资经理的贡献。在实务中，监控人员先要了解投资组合的结构和管理方式，再进行来源分析。例如，如果有投资顾问帮助选择投资经理和决定每位投资经理的投资时机，来源分析就要考虑投资顾问的作用和对投资收益的贡献。

收益来源分析适用于单期，因为各个时期的累积收益中各部分的构成比例与单期收益的构成比例是不一样的。

四、操作风险的监控

如果投资业务外包给投资经理，需要监控的操作风险包括投资程序、员工、投资经理个人的财务情况和投资管理系统。

1. 投资程序

投资程序直接影响投资业绩，必须保证投资程序稳定，不随期望收益的变化而变化。不过，投资经理也会改变投资程序，可能的原因有：投资经理经常需要修正投资程序；积极的投资程序要根据环境调整；投资风格改变。投资程序的监控需要很强的专业知识。

2. 员工

投资经理雇用的员工也是监控的对象，人员的变动会对投资收益产生影响，即使是大型基金也是如此。员工监控的内容有：了解雇佣合同的合约时间；员工的激励机制，尤其是奖金和雇员持股计划，奖励机制会影响人员的稳定性。通常，稳定的员工队伍对投资业绩有正面影响，可以保持投资程序和投资风格的稳定。

3. 投资经理个人的财务情况

投资经理个人的财务状况与投资业绩也有关系，财务问题会使投资经理分心，进而影响到投资组合的管理。压低给投资经理的报酬不一定能降低成本、提高收益。

4. 投资管理系统

对投资的后台行政管理系统的监控也很重要，没有一个高效的后台系统提供帮助和服务，投资经理就不能了解投资组合的状况，无法及时调整投资策略。

阅读材料

保险资产配置管理暂行办法

（保监发〔2012〕61号）

第一章 总 则

第一条 为加强保险公司资产配置管理，防范保险资产错配风险，保护保险当事人合法权益，根据《保险资金运用管理暂行办法》及有关规定，制定本办法。

第二条 本办法适用于中国境内依法设立的保险公司和保险集团（控股）公司（以下简称"保险公司"）。

第三条 本办法所称保险资产配置管理，是指保险公司以独立法人为单位，根据经济环境变化和公司发展战略，统筹考虑偿付能力状况、资本配置情况、整体风险承受能力和相关约束因素，以保险产品为基础，制定、实施、监控和调整资产配置政策的机制和行为。

第四条 保险公司资产配置必须稳健，按照安全性、流动性和收益性要求，遵循偿付能力约束、资产负债管理、全面风险管理和分账户管理原则。

第五条 保险公司应当自主决策、自主配置并自担风险。中国保险监督管理委员会（以下简称"中国保监会"）依法对保险资产配置实施监督管理。

第二章 资产配置管理能力

第六条 保险公司应当建立涉及资产配置决策、执行、监督等管理制度，主要内容包括资产配置组织制度、决策和授权制度、资产配置管理程序、资产配置风险管理制度、资产配置信息管理和报告制度、资产配置绩效评估和考核制度等。

第七条 保险公司应当根据《保险资金运用管理暂行办法》及有关规定，明确董事会、经营管理层及有关职能部门的保险资产配置管理职责。

第八条 保险公司董事会负责审定保险资产配置管理制度及政策，并对资产配置政策、程序和风险管理承担最终责任。

董事会设立的资产负债管理委员会或具有相应职能的专业委员会（以下简称"专业委员会"），应当根据董事会授权，协助董事会审议资产配置政策，评估公司整体风险状况和各类风险敞口累计水平。

专业委员会成员应当具备履行资产配置管理职责所需要的相关专业知识、经验和能力。

第九条 保险公司经营管理层应当根据董事会授权，负责拟定资产战略配置规划和年度资产配置计划，组织实施董事会审定的资产配置政策，并视执行情况向专业委员会提出调整资产配置建议。

经营管理层应当加强资产配置协调管理,建立资产管理部门与精算、财务、产品开发、市场销售和风险管理等部门的沟通协商机制,规范整体运作流程,明确各自管理责任,提高资产配置管理效率,防范保险产品定价和资产错配风险。

第十条　保险公司资产管理部门应当设立专职岗位,根据授权提出资产配置政策和调整建议,协调并执行经审定的资产配置政策。

总资产规模超过1 000亿元的保险公司,其资产管理部门应当至少拥有5名具有资产配置相关经验的专业人员,其中具有3年以上相关经验的不少于3名。

第十一条　保险公司应当积累资产和负债业务数据,构建数据库和信息平台,实现资产管理、精算和财务等数据信息共享,为资产配置分析和评估,提供数据支持和技术保证。

第三章　账户和资产分类

第十二条　保险公司应当根据保险业务和资金特点,划分“普通账户”和“独立账户”,实行资产配置分账户管理。

普通账户,是指由保险公司部分或全部承担投资风险的资金账户。保险公司资本金参照普通账户管理。

独立账户,是指独立于普通账户、由投保人或者受益人直接享有全部投资收益的资金账户。

第十三条　保险公司从事普通账户资产配置,应当严格执行中国保监会有关投资比例的规定。

计算普通账户各资产的投资比例,其计算基数应当扣除债券回购融入资金余额和独立账户资产金额。

第十四条　保险公司应当根据自身投资管理能力和风险管理能力,遵循独立、透明和规范原则,为投保人或者受益人利益,管理独立账户资产。

独立账户资产的投资范围,执行本办法第十八条规定。各资产的投资比例,由保险公司通过书面合同与投保人或者受益人约定。

第十五条　保险公司应当严格区分普通账户资产和独立账户资产。除中国保监会另有规定外,普通账户资产与独立账户资产之间、独立账户之间不得相互出售、交换或者移转。

第十六条　保险公司应当选择具有托管资格的银行托管各类账户。托管银行应当确保普通账户资产和独立账户资产在账户设置、资金清算、会计核算、账户记录等方面的独立、清晰与完整。

第十七条　保险公司应当分析各类账户资产的风险收益特征,并根据资产配置政策规定或者相关合同约定,合理安排各类资产配置比例。

第十八条　根据《保险法》及有关规定,保险公司各类账户配置的资产,主要分为流动性资产、固定收益类资产、权益类资产、另类及其他投资资产。

第四章　普通账户配置管理

第十九条　保险公司应当根据保险业务负债特征,细分普通账户,综合分析各普通账户之间的关系、普通账户资产负债关系,确定各类账户预期收益目标和风险指标,制定和实施资产配置政策。主要程序包括:

(一)资产和负债分析;

(二)拟定资产配置政策;

(三)资产配置决策;

（四）实施资产配置政策；

（五）定期检测；

（六）评估及调整资产配置等。

第二十条 保险公司应当根据资产负债管理要求，采用现金流、期限、成本率、有效久期、凸性等指标，量化评估各类普通账户负债特征、存量资产和资产负债缺口状况。保险公司职能部门和相关机构，应当提供各普通账户负债信息、财务数据、资产数据、新产品信息及相关分析材料。

第二十一条 保险公司资产管理部门应当以资产负债分析为基础，结合宏观分析、市场分析和情景假设，充分采纳各职能部门意见，拟定资产配置政策。

资产配置政策主要包括资产战略配置规划和年度资产配置计划。

第二十二条 资产战略配置规划是指中长期资产配置的战略安排。期限至少为3年，每年至少滚动评估一次。主要内容包括：

（一）宏观经济趋势、保险业务和负债特征、各类资产风险收益特征、公司长期发展规划和整体风险承受能力等决策依据；

（二）长期收益目标和长期业绩比较基准；

（三）各币种、地区和市场资产配置比例；

（四）允许、限制及禁止配置资产标准；

（五）流动性、期限结构和再投资计划；

（六）会计分类原则和绩效考核机制等。

第二十三条 年度资产配置计划是指根据资产战略配置规划，结合保险市场和资本市场状况分析，制定的一年期资产配置策略。主要内容包括：

（一）年度经济形势分析、各市场分析、负债特征变化及各类资产风险收益预期等决策依据；

（二）资产负债情况；

（三）目标资产配置比例及浮动区间；

（四）年度收益目标和业绩比较基准；

（五）资产风险状况和压力测试结果分析等。

第二十四条 保险公司制定资产战略配置规划和年度资产配置计划，应当根据资产负债管理原则，采用绝对收益率或者相对收益率指标，设定业绩比较基准，明确业绩归因，评估资产配置结果，并建立相应考核机制，实现资产配置绩效目标。

第二十五条 保险公司资产管理部门应当根据宏观经济形势及市场情况变化等因素，及时会同相关职能部门，提出资产配置政策调整建议，报送经营管理层和专业委员会审议，并由专业委员会提交董事会审定。

第五章 独立账户配置管理

第二十六条 保险公司开发寿险投资连结保险产品、变额年金产品、养老保障委托管理产品和非寿险非预定收益投资型保险产品等，应当根据中国保监会有关规定，设立独立账户。

保险公司应当按照合同约定的资产配置范围和比例，明确独立账户风格，及时优化风险调整收益，独立进行投资决策和管理。

第二十七条保险公司申请设立独立账户，应当根据中国保监会有关规定，编制投资账户说明书，涉及投资管理的内容应当包括：

(一)投资目标、投资方式和投资策略，说明决策依据和决策程序、采取自主投资或者委托第三方投资、投资组合管理方法和业绩比较基准、资产配置范围和比例等；

(二)投资账户估值和收益率计算方法；

(三)托管情况说明；

(四)投资账户资产隔离、公平交易情况和防范利益输送说明；

(五)投资经理基本情况及管理其他账户情况。

投资账户的具体估值方法，根据中国保监会有关规定执行。

第二十八条　设立独立账户的保险公司，应当根据中国保监会有关规定，定期披露投资账户信息，确保信息披露真实、准确和完整。其中涉及投资管理的信息披露，应当包括：

(一)报告期末投资账户单位价格；

(二)报告期末投资账户的投资组合；

(三)报告期的投资账户收益率。

保险公司变更托管银行或者独立账户投资经理，应当及时向投保人或者受益人披露。

第六章　风险管理

第二十九条　保险公司应当按照全面风险管理要求，制定资产配置合规和风险管理制度，及时识别、衡量、报告和控制资产配置相关风险。

第三十条　保险公司应当确定资产配置风险管理部门，使之独立于资产配置政策的执行部门。其职能应当包括：

(一)监督资产配置政策执行情况，记录和报告资产配置违规事项；

(二)评估资产负债头寸和资产配置各项限额的合理性；

(三)定期向经营管理层和专业委员会报告资产配置相关风险敞口；

(四)提出风险控制处理意见和方案；

(五)其他内容。

第三十一条　保险公司应当根据自身偿付能力状况，加强风险预算管理，结合定性和定量分析，确定公司整体风险限额，识别各类风险来源，衡量和分解风险，并根据风险变化情况，动态监控和调整资产配置。

第三十二条　保险公司应当制定资产配置相关风险评估标准，建立技术指标体系，定期量化评估风险指标，并编制风险评估报告，向经营管理层和专业委员会报告。

第三十三条　保险公司应当结合公司实际情况，建立资产配置压力测试模型，实施敏感性测试和情景测试，测试特定情景和各种不利情景下，资产和收益变化和偿付能力变化，评估潜在风险因素和整体风险承受能力。

保险公司相关部门应当根据测试结果，提出资产配置管理意见，反馈相关部门并向经营管理层和专业委员会报告。

复习思考题

1. 保险资产的三部分分别有什么样的投资目标？

2. 请查阅资料，给出投资战术的例子。

3. 单期的均值方差模型有哪些缺陷，如何修正？

4. 解释内含价值的含义。如何用内含价值来度量负债的价值？

第十章 经验分析

学习目标

1. 了解各类业务的经验分析内容
2. 理解各变量的经验分析要点
3. 了解经验分析的用途

反馈机制是精算控制系统的主要特征，是循环的终点，也是下一次循环的起点。反馈阶段的任务是比较模型的预期结果与实际结果的差异，分析差异产生的原因。差异可能来源于未预料的外部因素变化、错误的模型设定或不正确的模型参数。如何修订目标、修正模型和调整假设引发新的问题，精算系统又进入下一轮循环：发现问题、解决问题和反馈。反馈阶段的大部分工作都涉及模型的检验，需要依据最新的数据重新审核模型假设和参数，分析经验数据以得到参数最新估计的工作过程又称为经验分析。经验分析是反馈阶段的主要工作，因此本章专门讨论经验分析的目的、内容和步骤。

第一节　经验分析的目的

经验分析是反馈阶段的主要工作，因此经验分析的目的是为了审核模型假设和分析实际偏离预期的原因。除此之外，经验分析也是保险公司管理中的一个重要环节，分析经验数据将有助于积累数据和经验，提高定价和评估的准确度。另外，经验分析还可以用来分析利润来源，找到公司的强项和弱项，为管理层提供信息。股东和监管机构也希望了解公司的经营状况，经验分析也可能是上市或监管的要求。即使没有强制性的要求，公司如能主动披露死亡率、费用率等经验分析数据，给市场和投资者提供更多的信息，将提升公司的公众形象，为公司赢得更多的客户和投资者。需要注意的是，基于不同目的的经验分析，分析重点和分析频率都不同。

1. 审核模型假设和参数

模型的假设和参数根据历史数据设定，新的数据出现后，需要审核现有的假设或参数是否仍旧合理。经验分析根据新的数据得到参数的最新估计或模型假设的最新检验结果，这些估计或检验为修正模型提供了依据。

2. 分析实际偏离预期的原因

得到实际结果与模型的预期输出结果的差异后，就要分析产生差异的原因。差异可能来源于未预料的外部因素变化、错误的模型设定或不正确的模型参数。例如:机动车辆保险的续保率降低,可能是竞争对手降价造成的;失能保险的赔付率恶化,既可能是发病率提高,也有可能是给付次数增加引起的。经验分析要找到真正的、影响最大的原因,为决策者提供参考。

3. 积累数据和经验

历史数据是认识保险风险的主要依据。数据量小,得到的保险风险估计和结论就不可靠。长期积累经验可以得到较多的数据,提高估计值的可靠程度。

4. 分析利润来源

保险经营的利润可能来源于实际赔付成本低于预期的部分,也可能来源于实际投资收益高于预期的部分,或来源于费差。定量分析利润来源,可以找到亏损或盈利的原因,及时发现风险和采取行动。

5. 为管理层提供信息

管理层要不断调整管理策略来适应变化的外部环境。在管理层的决策过程中,经验分析可以评价现有管理策略的实施效果,是主要的决策依据。管理层需要的信息可能来自利润来源分析,管理层希望了解销售渠道、产品组或地域对利润的贡献,也可能希望了解费用差、死亡率差和投资收益差在利润中所占的比例。

6. 为股东提供信息

保险公司被要求在财务报告中披露越来越多的信息,经验分析是这些信息的主要来源。财务报告要求的通常是综合以后的信息,不可能做到与管理层要求的信息那样细致,因此只需给出较高层次上的综合分析结果即可。

7. 满足监管要求

为了解保险公司的经营情况和风险状况,监管机构会制定各种信息报告要求。监管者所需的数据一般是经验数据,经验分析是必不可少的内容。

8. 提升公司公众形象

公司向外披露的信息越多,公众对其的信任程度越高。公司向股东披露信息,同时也向股票市场分析人员、市场研究人员、媒体等披露信息,这些信息主要来自经验分析。

9. 满足上市或兼并收购时的信息披露要求

公司上市或被收购时,都必须在招股说明书中披露经营状况和风险状况,大部分情况下,这些信息依赖于经验分析的结果。

第二节　经验分析的内容

经验分析通常着重在那些对经营结果有较大影响的项目上。用敏感度测试的方法检查每个假设对模型输出结果的影响可以找到重要项目。假设的重要程度会随时间改变,要定期对所有的主要和次要项目都进行测试,以确认重要项目是否有变化。不同类型的保险业务,经验分析的内容也有所不同。

一、财险业务

财产保险业务中赔付率和持续率是主要的经验分析项目。

尽管大多数财险保单都是一年期的,但续保保单的风险质量和持续率还是比新保单高,老客户的续保保单成本远远低于新保单，续保率对利润有极大的影响。

二、人寿保险业务

保障类业务的理赔经验数据和费用是主要的分析项目。人寿保险合同的期限长，费用对利润的影响比财险大。

储蓄类业务的费用率和持续率比较关键，保证给付和利率的业务对投资收益率敏感，投资型业务费用的影响更大。

三、养老金计划

确定给付的养老金计划，工资增长率如果高于投资收益率，之间的缺口需要用缴费填补。缴费率对缺口的变化非常敏感，分析投资收益率与工资增长率之间的关系非常重要。

确定缴费的养老金计划由养老金成员承担投资风险和工资增长风险，基金管理者的主要风险是实际费用可能高于向养老金成员收取的费用。

四、健康保险业务

从概念上讲，健康保险是保障类保险的一种。经验分析的关键因素还是持续率和赔付率。医疗费用的增加是赔付成本升高的主要驱动因素。所在地区的社会健康体系决定了健康保险的提供形式。例如，在澳大利亚，健康保险强制实行社区统一费率，按风险制定费率是被禁止的。

健康保险的费率几乎总涉及政治问题。因此，与其他保险业务相比，经验分析作为判断费率是否合理的重要依据，其可信度正受到越来越多的重视。

第三节　经验分析的步骤

经验分析分为七个步骤。步骤一：设定目标。经验分析的内容和深度取决于经验分析的目的，要根据目的设定分析目标。步骤二：收集数据。步骤三：评估数据质量。这是指识别数据中的错误，必要时用近似值补充。步骤四：验证数据。用来自其他渠道的数据验证数据的准确程度。步骤五：进行经验分析。步骤六：检验结果。步骤七：报告结果。即记录、解释经验分析的结果，从分析结果中发现问题。

检验结果非常重要，将经验分析的结果与行业调查研究、内部分析报告比较，判断经验分析是否准确。例如，最新的持续率分析结果与过去差异明显时，可能的原因有失效率的定义改变、市场利率上升使产品失去吸引力、销售误导或计算错误。要仔细辨别这些原因是否存在，并采取对应的措施。

结果分析不仅仅要比较失效率、赔付率等数据，还要分析实际经验偏离预期后对利润和偿付能力的影响。以死亡率分析为例，以保额或基金金额为单位，定义死亡率为当期死亡赔付与期初责任准备金的比率，利润的影响直接根据实际死亡率与预期死亡率的差就可以得到。

一、人口统计

人口统计是指失效和死亡的统计，可以分析金额，也可以分析比率。分析金额是指比较实际续保保额或死亡赔付与预期的差异。比率分析是指比较失效率或死亡率的实际值与预期值。

失效率或死亡率的经验分析定期进行，对于那些在观察期内发生但还未报告的事件，可以将分析时间延迟一段时间，直到所有的事件都有足够的时间报告。短尾业务的延迟时间不会太长，长尾业务的报告可能比发生晚好几年，延迟观察期的方法就不合适了。实务中可以综合两种方法，先等待较短的一段时间，例如一个月，然后估计已发生未报告的事件。

比率分析需要的数据量很大，一般一次经验分析的数据不能保证得到平滑的比率估计，因此金额分析比较实用。

预期值基于最近的模型假设计算，这样才能得到经验的时间序列特征。经验分析时要将保单分组，如以死亡年龄或失效时的保单年分组，分别估计预期值后，再将死亡或失效的总和与总的预期值比较。分组比较不太可靠的原因还是在于数据量，如果数据分组过细，每组的观察量很少，分组比较就不能得到可靠的结论。分组太粗也不行，两组业务的死亡率有差异可能并不是因为投保人的死亡率有所不同，而是其中一组业务的高风险保单比例更高造成的，例如吸烟的比例高于另一组保单。

在分析财险业务的赔付率时，对赔案发生率和最终结案金额分别进行分析和比较是非常有必要的。因为两者都会影响赔付成本，但经验恶化时采取的措施是不同的。长尾业务还要单独分析结案到发生之间的时间延迟。

很多因素都会影响到死亡率、失效率这些待分析的变量。广义线性方法可以用来度量每个因素的影响程度，尤其是对费率因子较多的车险特别适用。

如果影响因素很多，就不能只用一次经验分析的数据去估计或比较因素的影响。发生率很低的变量，如死亡率，即使保单数量很大，一次经验分析也不可能有很多的死亡人数，必须积累多期的数据才能得到死亡率的可靠估计。用较长一段时间的数据估计死亡率会有两种风险：一是无法描绘死亡率随时间的变化趋势，二是环境改变使早期的数据无法反映最新的经验。

处理早期数据的一种方法是在估计模型中增加数据的可信度作为权重，数据越早，可信度越差。

时间序列分析需要得到四类信息：变量随时间变化的趋势；变化周期；是否具有季节性变动；随机项的特征。

二、经济变量

经济变量可以从官方渠道或专门的数据库中得到，如 GDP、价格指数、工资增长率等。投资收益率、从费用分析中得到的通货膨胀率和财险业务分析中得到的一般通胀因子是与个别业务相联系的经济变量，要根据业务的实际数据进行估计。

三、费用分析

长期人寿保险业务、投资业务中的费用都是影响利润的重要变量，财险业务的费用也很关键。费用的经验分析重点是寻找影响费用的因素和预测费用的方法。

费用的经验分析与定价过程中确定费用假设的过程是一样的。将费用按照职能中心和产品组分类，把分类统计的费用与业务指标联系起来，业务指标是那些能够表示业务规模、与费用直接相关的指标，如保单数量、保费收入、平均保额和基金价值等。

基本佣金比例通常按照约定的比例支付，有些复杂的佣金项目，如转分保手续费、业绩奖金、续保率奖金等没有直接规定占保费的比例。一种近似方法是认为这些项目与支付给销售人员的基本佣金成比例。

保单管理费用与保单数量成正比，首年的保单管理费用略高于其他各年，两者的差异称为新业务费用，新业务费用单独分析。

承保费用的常用驱动因子是保额。虽然也有意见认为，既然所有保单都有最低保额要求，承保费用与保额的关系可能并不明显。不过承保费用只占总费用的很少部分，不必做过细的分组，假定承保费用与保额成比例是一种简单可行的方法。

理赔管理费用取决于保险风险的特征。一般假设它与保额成比例。

投资费用与基金规模成正比。

销售管理费用显然与销售手段有关，销售渠道的数量和业务规模影响销售管理费用，但这些指标不是业务统计指标，佣金是常见的选择，也有些销售渠道不以佣金作为报酬，这时候要特别考虑。如数据充分，还可以按销售渠道对销售管理费用进行细分，如银保渠道、互联网渠道。销售管理费用还可以按不同业务类型分组，这样就可以更准确地估计各类业务的利润率。

营销费用有些是某类产品产生的，有些则与所有的产品都有关。可以直接归到各类产品的费用与新业务量成比例，共同营销费用与销售管理费用的挂钩指标相同。

财务管理费用也分为两部分：共同费用和部门费用。共同费用包括财务报表费用、资本管理费用和制定整体经营战略花费的费用。一种方法是假设各部门所占用的共同费用与部门费用成比例，部门费用衡量了该部门的重要性和规模。

四、业务量分析

业务量分析依据新保单和有效保单分别进行。有效保单业务量的分析主要是失效率和死亡率分析。

很多保险合同鼓励客户提高保额以保持实际保障水平不变。例如，家庭财产保险的保额应与房屋和家庭财务的价值同步增长。鼓励的程度决定了有效业务量的保额增长率。经验分析应按原有保额和新增保额分别进行，这样可以提供更多的信息。

投资型业务分析时要考虑客户收入的增长，如果收入增长，养老金的缴费会增加。投资型合同如果允许客户自由选择是否继续交纳保费，客户交费行为也是经验分析中的重要内容。

新业务的经验分析中，赢利能力和资本要求是主要的分析内容。业务量不是非常重要，利润越低，销量越大，但总利润可能并不高。如果新业务量高于预期，既有可能是公司有较强的竞争能力，也有可能定价过低。

新产品分析可以按产品线、营销渠道、保额、被保险人特征分组进行，有些产品还可以按照地域进行分析。

五、利润和资本分析

利润分析的重点是分析各业务部门、产品组、销售渠道、客户群或地域对总利润的贡献。费用和资本的分配是难点。很多费用的分配基于主观判断，分配方法不是唯一的，利润也有多种取值，这就妨碍了分析者用利润去衡量业绩。一种避开费用分配的利润分析方法是，只考虑那些能够与业务直接相关的专属费用，把共同费用与利润合并成一个项目，考察各个组别对利润的贡献及对共同费用的支持。不过，很多情况下共同费用对利润的影响更大，所以还是应该在报告中说明分配后的共同费用和利润。

资本分析主要是分析各类业务占用的资本，有两个问题比较难以处理：一是如何衡量业务规模扩大使风险分散程度更高后减少的资本;二是如何估计业务之间的相关性对资本的影响。例如,如果单独考虑每类产品,可以根据各产品的业务量和保额确定分配到的资本,但总的资本可能高于各产品的资本之和,因为产品之间的风险有相关性。分析资本时应该用考虑相关性之后的、较高的资本分配到各类产品上,那么如何处理相关性的影响就比较麻烦了。

用资本回报率来衡量业务的质量时,要注意利润和资本分配的基础一致。例如,分析利润时将共同费用与利润合并在一起,资本分析以总资本来分配,那么得到的资本回报率会高于实际值。

六、数据问题

数据是经验分析的基础。收集数据时,应尽量收集所有可以得到的数据,即使有些数据看起来不需要,因为以后有可能要扩大调查范围,或要检查数据间的关系,再去收集数据成本巨大。数据的采集频率一般按月进行,投资基金的价格必须每天记录。如资源允许,采集频率也可以更高一些。

无法得到准确的数据时,可以用近似值去估计,近似值来源于同组数据的平均值。分析时要考虑可能的误差。

良好的数据是可靠结果的保证。来自管理系统的数据会有很多意想不到的错误,例如交易记录与保单记录不一致,某些年份被保险人性别出错,保额明显高于或低于保费对应的保障水平。经过审计的财务报告数据质量是最高的,监管报告中的业务统计数据也比较可靠。有些数据没有报告的要求,例如已结案记录在赔付结束后就没有太大的用处,不被工作人员重视,如果经验分析用到这类数据,发生错误的可能性就大了。

所有的数据都要经过审核和清理之后才能使用,这个阶段的工作非常烦琐,往往会占用超过一半的项目时间。审核时应仔细检查原始数据,例如在审核已结案记录是否准确时,就可以检查每个未决赔案的最近赔付日期是否在结案记录中。用其他来源的数据进行对比检查是常用的方法。例如,通过比较有效保单的保费和会计系统中的保费收入来检查保费数据中的差错。考察数据是否合理或符合预期,也可以发现那些明显的错误,如实际年龄小于投保年龄、保障型险种的保费与保额相当、临近年金领取期时突然提高的失效率等。

第四节　经验分析结果的应用

经验分析的结果将用于财务控制、分配利润、产品定价、保单条款审核和分红保单的红利分配。

一、财务控制体系

财务控制体系基于财务预算方案,每年或每月比较以下项目的实际值和预算值:各类产品的销售额;各产品的利润和利润来源;信用风险管理和流动性资产头寸;管理费用;员工流失率或客户满意度等关键业务指标;投资收益;赔付和失效保单。

二、费用管理

费用管理是经营管理的关键部分,是保险公司的重要利润来源。费用分析的结果为费用管理提供了改进的方向。将费用分析中得到的实际费用与业务计划中的预定费用水平进行比较，可以衡量现有费用管理体系的有效性，发现体系中的缺陷。预定费用可以从业务计划中直接得到，也可以用预期费用率乘以实际业务量后得到。

为衡量产品和销售渠道的管理绩效，费用通常会分摊到每类产品线和每个销售渠道。费用分析的质量由会计系统和信息系统决定，有些费用不容易严格划分，如计算机费用和广告费用。会计和信息系统核算越细致，费用分摊越准确。那些一次性或非经常发生的费用，如大的计算机系统研发费用或业务重组费用，有时只能按主观标准来分摊，必须十分谨慎。

衡量费用管理效果的一个常用指标是费用比，即实际费用与预期费用的比率。费用比大于 1 时，表示实际费用超过了预期费用，要采取改进措施，如争取三年内逐渐将费用比降为 1。

降低费用比的方法有：①扩大新业务量以获得规模效应。为推动新业务发展，公司要投入更多的资金用于销售人员或销售渠道的销售激励，短期内费用会增加，管理效果长期才能显现。②留住更多的老业务。老业务续保比新业务的获取成本低，提供更好的客户服务，加强销售人员与客户的沟通可以增加续保率。③提高价格，或提高预期费用率而接受较低的利润。④审核业务流程以降低成本。方法是绘制工作流程图，减少其中重复的步骤。⑤将部分职能外包。例如，将计算机系统外包给专业公司。

三、资本管理

资本管理的目标是降低保险公司的资本需求和寻找最优的资本组合。资本需求随风险而增加，降低公司承担的风险，资本需求随之减少。但资本使用效率是否提高，还依赖于资本使用的效率。如果风险减少是以降低业务量来达到的，资本使用效率将不会提高。

最优化资本是指资本使用效率达到最高，可以采用的方法有：减少企业风险，如使用再保险转移保险风险，使用衍生工具规避投资和流动性风险；对利润下降的产品重新定价；开发资本需求低的产品；扩大业务量、增加产品种类和销售渠道来分散风险。

四、审核费率和条款

经验分析的结果用于审核现有费率是否充足、保单条款或承保条件是否需要调整，以更准确地进行风险分类。

需要使用的经验数据包括保险公司内部的经验数据、行业的经验数据和竞争对手的经验数据——在对手的定价中有所表现，但还需要详细分析。

为审核承保条件是否需要修改，要按照风险类别来检查赔付经验数据。有时可能要深入追踪到单个赔案才能了解哪些风险类别的赔付率更高。

同样，按渠道销售分析失效率和退保率的经验数据也能够帮助公司找到哪些渠道带来的业务质量不高。

五、分红业务的红利分配

分红保单的利润分配方案要参考利润的经验分析结果。有些业务只将利差分配给投保人，有些业务则将全部差都作为红利。精算师将为红利分配方案提出建议，方案中要确定分配金额和分红方式。保险公司不一定把当年产生的所有利润都进行分配，可能保留一部分作为红利平滑基金或终了红利。保单持有人和股东的利润分配比例通常按照监管要求确定。分红方式在保单中就要详细说明，常见的分红方式有两种，即现金红利和增额红利。

阅读材料　死亡率经验分析

死亡率是人寿保险业务定价和责任准备金评估的重要参数，也是理赔管理和死差益分析的主要依据。死亡率经验分析的数据来源于保单记录。进行死亡率分析的第一项工作是确定死亡保单的统计时间。每年死亡保单的数量通常很少，统计时间太短就无法得到足够的数据来保证得到可靠的统计结果。另一方面，统计时间也不能太长。由于医疗技术的进步、生活水平的提高和健康生活方式的普及，人类的死亡率有逐年降低的趋势。统计时间过长，统计期间的死亡人群出生于不同年代，那么最后我们可能只能得到这些人群的平均死亡率，无法了解死亡率在统计期间的变化趋势。理想的统计时间不超过5年。

为保证数据的同质性，保单数据要按照一定的标准分类，分类标准越细，需要统计的信息越多。死亡率分析通常的分类标准有性别、年龄、产品类型、吸烟或非吸烟、体检或非体检、保单持续期、销售渠道、保额、被保险人职业和既往病史。

死亡率分析所需统计的信息中，来自保单记录的数据有：产品代码、性别、出生日期、保单生效日期、赔付日期、退保或失效日期、保额、保单代码、风险类别（标准体或次标准体）、吸烟与否、费率等级（标准费率或增加保费）、保单期限、销售渠道、体检与否、附加险代码等。来自赔付记录的数据有：赔案代码、保单代码、赔案状态（未结或已结）、赔案报告日、赔案发生日、保险事故、（长期健康险的）赔款起始日和终止日、总赔款金额等等。

死亡率分析的结果通常用死亡比率（＝实际死亡数量/期望死亡数量）来表示，其中期望死亡数量指按定价假设或评估假设计算的死亡数量。死亡率分析时至少要将死亡比率按以下标准分类分析：城市人群和农村人群、产品类型、年龄、性别、职业类型、核保标准、费率等级标准或非标准、保额、保单持续期、保险事故类型。如有可能，还应分析销售渠道和保单签发时刻与死亡比率的关系。

将经验分析的结果用于审核费率时，需要运用判断和商业意识，不能完全依靠模型和数字。即使经验分析显示实际死亡率比定价要好得多，也不能大幅度降低费率，这不仅仅是基于谨慎的原则，也是为了避免现有保单的大批退保，保持费率的稳定。在修订费率时，有一些原则：(1)调整后的费率不能低于原费率的70%。(2)当经验数据不足时，经验分析的可靠程度不高，老年人的费率就不能降低太多。费率的调整要按照年龄做平滑处理。(3)为了谨慎定价，调整后的定价死亡率假设要大于置信区间的上限。(4)如费率不区分年龄，定价时需要对年龄分布做出假设，这一假设可以依据经验分析的结果。

除了调整费率之外，死亡率分析结果还可以为经营管理提供其他的信息。有时，死亡率分析结果显示18岁至25岁的年轻人死亡比率较高，可能的原因是定价中未考虑意外事故对该年龄段死亡率的影响，低估了年轻人的死亡率；按职业分析的死亡率可以为核保提供更多的依据；如果分析显示不同年度的死亡率有较大的差异，有可能是已发生未报告的赔案数量发生变化，或核保标准发生了改变；比较以死亡人数计算和以死亡赔款计算的死亡比率，如果两者相差不大，说明不同保额的保单死亡率不会有很大的不同，那么就可以不按照保额来区分定价死亡率假设；按保单持续期进行死亡率分析，体现了核保对死亡率的选择作用，早期保单的核保选择作用远远低于近期保单，死亡率分析可以帮助确定死亡率假设中的选择期和选择因子。

（资料来源：Gavin Maistry. “Experience Analysis and Its Feedback into the Actuarial Control Cycle”，presented at 7th GCA，New Delhi，2005，15－16.）

阅读材料 利源分析明细表及编报规则

表 10－1 利源分析明细表 ________年 12 月 31 日

填报单位：____________________ 单位：万元(人民币)

			合 计	保险公司业务				资本管理
				个人业务	团体业务	银保业务	其他	
			(1)＝(2)＋(3)＋(4)＋(5)＋(6)	(2)	(3)	(4)	(5)	(6)
1.		死差益						
1.1		风险保费						
1.2	减：	赔付支出						
1.3		准备金释放						
1.4		预期生存金给付						
1.5	减：	实际生存金给付						
1.6	减：	保户红利支出中来源于死差益部分						
1.7	减：	损益表分红保险特别储备提转差(来源于死差益部分)						
1.8	减：	万能非账户准备金提转差(与赔付相关部分)						
1.9	减：	投连非单位准备金提转差(与赔付相关部分)						
2.		利差益(＝2.1＋2.2＋2.3)						
其中：								
2.1		普通账户利差益						
2.1.1		普通账户净投资收益						
2.1.2	减：	普通账户评估利息						
2.1.3	减：	累积生息红利利息成本(若累积生息红利已从分红账户转出)						
2.1.4	减：	次级债利息支出						
2.2		分红账户利差益						
2.2.1		分红账户净投资收益						
2.2.2	减：	分红账户评估利息						
2.2.3	减：	保户红利支出中来源于利差益部分						
2.2.4	减：	损益表分红保险特别储备提转差(来源于利差益部分)						
2.2.5	减：	累积生息红利利息成本(若累积生息红利未从分红账户转出)						
2.3		万能账户利差益						
2.3.1		万能账户净投资收益						
2.3.2	减：	支付保户结算利息						
2.3.3	减：	万能持续奖金支出(与投资相关部分)						
2.3.4	减：	万能非账户准备金提转差(与投资相关部分)						
2.3.5	减：	损益表万能平滑准备金提转差						

续表

			合　计	保险公司业务				资本管理
				个人业务	团体业务	银保业务	其他	
			(1)＝(2)＋(3)＋(4)＋(5)＋(6)	(2)	(3)	(4)	(5)	(6)
3.		费差益						
3.1		短险已赚附加费用						
3.2		非分红长险评估费用						
3.3		分红长险评估费用						
3.4		万能险初始费用						
3.5		投连险初始费用						
3.6		万能、投连保单管理费						
3.7		投连买入卖出差价						
3.8		投连资产管理费						
3.9	减：	手续费及佣金支出						
3.10	减：	业务及管理费						
3.11	减：	应交营业税金及附加						
3.12	减：	投连持续奖金支出						
3.13	减：	保户红利支出中来源于费差益部分						
3.14	减：	损益表分红保险特别储备提转差(来源于费差益部分)						
3.15	减：	万能非账户准备金提转差(与费用相关部分)						
3.16	减：	万能持续奖金支出(与费用相关部分)						
3.17	减：	投连非单位准备金提转差(与费用相关部分)						
4.		退保差益(＝4.1＋4.2)						
4.1		主动退保益						
4.1.1		退保时保单释放准备金						
4.1.2	减：	退保金						
4.1.3	减：	保户红利支出中来源于主动退保益部分						
4.1.4	减：	损益表分红保险特别储备提转差(来源于主动退保益部分)						
4.1.5	减：	万能非账户准备金提转差(与退保相关部分)						
4.1.6	减：	投连非单位准备金提转差(与退保相关部分)						
4.2		失效益						
4.2.1		失效时保单释放准备金						
4.2.2	减：	失效时现金价值						
4.2.3	减：	保户红利支出中来源于失效益部分						
4.2.4	减：	损益表分红保险特别储备提转差(来源于失效益部分)						

续表

		合 计	保险公司业务				资本管理
			个人业务	团体业务	银保业务	其他	
		(1)=(2)+(3)+(4)+(5)+(6)	(2)	(3)	(4)	(5)	(6)
5.	再保差益						
5.1	摊回分保赔款						
5.2	摊回准备金提转差						
5.3	摊回分保费用						
5.4 减：	分出保费						
6.	评估差益						
7.	其他差益						
8.	团体短险综合利润						
9.	利润总额(=1+2+3+4+5+6+7+8)						

利源分析明细表填报规则。

Ⅰ. 行1具体填报规则如下：

行1："死差益"="风险保费"(行1.1)-"赔付支出"(行1.2)+"准备金释放"(行1.3)+"预期生存金给付"(行1.4)-"实际生存金给付"(行1.5)-"保户红利支出中来源于死差益部分"(行1.6)-"损益表分红保险特别储备提转差(来源于死差益部分)"(行1.7)-"万能非账户准备金提转差(与赔付相关部分)"(行1.8)-"投连非单位准备金提转差(与赔付相关部分)"(行1.9)。其中：

行1.1："风险保费"="长险风险保费"+"短险风险保费"。其中：

"长险风险保费"="评估发生率(如死亡率、疾病发生率、意外发生率等)"×("保险金额"-"责任准备金")，计算风险保费时应包括当年理赔、退保保单的风险保费贡献。责任准备金为评估时点责任准备金，当年理赔、退保保单的责任准备金为保险事故和退保发生时的责任准备金；不含身故给付责任的年金险保险金额为0。

"短险风险保费"="短险已赚毛保费"-"短险已赚附加费用"。

行1.2："赔付支出"不含当期生存给付。未决赔款准备金提转差和通融赔付应包括在赔付支出中。

行1.3："准备金释放"为在评估时段发生赔付支出造成保险责任终止的保单，在责任终止时为该部分责任提存的责任准备金。不含因生存给付(含满期给付)释放的准备金。

行1.4："预期生存金给付"="(1-评估死亡率)"×"生存给付金"

行1.5："实际生存金给付"="(1-实际死亡率)"×"生存给付金"

说明：计算死差益使用的责任准备金应与法定会计报告中责任准备金的评估基础与方法保持一致，包含生存给付(含满期给付)责任。

Ⅱ：行2具体填报规则如下：

行2"利差益"="普通账户利差益"(行2.1)+"分红账户利差益"(行2.2)+"万能账户利差益"(行2.3)。其中：

行2.1："普通账户利差益"="普通账户净投资收益"(行2.1.1)-"普通账户评估利息"(行2.1.2)-"累积生息红利利息成本(若累积生息红利已从分红账户转出)"(行2.1.3)-"次级债

利息支出"(行 2.1.4)。

行 2.2:"分红账户利差益"="分红账户净投资收益"(行 2.2.1)—"分红账户评估利息"(行 2.2.2)—"保户红利支出中来源于利差益部分"(行 2.2.3)—"损益表分红保险特别储备提转差(来源于利差益部分)"(行 2.2.4)—"累积生息红利利息成本(若累积生息红利未从分红账户转出)"(行 2.2.5)。

行 2.3:"万能账户利差益"="万能账户净投资收益"(行 2.3.1)—"支付保户结算利息"(行 2.3.2)—"万能持续奖金支出(与投资相关部分)"(行 2.3.3)—"万能非账户准备金提转差(与投资相关部分)"(行 2.3.4)—"损益表万能平滑准备金提转差"(行 2.3.5)。

行 2.1.1"普通账户净投资收益"、行 2.2.1"分红账户净投资收益"、行 2.3.1"万能账户净投资收益":包括投资收益、公允价值变动损益、汇兑收益和资产减值损失,并扣除与投资相关的成本、费用和税金等。

行 2.1.2、行 2.2.2:"评估利息"=("评估净保费"-"保单利益净支出")×责任准备金评估利率 / 2 +"期初各项责任准备金"×责任准备金评估利率,评估利息用于长期险。

Ⅲ. 行 3 具体填报规则如下:

行 3"费差益"="短险已赚附加费用"(行 3.1)+"非分红长险评估费用"(行 3.2)+"分红长险评估费用"(行 3.3)+"万能险初始费用"(行 3.4) +"投连险初始费用"(行 3.5)+"万能、投连保单管理费"(行 3.6)+"投连买入卖出差价"(行 3.7)+"投连资产管理费"(行 3.8)—"手续费及佣金支出"(行 3.9)—"业务及管理费"(行 3.10)—"应交营业税金及附加"(行 3.11)—"投连持续奖金支出"(行 3.12)—"保户红利支出中来源于费差益部分"(行 3.13)—"损益表分红保险特别储备提转差(来源于费差益部分)"(行 3.14)—"万能非账户准备金提转差(与费用相关部分)"(行 3.15)—"万能持续奖金支出(与费用相关部分)"(行 3.16)—"投连非单位准备金提转差(与费用相关部分)"(行 3.17)。其中:

行 3.2、行 3.3 中的"评估费用"=毛保费—评估净保费。评估净保费为按评估基础计算所得评估净保费:当评估净保费高于定价毛保费时,评估费用取 0;若首年评估净保费小于首年现金价值,则首年评估净保费取首年现金价值。

行 3.10:"业务及管理费"包括投连账户投资费用。

行 3.11:"应缴营业税金及附加"指根据权责发生制按规定需缴纳营业税金及附加的险种在报告期内应缴的营业税金和附加。同时由于与投资相关的营业税金已在利差益中考虑,在费差益中不再考虑该部分。

Ⅳ. 行 4 具体填报规则如下:

行 4:"退保差益"="主动退保益"(行 4.1)+"失效益"(行 4.2)。其中:

行 4.1"主动退保益" ="退保时保单释放准备金"(行 4.1.1)—"退保金"(行 4.1.2)—"保户红利支出中来源于主动退保益部分"(行 4.1.3)—"损益表分红保险特别储备提转差(来源于主动退保益部分)"(行 4.1.4)—"万能非账户准备金提转差(与退保相关部分)" (行 4.1.5)—"投连非单位准备金提转差(与退保相关部分)" (行 4.1.6),"退保金"包括通融退保支出。万能险保单释放准备金包括账户准备金及非账户准备金两部分,投连险保单释放准备金包括单位准备金及非单位准备金两部分。

行 4.2"失效益"="失效时保单释放准备金"(行 4.2.1)—"失效时现金价值"(行 4.2.2)—"保户红利支出中来源于失效益部分"(行 4.2.3)—"损益表分红保险特别储备提转差(来源于失效益部分)"(行 4.2.4)。

Ⅴ. 行 5 具体填报规则如下：

行 5："再保差益"＝"摊回分保赔款"(行 5.1)＋"摊回准备金提转差"(行 5.2)＋"摊回分保费用"(行 5.3)－"分出保费"(行 5.4)。

若存在分入业务，保险公司可参照分出业务的计算方法做适当处理。

Ⅵ. 行 6"评估差益"为评估方法和评估基础改变造成的一次性差异。

Ⅶ. 行 7："其他差益"包括交叉影响、在报告期内根据权责发生制应交的营业税金和附加("应交营业税金及附加"(行 3.11))与报告期内实际缴纳的营业税金及附加的差额等。

Ⅷ. 行 8"团体短险综合利润"列示团体短险的综合利润，不区分具体利源项目。

(资料来源：摘自《利源分析报告编报规则》(保监厅函〔2009〕352 号。)

复习思考题

1. 经验分析能为公司管理层提供哪些信息？
2. 人寿保险业务的经验分析重点与财险业务有哪些差异，为什么会有这些差异？
3. 如何分析投资型业务的客户交费行为？
4. 如何根据利源分析结果确定分红业务的红利？

参考文献

[1]Ahlgrim K.C., Stephen A.P., Richard G.W..“The Effective Duration and Convexity of Liabilities for Property-Liability Insurers under Stochastic Interest Rate”, *Geneva Risk and Insurance Review*, 2004, 29(1): 75—108

[2]Alexander B., Nadine G.T., Peter L. J..“On the Management of Life Insurance Company Risk by Strategic Choice of Product Mix, Investment Strategy and Surplus Appropriation Schemes”, *Insurance: Mathematics and Economics*, 2015, 60, 83—97

[3]Aldo B., Jeremy K., Ed M..“Dynamic Asset Liability Management: A Method”, *European Actuarial Journal*, 2011, 1, 29—46

[4]Bartlett, D.D..“The Art of Actuarial Science”, *The Actuary*, 1991

[5]Cheng-Sheng Peter W., Hua L..“Large Scale Analysis of Persistency and Renewal Discounts for Property and Casualty Insurance”, *Casualty Actuarial Society E-Forum*, 2009

[6]Chien-Chiang L., Chi-Hung C..“Financial Policy and Insurance Development: Do Financial Reforms Matter and How?” *International Review of Economics & Finance*, 2015, 38, 258—278

[7]Chien-Chiang L., Chun-Wei L., Jhih-Hong Z..“Financial Liberalization, Insurance Market, and the Likelihood of Financial Crises”, *Journal of International Money and Finance*, 2016, 62, 25—51

[8]Christian B., Martin E., Joan T. S..“Regulation in Microinsurance Markets: Principles, Practice, and Directions for Future Development”, *World Development*, 2014, 58, 21—40

[9]Chrysovalantis G., Liuling L., Fotios P..“Regulations, Profitability, and Risk-adjusted Returns of European Insurers: An Empirical Investigation”, *Journal of Financial Stability*, 2015, 18, 55—77

[10]Ciprian M., Liviu I..“Customer Relationship Management in the Insurance Industry”, *Procedia Economics and Finance*, 2014, 15, 1138—1145

[11]Clare B., John W.S., Richard L..“Understanding Actuarial Management: The Actuarial Control Cycle”, Sydney: Institute of Actuaries of Australia, 2005

[12]Claridge J.B., Griffin K..“An Introduction to Holistic Risk Management”, Sydney: Institute of Actuaries of Australia, 1997

[13]Colin O'H., Youwei L..“Is Mortality Spatial or Social?” *Original Research Article Economic Modelling*, 2014, 42, 198—207

[14]Daniel A. S., Mark R. R., Thomas A. H..“The Increasing Risk of Poverty across the American Life Course”, *Demography*, 2009, 46(4): 717—737

[15]Danilo C., Elisabetta T., Guglielmo W..“Life Insurance Investment and Stock Mar-

ket Participation in Europe", *Advances in Life Course Research*, 2013, 1, 91—106

[16]David L. K., Zhuo T.. "Learning and Climate Feedbacks: Optimal Climate Insurance and Fat Tails", *Journal of Environmental Economics and Management*, 2015, 72, 98—122

[17]Emiliano A.V., Jeyaraj V., Ushani D.. "Life Insurance Policy Termination and Survivorship Original Research Article", *Insurance: Mathematics and Economics*, 2014, 58, 138—149

[18]Erland E. O.. "Multivariate Time Series Modeling, Estimation and Prediction of Mortalities", *Insurance: Mathematics and Economics*, 2015, 65, 156—171

[19]Georg M., Ingmar S.. "Insurance and Climate-driven Extreme Events", *Journal of Economic Dynamics and Control*, 2015, 54, 59—73

[20]Irma M., Claudio P., Maria G. S.. "The Nature and Determinants of Disclosure Practices in the Insurance Industry: Evidence from European Insurers", *International Review of Financial Analysis*, 2015

[21]Janina M., Gregor N.F. W.. "Consolidation and Systemic Risk in the International Insurance Industry", *Journal of Financial Stability*, 2015, 18, 187—202

[22]Johannes G. J., Andreas R.. "The Wealth Effects of Premium Subsidies on Moral Hazard in Insurance Markets", *European Economic Review*, 2015, 77, 139—153

[23]John B., Guerard Jr.. *Handbook of Portfolio Construction: Contemporary Applications of Markowitz Techniques*, Springer US, 2010

[24]Juergen J., Chung T.. "Market Inefficiency, Insurance Mandate and Welfare: U.S. Health Care Reform 2010", *Review of Economic Dynamics*, 2016

[25]Mailander E.. "Some Guidelines on Data Quality Verification", Chicago: Society of Actuaries, 1999

[26]Martin S.. "Asymmetric Information in (private) Accident Insurance", *Economics Letters*, 2015, 130, 85—88

[27]Michael K., Olena S.. "Adverse Selection, Moral Hazard and the Demand for Medigap Insurance", *Journal of Econometrics*, 2016, 190(1): 62—78

[28]Mike A., Wei J.. "Do Outside Directors Influence the Financial Performance of Risk-trading Firms? Evidence from the United Kingdom (UK) Insurance Industry", *Journal of Banking and Finance*, 2016, 64, 36—51

[29]Mirna J., Magdy A.. "Changes in Capital Allocation Practices—ERM and Organisational Change", *Accounting Forum*, 2015, 39(4): 295—311

[30]Norma B. C., Meghan M. S., Courtney H.. "Long-term Care Insurance: Does Experience Matter?" *Journal of Health Economics*, 2015, 40, 122—131

[31]Ramona M. Michael S. "Longevity Risk, Cost of Capital and Hedging for Life Insurers under Solvency II", *Insurance: Mathematics and Economics*, 2014, 55, 147—155

[32]Rowena C., Richard D.. "Reform of Police Pensions in England and Wales", *Journal of Public Economics*, 2014, 116, 62—72

[33]Robert L. C., Melinda S. M. David V.. "The Effects of Retiree Health Insurance Plan Characteristics on Retirees' Choice and Employers' Costs", *Journal of Health Economics*,

2014,38,19－129

[34]Rudra P. P.,Mak B. A.,Neville R. N..“Insurance Development and the Finance-growth Nexus: Evidence from 34 OECD Countries”,*Journal of Multinational Financial Management*,2015,31,1－22

[35]Runhuan F.,Huaxiong H..“Statutory Financial Reporting for Variable Annuity Guaranteed Death Benefits: Market Practice,Mathematical Modeling and Computation”,*Insurance: Mathematics and Economics*,2016,67,54－64

[36]Shi-jie J.,Chien-Chung N..“Dynamics of Underwriting Profits: Evidence from the U.S. Insurance Market”,*International Review of Economics & Finance*,2012,21,1－15

[37]Svetlana P.,Ponpoje P..“Welfare Costs of Reclassification Risk in the Health Insurance Market”,*Journal of Macroeconomics*,2015,45,21－44

[38]The International Organization for Standardization and the International Electrotechnical Commission . ISO.IEC 31010:2009－Risk management－Risk assessment techniques,2009

[39]Valentina P.,Kęstutis P..“Solvency II Assumptions for Increasing the International Competitiveness of EU Insurance Industry”,*Procedia-Social and Behavioral Sciences*,2014,110(24):822－831

[40]Vineet U.,Mike A..“The Strategic Role of Reinsurance in the United Kingdom's (UK) Non-life Insurance Market”,*Journal of Banking & Finance*,2015,61,206－219

[41]Wilkie,A.D..“A Stochastic Investment Model for Actuarial Use”,*Transactions of the Faculty of Actuaries*,1986,39,919－953

[42]巴曙松、王璟怡、杜婧:《从微观审慎到宏观审慎:危机下的银行监管启示》,《国际金融研究》,2010 年第 5 期

[43]田晓艳:《为什么中国城市青年储蓄率这么高》,《华尔街见闻》,2014 年 5 月 25 日

[44]王焕平:《对我国两次投连险退保风波的思考》,中国保险学会学术年会入选论文集,2010

[45]吴明洋:《财险精算师能为财险公司做什么》,《精算通讯》,2002 年第 3 卷第 3 期

[46]刑宏:《大规模侵权救济模式的域外经验与启示——美国石棉诉讼赔偿案为例》,《科技与法律》,2013 年第 2 期

[47]杨步青、任志辉、李晓洁:《减小利率波动对利润的影响——解读 2013 版 IFRS4》,《精算通讯》,2014 年第 8 卷第 3 期

[48]杨步青:《总精算师法定职责中若干问题的思考》,《上海保险》,2010 年第 7 期

[49]杨步青:《英国精算实务标准》,上海科技教育出版社 2004 年版

[50]余央央:《老龄化或推动我国医疗费用快速增长》,《中国社会科学在线》,2013 年 1 月 14 日

[51]中国精算师协会;《精算管理》,中国财政经济出版社 2010 年版